JN303097

焼津流 平和の作り方

「ビキニ事件50年」をこえて

ビキニ市民ネット焼津 編・著

加藤一夫・秋山博子 監修

はしがき

　1954年3月に起こった「ビキニ事件」から53年の歳月が流れた。ビキニ事件とは、南太平洋マーシャル諸島で1954年3月1日にアメリカがブラボー水爆の実験を行った際にその放射性降下物（フォールアウト）によりビキニ環礁周辺の住民・島民が被曝した事件である。たまたまこの海域で漁をしていた静岡県焼津港所属のマグロ延縄漁船「第五福竜丸」がこの実験によって被曝し、帰航後に被曝の様子が伝えられたことで日本や世界に大きな衝撃を与えた。そして、この小さな漁船によってビキニで行われた水爆実験がいかなる影響を与えたか全世界に明らかにし、「第五福竜丸」という船名は一躍有名となった。そして2004年はこの事件から50年目の年であった。

　時は冷戦期の只中にあり、米ソ両国を中心に核開発が展開され、いたる所で何の制限もなく核実験が行われていた。被曝した第五福竜丸の乗組員23人のうち無線長で最も年長だった久保山愛吉さんが東京の病院でなくなったのは、その年の9月であった。このひとりの漁師の名前もまた世界的に知られるようになった。

　しかし、この出来事の意味は、核実験による被曝の悲惨さだけではなかった。この年の春から夏にかけて焼津周辺の教師や東京の杉並の母親たちから発した反原爆署名運動は、燎原の火のように日本中に広まっていった。原爆反対運動の開始である。この運動はまたたくまに日本を超えて世界へと波及し、その成果として1955年8月に広島で第1回の原水爆禁止世界大会が開かれた。以後、この集会は、現在に至るまで続けられてはいる。第五福竜丸の被曝事件がこうした運動を呼び起こしたのである。主権を回復し独立国家となったばかりの日本にとって、この時は「平時」であったから核の恐怖はいっそう強かった。

　周知のようにわが国は、アメリカ軍によって、1945年8月6日に広島に、8月9日に長崎に原爆が投下され、30万人以上の死者を出すという世界で唯一の被爆国である。これは戦争末期のアメリカの軍事戦略の

はしがき

一環として採用された作戦で、したがって戦時下での出来事であった。戦後、アメリカ占領下でＧＨＱの管理下に置かれ、厳しい報道管制が敷かれていた状況では原爆反対の声をあげることはできなかった。それが、主権回復直後に起こった平時のビキニ事件によって人々の危機感が深まり、大きな市民・大衆運動をもたらしたのである。大衆運動はこの後、1960年の安保闘争で最大のピークを迎える。

しかしながら、この平和運動は、その後に転機が訪れる。冷戦体制下の旧ソ連の核実験の評価をめぐって平和運動に亀裂が生まれ、やがて分裂することになったからである。再結集の試みが何度か行われたが、意見が合わず、分裂は現在も続いている。

ビキニ事件に関連しても、「3・1ビキニデー」として多くの人々を集めていた。各種の平和団体が中心になって、毎年行動は繰り返されてきた。当初は、全国運動の機運に乗って、第五福竜丸の母港焼津でも平和運動が行われていたが、分裂以後は下火となり、しだいに、地元の心からはなれていった。やがて、事件そのものがネガティヴな感情で遠ざけられていった。それが地元焼津における現在の風景である。

とはいえ、焼津市では独自に、第五福竜丸に被害者補償が一応決着をみた6月30日に、自治会主導の「6・30集会」が毎年開かれて、それももう2007年で23年を超えた。運動の理念が風化している今日、この集会の見直しも必要になっている。

事件から53年の歳月が流れ、第五福竜丸の乗組員も半数以上が故人となった。第五福竜丸事件の記憶は薄れ、焼津市では、船そのものも東京へ追いやって記憶を封印してしまった。そのため、その記憶が若い世代へと引き継がれることはなかった。廃船となった船は、平和運動のなかで、反核のシンボルとなり、現在「第五福竜丸展示館」として東京夢の島公園の一角に「安置」されており、平和運動・平和教育のメッカのようになっている。

このような状況のなかで、この半世紀を問い直し、再びこうした事件が起こらないようにするには、どうすべきなのか、また第五福竜丸が当初訴えた反核のアピールを継承するには何をすべきなのか。焼津市とそ

の周辺に住み、そこで暮らしている人々はこの事件をどのように見ているのだろうか。その人たちに、どんな「言葉」で語りかけたらいいだろうか。

　2003年5月にこうした問題意識をもつ焼津市と周辺の人々が集まって、「ビキニ市民ネット焼津」を結成し、活動を始めた。出発に際してこだわったのは、これまでの反核平和運動と距離をとることだった。

　これまでの平和運動は冷戦期に定着した運動のスタイルで「平和イデオロギー」の定式された思考方法と運動の思想で、現在では、これになじまない人が多くなっている。確かに、戦後から冷戦期にはこの運動は一定の役割を果たしてきたことを否定しない。その意味で、この運動に反対しているわけではないが、この既成の反戦平和活動とは別の次元で、また違うスタイルでビキニ事件50年を考えてみようというのが、集まった市民の共通意識となった。

　この町で生まれ、この町で育った人、この町にかつて住んでいた人、今住んでいる人、この町に興味や関心のある人、この町が好きな人など様々だが、政治団体や宗教団体に参加していてもあくまで個人の資格で参加すること、これが運動の基底にある。政治の次元だけでなく、文化や芸術の面も重視し、少し違う立場にたって、暮らしの次元から「平和」を考えてみようという意見もある。焼津という街の生活から遊離しないで新しい運動はできないだろうか、との声もある。焼津とその周辺の表情が、町の様子がわかり、いわゆる「町おこし」に寄与する運動が重要だという意見もある。これらも共通する問題意識である。

　この本は、このような問題意識で活動をはじめた「ビキニ市民ネット焼津」の2003年から2007年前半までのささやかな活動をまとめたものである。

はしがき ———————————————————————————— 3

第1章　第五福竜丸元漁労長・見崎吉男さんの証言 ———————— 9
1．遭遇と帰港　10
2．あれから50年　第五福竜丸の航海　19
（資料）1　第五福竜丸年譜　28
（資料）2　第五福竜丸被災事件年譜の修正について　31

第2章　「第五福竜丸50年」に寄せて：市民の証言 ———————— 35
1．現在の証言（2004年）　36
2．過去の発言　50年前の中学生の発言　53
3．ビキニ事件と平和運動　63

第3章　菜の花とゴジラ——焼津旧港保存運動へ ———————— 69
1．「菜の花スマイル作戦」　70
2．ゴジラ上陸！　ビキニ事件とゴジラ映画　78
3．焼津旧港保存活用運動　「やいづ Kama VOX」トロ箱ライブ　90

特別章（1）　焼津（やいづ）という街——やーづ紹介 ———————— 93
1．歴史と現在　95
2．産業　100
3．水産業・漁業関連の施設とイベント　103
4．焼津特産物　106
5．焼津の主要な散策施設　111
6．海の町やいづの主なイベントとその担い手たち　114
7．農業の焼津・工業都市としての焼津　119
8．海外姉妹都市　120
9．合併について　121
10．文化について　122
11．地域の不安（地震・津波・原発）　126
12．焼津の観光スポット　128

第4章　「やいづ平和学」の実践 ———————————————— 133
I　公開講座「やいづ平和学」と「第五福竜丸　心の航跡」　134
　1．公開講座「やいづ平和学」（報告）　134
　2．『第五福竜丸　心の航跡』について（紹介）　141
II　第五福竜丸事件から旧ソ連核被災実態調査まで　147
　1．第五福竜丸事件と被曝検査への参加　147
　2．旧ソ連の核開発による核被災の実態調査　158
III　平和教育の実践記録　165
　1．ビキニ事件50周年！　167
　2．命の大切さと平和の尊さを学ぶ！　168
　3．若木っ子発表会について　173

第5章　ビキニ事件と第五福竜丸 ―― 179

　はじめに　180
　1．「やいづ平和学」の前提　181
　2．第五福竜丸の被曝：1954年3月1日　184
　3．事件の終結　189
　4．事件の衝撃：反核運動の出発　192
　5．被曝罹災者と核問題　199
　6．第五福竜丸の運命　201
　7．ビキニ事件の文化的インパクト　204
　むすびにかえて：ビキニ事件50年を超えて　206

第6章　焼津流、平和の作り方 ―― 3・26集会講演記録 ―― 209

Ⅰ　長崎の平和運動について　210
　1．私の被爆体験　210
　2．2000年11月に開かれた第1回市民集会　213
　3．市民が主人公になる運動を　218
Ⅱ　シンポジウム報告要旨　220

特別章（2）　モダンアート展　「1954　Bikini Means いのちの黙示録」 ―― 223

　1．開催意図書（2004）　233
　2．作品募集の概要（2004）　234
　3．エントリー一覧とプロフィール（2004～2006）　235
　4．来場者のメッセージ（会場のノートから）　246

第7章　岡本太郎「明日の神話」（壁画）を焼津市に！ ―― 247

　1．私たちの夢、焼津の夢　248
　2．岡本太郎の絵画について　249
　3．ビキニ事件を体験した町　焼津　251
　4．平和運動の原点　焼津　252
　5．ゴジラを生んだ町　焼津　253
　6．町の「文化力」を高め、素敵な「物語」を創ろう　254
　7．小さな町が誘致競争に勝つために　256

「ビキニ市民ネット焼津」活動クロニクル（2003～2007年） ―― 259
関係文献目録 ―― 263

あとがきに寄せて　271
伝えるための言葉を持てなかったまち、焼津　　　秋山博子　272
ビキニ事件50年を超えて　　　加藤一夫　274

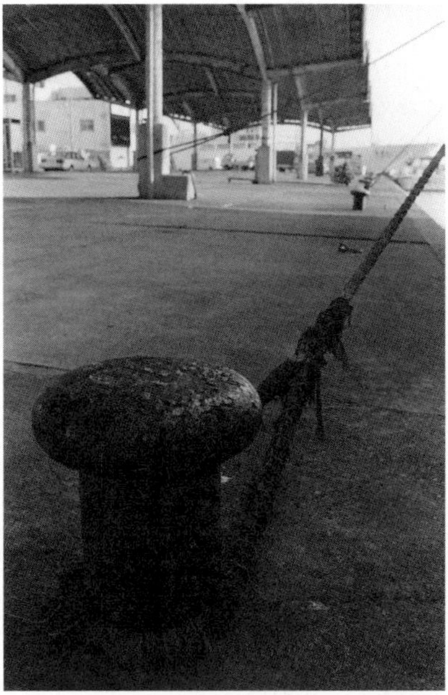

第1章

第五福竜丸元漁労長・見崎吉男さんの証言

「ビキニ市民ネット焼津」は、この間、かなりの時間をかけて第五福竜丸元漁労長・見崎吉男さんのインタビューを行ってきた。とりわけ2005年7月には、生立ちからから現在の心境に至るまで詳細に記録にとどめてある。見崎さん自身も、あの時から現在まで、至るところで発言していて、多くの記録を残している。ここでは、ビキニ事件が発生した当時の状況についての見崎さんのいくつかの証言の中で、遭遇と脱出、焼津港への帰港までの部分を中心にまとめている。

　この時の様子について見崎さんは多くの場所で発言している。例えば、2001年7月の「やいづ平和学」公開講座での証言、2003年6月の「「ビキニ市民ネット焼津」主催の最初の集会での講演、7月に静岡市で行われた『毎日新聞』主催の講演でも、2005年6月静岡大学公開講座「第五福竜丸と静岡大学」の講演会でも触れている。

　かなり前の1978年7月に清水西高等学校「郷土研究クラブ」が見崎さんにインタビューし、その手書きの記録が『第三の被爆　第五福竜丸元乗組員Mさんを訪ねて（焼津）』として残っており、ここでは比較的地声が出ているこの資料（の一部）に依拠して証言をまとめてある。

1．遭遇と帰港

Q　当時のマーシャル諸島の状況について航海時にどの程度知っていたのですか。

　第五福竜丸事件というのはね、昭和29年（1954年）だっけね。3月1日。日本時間の3時50分でしたね。

　第五福竜丸という船はね、あのマグロ漁業専用の船でね、当時としては中型に属していた木造船。それで、その頃ね、マーシャル諸島に沿って西の方向にずっと進んでいって、ビキニ島のま近くに来た時が3月1日です。

　あとで知ったんですがね。あの原爆の実験場はね。マーシャル諸島の一番西側にひとつポツンと小さな島があるんですがね。それがエニウエ

トック島といってね、実験場になっていたんですね。

　それからビキニ島はね、昭和22、23年に、戦争に負けた直後、アメリカが原爆の実験場につかっておったんですがね。その後、しばらくそこが実験場を解除されて、そのままずっとあったわけですがね。それで、それよりも西側の方のブラウン島という島を使っていたわけですがね。そのビキニ島は前科はあるしね。日本の残った軍艦の残骸をもっていって盛んに実験したという様子も知らされていましたし、ビキニ島を航海する船はね、非常に厳重な注意をして航海する、これは十分知っていましたね。

　だから、実験場がここからここということはね、あのブラウン島の場合はね、はっきり地図に明記してあるしね。けれど、その当時、わしらが持っていた海図にはね。あのビキニ島は、その実験場に入っていなかったもんですからね。はっきりした正式な図にはなかったんですね。

　それでも、昔、ここで統計やなんかのをするための実験場になっていたんです。まあ、それをもとにね、ビキニ島も警戒を要する島だ、ということで航海しましたしね。

　その当時、船舶は、あのマーシャル群島はもちろんのことね、インドネシア、それからオーストラリア、すべて当時は、日本の領海3海里以内の水域は全部外国の海と、特に太平洋はアメリカの領域というかね、アメリカの国のものだと、そういう考えをもっていたんですね。だからマーシャル諸島は島が沢山あるけれど、その島の間を航海する場合には非常に神経を使うわけね。だから十分によりをとって方向を間違えないように走るわけですね。

　特に、マーシャル諸島の西側の付近、ブラウン島、ビキニ島に接近して航海する場合ね、非常に注意しながら航海するわけです。そういうことで、あのビキニ島まで、通常何もない場合でも、「このくらい離して航海しよう」と、でもし万が一何かあった場合、このくらい離れていれば大丈夫だろうと、いつもそういう航海をしているわけね。だから、ビキニ島の場合も、エー、一応、東京から静岡ぐらいは離れていたわけですがね。

この辺については、私がちょうど戦争が終わって兵隊から帰ってくるころね。広島の近くを通ってきたんですがね。だから広島県に3日、4日ほど泊まりながらここまできたんですが、その頃の広島の話も聞いているしね。おおよそ見当がついていましたね。

　あの時、20海里（160キロ）遠くから光が見えた。だからまあ、20海里離れていたから死んだ者がなかったということですかね。それから、広島や長崎に原爆が投下されてからもう何年もたっているし、そうとう進歩もしているから、万が一何かあっても、これだけ離れておけばいいだろうという考え方が潜在的にあったわけね。だからビキニ島に近づく時も、ぎりぎり、まあ約200キロぐらいの距離をおこうと、そういうことで航海したんですがね。

Q．遭遇時の様子を聞かせてください。

　それで、私はね、蠍座のアンタレスという星、真っ赤く燃えるあの星が好きでもってね。しょっちゅうアンタレスの観察・観測をしては位置を出してみたりしてましたがね。その時もちょうどアンタレスを観測中で38度あったんだけどね。ちょうど水平線に目を下ろした時、パアーっとこう明るくなったんだけどね。その明るさは非常に幅があって、重みがあり、覆いかぶさってくるような重量感があるもので、それが空一面に広がった。

　だいたい4時になると日が昇るのですが、その時が、日の出10分前ごろで、水平線ははっきり見えているが、空は真っ暗。そういう状態ね。水爆実験が行われる前は、天候は快晴でしたね。ちょうどビキニの方向に雲が少しあってね。ほとんど快晴でもって、空は星が降るようなそういう空でしたね。それが、3時50分を過ぎると一面が明るくなって真昼間になっちゃった。ちょうどそのとき、私は観測をしていて、あとひとり起きていて、その他の者は全部休憩中だった。だからまあ、私が一番はじめに現場を目撃したんですがね。

　重量感のある明るい光は、90度の方向からずっと上がってきたんですが、それで私は自分の手で顔を隠す格好をしました。圧迫感を感じま

したね。その次に時計を見ましてね、すぐに記録しました。その時間は、日本時間の3時50分でしたね。

　そのとき「ヤッタ」という感じと同時に、「シマッタ」という感じもしましたね。これは無意識だけどね。私どもは、まだ、その時は「水爆」という言葉を知らなかったけど、原爆って言葉は知っていたからね。だから、そのとき、原爆を「やった」って、そういう気持ちがありましたね。これは、あくまで推測であって、どこからも連絡はありませんから、そういう感情を直感的に感じたんですね。その頃、原爆とか水爆実験は、非常に厳しくて、比較的公表されずに静かに行われているという感じでしたからね。

　だから、そうとう厳重に警戒網はひかれているんじゃないか、ということでかなり神経を使いましたね。当然、アメリカの飛行機とか船とかが接近してくるんじゃないかと思っていたんですがね。何も見えも現れもしなかったですね。

　それから9分後ですがね。光の方向を測ってビキニ島の方の線を出したんですが、水爆の爆発音は、ものすごい音で、大砲の音とか、何かが破裂する音とか、そういう音とはまったくちがう音だったね。まるで地球が爆発したような感じで、腹の底にこたえるような本当に寿命の縮まるような、というか、一口に表現できないね。

　10分後には、正確に測定してビキニ島であることがわかったんですがね、その時、ビキニ島でなくブラウン島ならいいなと思ったんですが、ビキニでしたね。一番警戒していた島で何かが起こったわけね。

Q．それから「死の灰」が降ってきたんですか。

　それから3時間後に灰が降ってきたわけですがね。天が灰のためにまさに灰色に染まっていましたね。そして、風も出てきて、小さな雨もぽつぽつ降ってきて、というように天気が急変していきましたね。波も立って時間がたつにつれて強くなって海が大変荒れてきましたね。

　灰の量もだんだん量が多くなって、顔に当たるとズキッという感じで刺すように降りましたね。そのためね、皆全員警戒態勢をとったわけで

すがね。

　そして、ここから逃げるために、マーシャル諸島の付近の情報をね、ぜひ入れるようにと、それからまた、近くに船舶がいれば、どのような無線が出されているのか、電波のキャッチをしていたわけです。また、遠くにいる船にも電波して、船の異常があるかないかとか、天候はどうかとか、漁はどうかとか、そういうことを聞くことによって何かを得ようと思い、久保山愛吉無線長に指示したんですがね。

Q．そこからの脱出の様子について教えてください。

　変わった信号も何も入らず……そういう状態が続いて、とにかく早く、ビキニ島を遠ざかる方法は真北に向かうことだと思った。本当は日本に帰るコースは北西のコース。それを真北に向けて、ちょうどハワイの方向に向いてね、その方向で速力を出して突っ切ろうということで、真北に向けて約24時間走りました。

　その間も白い灰がどんどん降ってきて、非常に強い風に乗って飛んできて、デッキに白く付く程度で積もりました。船には、消防のホースがいく本もありまして、だいたい朝晩2回きれいにするわけです。そのホースでがんがん水を出してね。だからそのとき降ってくる灰を水を使ってデッキに流してきれいにしちゃうわけ。一番上のデッキはね、夕方までそのままにしておきましてね。そこには人がいませんでしたね。一番後のデッキは、いつも水を流しているのですが、そこに軽く足跡がつく程度に白くなってましたね。そこで、どうもおかしいと思いまして、コップに海水を入れ、灰を手でつまんで、その中に入れた訳ね。普通の灰ならすぐ水に溶けちゃう。ところがこの灰は芯が硬くて水の中に入れても芯が残る。手で持つとガリガリという感じで、これは明らかに珊瑚礁の砕けた灰だということがそのときに分かったわけですね。それに方向はビキニ島で、島がはぜるような何かがあって、はぜたカケラがここまで飛んできた、という推測をしたわけね。ビキニ島は火山島ではないし、他の理由もないので、明らかに原爆実験が行われたにちがいない。こうした天候の急変もそれを証明していると推測したわけでね。

灰が降るなかで真北に向かって航海したわけですが。正午までは灰の下にありました。で、午後1時になったら太陽がさんさん照ってきてね、雲から抜け出て非常にいい天気になり、非常に強い日差しで船を照りつけました。
　それから日本に着くまでの2週間、3月1日の夕方か2日、3日までは作業を休んで様子を見ながら全速力で日本に向けて航海したわけね。
　これは、今考えても非常に間違いのない判断をしたなと思っています。それから、その航海も非常にいい判断をした航海であったと思ってます。おそらく、いまでもそれだけの判断はしかねると思ってますしね。だから、自分でその当時のことを褒めちゃおかしいし、漁も少なく、航海そのものは失敗でしたが、事件後の処理については、今でも、この位できれば90点ぐらいじゃないかな、なんなら100点やってもいいな、と私はそう思っています。その位、この判断と推測は立派にいきました。
　ところが、その日夕方、5時ごろでしたね。頭が少し重い、少し気持ちが悪い、吐き気がする、それからいつもはご飯3杯食べるという人が、2杯でいいとか、「あまり食いたくない」とか、「早く寝たほうがいい」という人、頭が重いとかいう人もいました。
　私自身、船の位置というのを出すのに、だいたい3分かかるんですよ。それが5分から8分もかかる。おかしいな、何となく頭がぼんやり重いなあという感じがしました。それに他の乗組員も、眼が充血してきてね。眼が痛くてしょうがないという、これは、非常に異常な事態ですからね。
　飲料水は大変貴重なんだけど、大きなバケツに2杯だけ飲料水を使い、それで眼を洗うという異例の処置をとったわけね。眼が痛くってしょうがないという人がいたので、日本の港に帰るまで水がなくなったら大変ですから飲み水2杯は非常に貴重なのね。ただ、身体の変化もあるし、眼も大切にしないと困るのでその水を使ったわけですよね。そういうことが3日位続いたですよね。
　それから日本に着くまで約2週間、3月1日の夕方から4日まで作業を休んで、様子をみながら日本に向けて航海したわけね。だいたい帰航中でも何らかの仕事があるわけね。航海中に使った道具を修理するとか、

それを陽に干してしまうとか。それを一切せず、朝晩の掃除だけ、海水をがんがん出して掃除する、それが日課、それが航海中の一番主な日課でもってね。それもすぐ終わっちゃうしね。だから普通は、楽しい航海なのね。勉強する人、楽器を練習する人、というような時間が非常に沢山あるわけね。その間、当直だけで船を走らせたらいいしね。

Q. 恐怖で乗組員たちは、そういう出来ことに出会ってパニック状態になったのですか。

あの時はそうでしたね、だから皆大急ぎでブリッジにあがってきましたからね。みんなあれは何だと聞いていました。明確な答えを求めてきたわけね。私は何もいわなかったけども、むこうからも質問もしなかったね。ただ、皆は気づいていましたね。これが原爆だってね。しかし、口に出してそれを言うのは非常に怖いわけね。危険なものであることは頭の中に入っていますからね。

それにアメリカがやったってことが、一つの大きな重圧感ね。また、太平洋を何日もかからなければ日本には帰れない。2週間はかかりますからね。だからそういう距離感があるため、この間の複雑な状況のもとでは大きな恐怖感を持ちましたね。

Q. 先ほど、そこでの判断はうまくいったとのことですが、どうやって日本に帰ってきたんですか。

そうだね、今考えてみても、だいたい妥当な判断をしたと思ってますがね。それから、起こってくる問題は、あれですね。どうやって、この事態を日本に知らせるかということ、そしてどうやって日本の母港に帰るか、それに途中でなにかあったらどうしたらいいか、そういう問題が次々あってね。毎日そればかり考えてきましたからね。

連絡については、普段なら当然するし、しなくちゃならないんですがね、しかし、これは背後に非常に大きな問題があることだけは間違いないし、ビキニ島で何が起こったのか、ビキニ島は実験地なのか、それから、太平洋はアメリカの支配領域だと、そういう問題が三つも重なって

ましたからね。

　太平洋には、その頃のアメリカは、今とは違って強大な力を及ぼしていましたからね。アメリカについては、戦争に負けた日本人には、そういう意識を強くもっていたんですよね。それから、もしかすると、アメリカが知っていても、見逃してくれたのかもしれないと。だから、われわれもそれじゃ日本に連絡せずに行ける所まで行ってみようと。それで、こういう打電をすれば、日本の皆さんが、相当心配したり、あるいは迷惑がかかるかもしれない、いろいろな判断をしましたね。われわれの健康が許す限り、また航海に支障がない限り、そのまま港に入ってしまおう、そう判断したわけね。

　途中でもし、身体の具合が悪い人が出たらその時考えよう。まあ、途中で寄る所といったら、マラカス島、れから小笠原諸島まで来て、父島もありますしね、そしてそうでなくても、何か異常があれば、連絡することもできますからね。だから、そのまま日本の領海に入る力があれば、入ってしまおう。そして日本に入ってから正確な事実を関係方面に報告して、その判断を仰ごうと、まあそんな考えがあって来たわけですがね。

　でも、幸い非常に好天に恵まれて、その後、健康も回復しましてね。マラカス島から父島を過ぎたのですが、八丈島沖にかかった頃からまた健康が悪化し始め、はっきりと表面に症状が表れてきました。顔色がわるくなり、手、耳など、あの時、外へ出ていた所ですね。そういう所に、軽いやけどの痕のような水ぶくれが出てきて、そして眼もだんだん充血してきたりしてね。それから、やはり、食欲不振、頭痛、そういった症状が前よりも少し重くなってね。やあ、これはいかんなあと、あと3日もすれば日本に着くけど、どうかなあと走っていたわけですね。ただ、その後、急激にこれが悪化するということはなかったですよね。

　それでも、最初よりも少し重いぞ、これはやっかいな問題を背負い込んだなというふうに1週間も10日も考えながらきたけど、だんだん悪い方向に進んでいるですよね。それで、そのまま行けば3月13日の夕方に焼津に入港しちゃうんですね。でも私は、なるべく14日の未明に入港したいと、考えましてね、ちょうどその頃、たまたま小さな気圧が

八丈島付近を通っていて、これ幸いと安全第一、安全に港に着こうと。とにかく12時間近く船を漂泊させたわけですよね。

ともかく14日の朝早くに入るようにしたわけね。そのまま入って、13日の

キャッスル・シリーズ・ブラボー水爆の火球（米空軍撮影）

夜に入ると船員を船に留めておくことはできないでしょう。夕方はどうしてもダメだと私は思いました。いろいろな事件を背負い込んでいるし、皆がてんでバラバラに報告させないために、口止めしたわけね。船長が伝えて、こちらで関係方面に報告するから、その結果が出るまで、まあしばらく待てと、報道関係者も来るだろうから一切しゃべっちゃいかんと……、そう思って翌朝に入港したわけです。異例な入港措置をとったわけです。

コラム　アンタレス

さそり座は、日本では、夏の夜に天の川が南の地平線に沈むあたりに見え、赤く輝く一等星アンタレスを中心として、大きなＳ字のカーブを描いている星座だ。古くは、はさみを持った星座であったが、はさみの部分はてんびん座として独立したため、今のような形になっている。このさそり座の心臓部にあるのがアンタレス。

第五福竜丸漁労長の見崎さんは「大空の恋人」だとか「第五福竜丸のアイドルでありマスコット」だったと述べている。

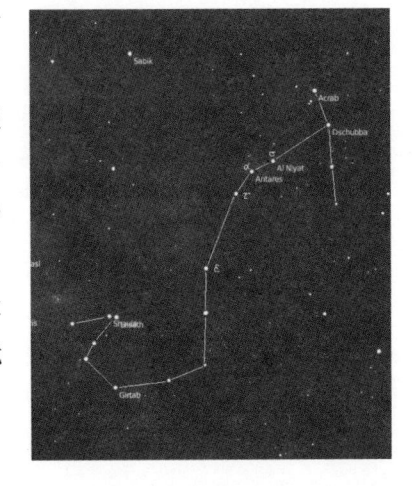

2．あれから50年　第五福竜丸の航海

遠洋漁業の漁士

　焼津港では、漁師を「漁士」と、さむらいの字を使っていました。海洋民族を誇りにし、勇敢に生きるという意味であると先輩たちからの教えです。

　長い航海に出て行く漁士は、航海中自分の時間を見つけてはよく勉強しました。独学独歩で世界に通用する航海者を目指したのです。一見無作法にも見えますが、簡単な社交性はもっていました。特に、船内では、礼儀を重んじて清潔・整頓を大事にします。「解くときのことを思って結べ」といつも次のことを考えて、そのとき困らないようにしておくことです。これは最も初歩的で基本的な海の常識です。

　漁士は、自然との力くらべや安全・安心が確認できないことは決してしません。前後の状態をよく見る、よく調べる、準備する、できる限り安全なコース（策）を選びます。

　遠洋航海は、冒険ではありません。いつも海を調べて前にすすむ探険家なのです。

　私は漁士が好きでした。遠洋航海の漁士が目標でした。大きな夢と目的に向かうとき、心が奮い立ち……血わき肉躍ります。

　そして、新しい航海に出ていきました。

以下に記すのは、第五福竜丸の責任者・漁労長として航海の一部始終を見てきた私の記憶です。

アンタレスよ、ありがとう

　1954年1月22日午前11時30分、第五福竜丸は焼津港を出港しました。
　研ぎ澄ました冷たいはがねの棒が首筋から背中にスーと入ってきます。港と別れて海の人間、日本の漁士になる瞬間です、もう一人の本当の自分になるのです。
　東太平洋の漁場を後にして3日目、1954年3月1日午前0時、真夜中です。爽やかな微風、満天に星がいっぱい輝いていました。サソリ座の星たちが競うように走っていました。
　赤色一等星の主星アンタレスが孤独で淋しがり屋の航海者にウインクを送って真っ赤に燃えていました。星の女王です。第五福竜丸のアイドルでマスコットでもありました。そして大空の恋人でした。
　この壮大な舞台の上で精一杯生きていることに感謝していました。今日も……どうか好い日であるように祈るのです。
　……ありがとう、アンタレス
　素晴らしい大空の観測を終え、「ヨーシ、うまくいった」と満足の表情で顔を右に向けた……そのとき……核兵器の実験と真正面で向き合うことになりました。
　「ヤッター、シマッタ」となぜか、この思いが、心の底からの叫びとなって身体中に電流のように火花を散らして走ったのです。人間が切り裂いた深刻で残酷な一瞬の光景、私は、この重要な一部始終の唯一の目撃者となりました。日本時間で午前3時50分。

1954年3月1日午前3時50分

　西の水平線から這い上がってきた薄い黄色の入った白い色の大群が、天に駆けのぼり天空を圧倒して、まだ暗い夜明け前の大空を焦がしたのです。船室で休んでいた船員たちは一斉に私がいる左舷上段デッキめがけて駆けあがってきました。

興奮と動揺が船内に充満、鋭い目つき、不動、沈黙。今の出来事、あれは何だ、それを、いますぐ知りたい。誰もが高ぶる感情を懸命に抑えながら……身体の奥で……そう叫んでいたのです……。

　得体の知れない何者かに、果し合いを申し込まれたようです。船上は決闘を前にした殺気を孕んだ荒涼とした情景でした。誰も声を出しません。ビクとも動きません。皆のものすごい形相が私に集中していました。

　水平線上に最後に姿を見せた薄いレンガ色の球状、方位測定のチャンス、ビキニ島でした。

　見張員配置、荒天準備、警戒態勢、船内は一転して殺風景な静寂を破り、激しい動きに変わっていったのです。

　さて、どうするか……。私は、次にどんな動きがあるか、見ることにしました。それから８分強から９分弱後、すさまじい轟音が連続して押し寄せてきました。マーシャル諸島の島々が一度に崩れ落ちたか、海底が裂けてマーシャルの海が怒濤となって落ちていく様を想像させるような激しいものでありました。

得体の知れない正体不明のものとの航海

　大自然の海の生き物たちとの格闘に生きる男たちも、正体不明の現象に２回肝っ玉をつかまれたのです。私自身は、光と音でビキニ島を確定。これはアメリカの核実験だとの思いが頭の中を強烈に横切っていきました。米軍の包囲網の中に入っていると思った私は、逃げることを考えって相手は米軍、問題にならないと決めて、米軍の動きを見ながら次を考えることにしました。

　さて、そのときの策はと、……その場を中心として大きく旋回航法をとることです。できるだけゆっくりと大きく廻りました。およそ１時間そうしました。豪傑がそろっている船員ですが、いつものように正常であるわけがない。船内に冷静沈着を取り戻すためです。

　午前４時～５時、いつものように夜が明けない。

　午前７時、あたりは次第に荒れ模様になってきました。

　午前８時、風も強くなり横殴りの雨、波も大きくなってきました。空

は濃い灰色です。まもなく珊瑚礁の破片であると気づく。

午前9時、空にどんどん黒い雲が流れ込んでいます。

午前10時、依然として米軍の動きなし。天候さらに悪化。

午前11時、黒い熊の大群がもみ合い押し合いしながら、西から東の方に大移動しているような、まさに異様な情景でした。針路を北にとり、勘を頼りに、推測を頼りに、ビキニ島から遠ざかるコースを選びました。

新たな心配ごと

3月1日、正午の1時。異様な熊の大群と暗い嵐の海から急速に変っていったのです。太陽の光が船の上に一筋の帯のように降りてきました。

これはどういうことか。正常では考えられないことが次から次へと起こってきます。太陽が降り注ぎ、風もおさまり、波も静かになりました。静かな南の海にもどっていきました。

日本の漁船第五福竜丸は、不思議を乗せて北に向かって航走していました。もうじき夕方になる頃の、午後5時、全員に身体の変化が出てきました。頭が重い、眼が少し痛い、あまり食欲がない、少し熱っぽい、何となく腹の具合が悪い、など、新たな心配ごとが始まっていました。

米軍の動きなし、日本からの情報なし、事件に触れるような連絡なし、こちらから連絡するか……いや、待てよ……日本からの連絡が先である……。自分だけの問答が頭のなかで何回となく廻っていたのです。関連ありそうな情報はすべてキャッチせよ、久保山無線長に。船員の健康状態を注意深く、川島甲板長に。

これだけのことが起こっているのに日本からの連絡がないということは、アメリカとの関係でよほどの事情があるだろうと私は判断した。

第五福竜丸は、通常の航海は大丈夫、特別なことがあれば、その時はしっかりと対応する。山本機関長、久保山無線長、川島甲板長、筒井船長らをブリッジに集合させ、私の考えを伝え、全員了承。

いつ何時に焼津港に入港するか。入港と同時に大至急やる事を決める。病院、漁協、海上保安庁などに具体的な説明をして真相の解明と具体的な指導を依頼する。

岸壁の母

　私にとって、日本の歌の中で強くこころを打つ歌は「岸壁の母」です。日本のお母さんの姿がそこにあるからです。

　50年前、第五福竜丸事件のことを早くから知らされていたら焼津港の岸壁に立つ母の姿があったはずです。

　……船は何時来るのか……今日も来ない・・あっ船が……あの子の船ではなかった……今度も……その次も……。焼津港の岸壁でそっとまっているわしの姿が見えんのか。福竜丸はどこを走っているだろう……。

　独り言を……繰り返しながら……淋しく去っていく……母の姿……はるかなる太平洋……どんな海だろう……風は強いだろうか……波は高いだろうか……風は強いだろうか……無事に航海しているだろうか……。

　港の名前はやいづ港だよ……わかっているだろうな……まさか忘れることはあるまい……肩を落とし……うなだれて……あたりに気を使って静かに去っていく日本の母の姿を……。

　ああ、風よ心あらば伝えておくれ。波よ……かもめ……は……そっとおしえておくれ。

　今日も……また・・やいづ港の岸壁に立つ……母の姿が……。

母港に帰る

　3月14日、午前5時、焼津港に入港しました。何も知らされていない母港は、夜明け前の光を水に映して静かに朝を待っておりました。

　「このことができるのはお前さんしか居ない。全部まかせる。よろしくたのむ……うしろの方はおれがやる」との西川船主の話。

　「いつでも何でもどんなことでも相談にのる」との焼津漁協の奥平指導課長、服部常務、近藤組合長。

　この4人の方の声を背中に、やるべきことは全部やりました。

　この日の午前8時、協立病院を訪ね、当直医の大井先生と面談、診断の結果とあとの対応について相談し、東大病院行きをお願いすることにしました。

先生も快諾、2名を東大に派遣することを決める。山本君、増田君に引き受けてもらう。
気持ちよく受けてくれました。依頼書にはビキニ島の核実験の文章を入れる。もう一つ、珊瑚礁の破片を持参。
　代表で東京行きを引き受けてくれた山本、増田両君を西川船主と私が送りました。
　15日朝5時の焼津駅プラットフォーム。苦心して集めた灰と紹介状を山本君に渡す。万感の思いを込めて出発を祈りました。
　この日の内に重大性が判明、東大から至急、関係する各方面に情報が伝達されました。

新しい出発

　やがて、青春をかけた海から撤退やむなきに至りました。夢と目的は浜辺に残した足跡のように波間に消えていきました。
　断腸の思いでありました。痛恨の極みでありました。命がけで築いてきた若き人生がガラガラと音をたてて崩れていきました。
　夢に敗れ目的を失った若者たちを大きく包んでくれたのがふるさとの皆様でした。日本の皆様でした。
　ある人は心血を注いでくれました。
　ある人は骨身を削ってくれました。
　やがて、ふるさとの大地に立つことができました。選んだ青春に幕を下ろしましたが、皆さまから新しい出発と愛と勇気と希望を頂きました。
　この上なく幸福に思っております。

6.30 焼津市民の集い

　今から20年前、焼津市が慎重に思索して熟慮断行、誇り高く開催した市民運動であります。市民は、成立に大きな支持を与えました。一人ひとりの市民が相集い「市民が主役」を中心に、愛と友情、連帯の言葉で結ぼう。
　核兵器廃絶、世界平和への悲願は厳しいが、日本国として当然やるべ

きですが、それができないなら焼津市が立ち上げよう。

　海の町、平和の町、焼津の強靭さを発揮しよう。6.30集会を運営する委員会に参加する堂々たる40近い各組合・団体・自治会が、骨太の方針や手段を示して市民の夢に応える勇気と実行するを力を出そう、そう誓って名を連ねています。全員集合の機会を待っています。

　さすが、焼津市だ。お見事！　天晴れとの市民の声が聞こえてきます。

　さあー、夢と希望に向かって出発です。

結びのことば

　人には誰だって風の日も、雨の日もあります、嵐の日だってあります。大切なのは、自分の夢をしっかりと抱きしめて命いっぱいに生きたか、波のように何度でも立ち上がった……かです。

　私は赤ちゃんを見かけると、傍へ行って、お母さんに声をかけます。……赤ちゃんは日本の宝です、と。やがて、皆さんのように大きな少年、青年たちと共に一緒になって、21世紀という時代の主役になります。まさに、日本の宝です。

　明日の日本は、みなさんの時代です。

　若き目標を抱きしめて、希望という名の明日に向かって歩いてください。

　皆さんの毎日が、どうか良い日がいっぱいありますように……。ありがとうございました。

【この文章は、2004年6月30日に焼津市が主催で行った「6・30集会」での見崎さんの講演である。当日朝、集中豪雨で集会は急遽中止され、8月2日に実施され、市民約1000人が「焼津市文化センター」に集まった。20周年目の集会であった。】

見崎さんのプロフィール

・1925（大正14）年11月5日　現在の焼津市（鰯ケ島）で生まれる。7人兄姉の3男

・1937（昭和12）年　焼津町立南小学校修了

・1939（昭和14）年　焼津町立東小学校高等科進学

- 1941（昭和16）年3月　同校卒業、鰹鮪漁船「福積丸」乗組員（甲板員）となる。
- 1943（昭和18）年1月　船ごと海軍の徴用船となる。
- 1945（昭和20）年　陸軍召集、太平洋戦争終了後、引き揚げ船乗組員となる。
- 1946（昭和21）年　漁船「東福丸」の乗組員となる。
- 1947（昭和22）年　神奈川県三崎漁港を拠点に遠洋漁業乗組員の武者修行。
- 1948（昭和23）年　第二福竜丸の乗組員となる。
- 1952（昭和28）年　第五福竜丸の乗組員となる。
- 1954（昭和29）年3月1日　ビキニ環礁附近でアメリカの水爆実験に遭遇。
- 1956（昭和31）年　入院治療後、自宅療養し、一時、会社勤め、アパート経営を始める。
- 1957（昭和32）年　総菜店を始める。
- 1997（平成10）年　総菜店を閉める。
現在：焼津市小川町在住

コラム　6・30集会

　焼津市が毎年行っている第五福竜丸関係の市民集会。焼津漁協でビキニ事件の処理に加わり、その後、静岡県議会議長から焼津市長となった服部毅一（故人）が1976年に提案した焼津市独自の反核市民集会。6．30は、1955年のアメリカによる慰謝料の配分を決めた事件決着の日でもある。政党色を廃した「市民が主役」の集会だが、6．30にすることには反対も多い。2004年のビキニ事件

50周年がちょうど20周年となったが、自治会による動員集会の色彩も強く、曲がり角にきている。

コラム

2006年5月、かねてから準備していた見崎さんの本が出ました。『千の波　万の波——元第五福竜丸漁労長見崎吉男さんのことば』（新妻博子・中村謙介、2006年）

第五福竜丸という名前の船を知っていますか？　南太平洋のマーシャル諸島へマグロを獲りに出ていった焼津漁港所属の小さな漁船が、アメリカが近くのビキニ環礁で行った水爆実験（ブラボーショット）に遭遇し、「死の灰」（サンゴの粉で放射性下降物）を浴びたのだ。その漁船が第五福竜丸。被曝したこの船の漁労長（船頭）が見崎さんだった。1954年3月のことである。そのとき、見崎さんは28歳（現在80歳）。その年の9月、入院していた乗組員で無線長の久保山愛吉さんが亡くなった。

この事件を機に、反核平和運動が広まり、それはやがて全世界的なものになった。現在、広島や長崎で毎年夏に行われる平和集会は、実は、この事件の衝撃から始まったのである。焼津は、この「ビキニ事件」の街でもある。それから52年。23人の乗組員のうち12人はすでに他界している。

この本は、この事件に巻き込まれてしまった見崎さんのこれまでの生き方を表現した「言葉」を集めたものである。事件との遭遇から始まり、その後の社会的激動の渦に巻き込まれながらも「漁士」

（見崎さんはサムライを意識してこの言葉を使う）として矜持を守りながらどのように生きてきたのか、ひとつひとつの言葉は重い。その言葉が、この薄い本にぎっしりと詰まっている。最近の見崎さんの発言はもう詩に近くなっている。見崎さんの詩集といってもいいかもしれない。この本の挿絵を担当している水野紀子さんの絵もすばらしい。見崎さんの絵本でもある。

　見崎さんは波が好きで、講演などででは必ず波の話が出てくる。この本にも、「波のように立ち上がれ」という文章がある。すでに墓名碑も出来ていて、直筆でこう書かれている。「だれだって　風の日も雨の日もあらしの日だってあるさ　大切なのは夢をしっかり抱きしめ　いのちいっぱい生きたかだ　波のように何度でも立ち上がったかだ」

　元気が出なくなったとき、傍らにいて、こういう励ましの言葉をくれる人がいると何となく元気がでてくる。そのような言葉を集めた本なので、ぜひ読んでほしい。

　なお、この本で、見崎さんは触れていないが、この「ビキニ事件」の衝撃からあの怪獣ゴジラも生まれた、ということもつけ加えておこう。（加）

静岡福祉大学付属図書館ホームページより引用

（資料）1　第五福竜丸年譜

第五福竜丸の航海

- 1953年　　（昭和28年）ソロモン海、チモール海、バンダ海の遠洋漁業3航海。
- 1954年　　（昭和29年）
  1月22日　　午前11時30分　焼津港を出航。
  2月7日　　・ミッドウエー島近海から南下しマーシャル諸島海域へ。

3月1日	・マーシャル諸島ロンゲラップ環礁沖合の公海上で、漁場調査中にアメリカによる水爆実験に遭遇
	・船の位置は、最も近づいた地点でビキニ島から約170キロ。
	・日本時間午前3時50分（現地時間午前6時50分）に閃光、直ちに警戒態勢を取る。続いて8分強から9分弱後に轟音を体験。
	・約1時間後、大きくゆっくりと旋回航法で警戒。付近の状況に細心の注意を払う、米軍の出現を警戒。米軍と遭遇した場合には米軍の出方次第で対応するつもりでいた。
	・午前5時、揚げ縄（作業調査）開始。
	・午前7時、風が強く雨になり、波が立ってしぶきが船内に飛び込む。
	・午前8時ごろ、灰が横殴りの風とともに飛んでくる。間もなく灰の粉はサンゴの破片と推定する。
	・午前9時、作業終了。測定結果を総合し光と音はビキニ島と確認、進路北へ。
	・午前10時、全天を黒雲が覆う。
	・午前11時、黒雲はさらに重量感を増して威圧的となり、黒いクマの大群が押し合いへし合いするように西から東に移動。マストすれすれで異様な光景だった。
	・正午、黒雲の下から抜ける。一転して太陽がさんさんと輝く南の海に変る。進路北に航行中、西から東に向かって流れていた原子雲を南から北に横切った形になった。短期間に体験したさまざまな激しい変化に表現できないほどの驚きを感じた。
	・午後5時、乗組員の体調の変化に気づく。航海には差し支えなし。症状が悪化しないことを祈る。
3月2日	・朝の甲板掃除の後にサンゴの粉（灰）を集めて粉ミルクの空き缶に入れて保存する。後に放射能降下物と判明し、

アメリカによる水爆実験の構造を解明する重要な証拠となる。

（航海中の2週間）頭痛、下痢、やけどの様な水脹れ、脱毛など体調不良（急性放射能症）。

3月14日　午前5時、焼津港に帰港。
　　　　　午前8時　見崎漁労長は焼津協立病院を訪ね当直の大井医師と面談、3月1日とその後の様子を詳細に説明、全員の健康診断を依頼する。午後1時、全員集合。西川船主と相談し、午後4時過ぎに病院を再訪して乗組員2人を東京大学医学部附属病院に送ることを決める。最終列車での東京行きを決めたが間に合わず、一番列車とする。

3月15日　午前5時、西川船主と見崎漁労長が乗組員2人を焼津駅で送る。2人は一番列車で東京へ、アメリカの核実験を示す紹介状とサンゴの粉（「死の灰」）を持参する。

3月16日　『読売新聞』「ビキニ水爆被災」の報道。残る乗組員は、焼津市内の伝染病棟に隔離。

3月28日　全員が東大附属病院と国立第一病院に転院。

9月23日　無線長久保山愛吉さん死去。

・1955年　（昭和30年）5月全員退院。

[注]
　2003年5月21日に見崎さんが作成した年譜メモと6月1日、第五福竜丸元漁労長見崎吉男さんの証言により静岡新聞社が作成したものに、「ビキニ市民ネット焼津」が一部修正した。修正に際し、メンバーで郷土史家の枝村三郎さんのメモを参照した。

(資料) 2
第五福竜丸被災事件年譜の修正について

●年譜修正についての要望書　　焼津市長・焼津市教育長宛

　焼津市が過去に制作した第五福竜丸被災事件の年譜について、長年にわたって修正のお願いをしてきましたが、いまだに実現を見ていません。修正していただけない理由も不明確なままです。事件から50年を迎えるのを機に、当時の航海に責任を持った第五福竜丸の漁労長として、改めて記述の修正を求めます。

　修正は焼津市発行の『第五福竜丸事件』(1976年刊)の第五福竜丸の航海に関する事件年譜の記述とそれを要約した歴史民俗資料館の展示パネルの記述です。これは事件から20年余り後、過去の資料を中心に編纂された内容です。当時はまだ、無線長を除く元乗組員22人が生存していたにもかかわらず、当事者への再取材はほとんど行われませんでした。編集委員に名を連ねている私も、回想記を寄せただけで、取材を受けていません。年譜パネルを作る際の相談も受けていません。

　被災した元乗組員にとって、事件に関係したものを残されるだけでも個人的にはずいぶんと辛いものがあります。被災による人生最悪の足跡が公に曝されているのです。しかも、その記録が、元乗組員への取材に基づかず、事実の誤認を残したまま、漁士への偏見や蔑視、先入観でつづられています。それだけに、公的な記録として永遠に残されることには耐えられません。

　どうか、遠洋漁業創成期の遠洋マグロ漁船に乗り組んだ若い漁士の誇りと名誉を傷つけることなく、被災者としての我々の信条や家族の思い、物故した元乗組員の遺族の立場にもご配慮の上、事件年譜に修正を施し、必要最小限の記述にするか、あるいは漁労長としての私の証言を併記していただきたく、切にお願い申し上げます。

　別紙に、事件年譜の記述に対する主な修正箇所を書き記しました。
　よろしくお願いいたします。　　　　　　　　　　　　　　以上
　平成16年2月25日　元第五福竜丸漁労長　見崎吉男

●第五福竜丸被災事件年譜の主な修正要求箇所

☆焼津市歴史民俗資料館に掲げるパネルを参考

・1月22日「エンジンの部品を忘れたため、小川港に入港。浅瀬に乗り上げたため」

「エンジンの部品を忘れたため」とは「予備エンジン・ノズルが気になったため」である。機関長は「忘れた」訳ではない。機関長の名誉に関わる表現を証言に基づいて改めてほしい。「浅瀬に乗り上げたため」とは「浅瀬に乗り上げる危険を避けるため、満ち潮まで待った」のである。入港時は甲板長が操船の責任を持つ。甲板長は水深を計って船を停泊させる。当時もそうだった。しかし、出航する時には、食料や氷などを満載した船の喫水は深い。予備部品を下船した機関長の帰りを待つうちに、引き潮になり、満潮まで出航を待たねばならなかった。「浅瀬に乗り上げた」とは、そういう状況を誤解した表現である。

・3月1日「早朝4時過ぎ、甲板員鈴木鎮三は西南西の方向に火柱と火の玉を目撃。」

この記述は削除すべきである。時計も羅針盤もなく天測中でもなかった鈴木個人の話を引用するのは無理がある。天測を終えた直後に爆発の光と向き合った私の体験や、当時の日本政府の最終確認とした時間、他の多くの乗組員の体験した事実とも異なる鈴木個人の話を、代表的な見解として公に掲げるのはおかしい。私は、「天測終了直後の午前3時50分（日本時間）、南西の水平線から強烈な光がせり上がって、どこもかしこも明るくなった。しばらくして光が引くと、水平線の夜空にれんが色の光の球が残っていた」と証言する。

・年譜の同日の「ただちに、揚げ縄を始める」は間違いである。轟音を聞いた後、辺りを警戒して船はゆっくりと旋回していた。揚げ縄を始めたのは1時間後の午前5時ごろだったから、「ただちに」は間違いである。

・年譜の同日の「数時間にわたり灰が降り続ける」はあいまいである。実際には、午前7時ごろに風波が強まるとともに降灰が始まり、午前11時過ぎから風波が収まり始め、正午、突然、雲が切れて陽が差した。

・年譜の同日の「揚げ縄終了後、全速で」は誤りである。エンジンや燃料の関係から「全速」ではない。
・年譜の同日の「数時間後、乗組員に身体の異常が現れ出したため」もあいまいである。乗組員の体調の変化はその日の夕方からだ。
・年譜の同日の「船長はフルスピードで帰港を命ずる」は勘違い。帰港を命じたのは漁労長であり、身体異常が出る以前のこと。「フルスピード」は命じていない。
・年譜3月10日の「最後の甲板洗い」は間違い。甲板掃除は最後ではなく、毎日の習慣。
・年譜3月15日の「5:30、焼津港に入港」「船元からの連絡で協立病院に集合」は間違い。午前5時に入港し、私が午前8時ごろ大井医師と会って話したのち船元と相談し、午後、大井医師から話のあった東大病院への紹介状を依頼した。
・年譜の同日に「外科大井俊亮は原爆症と診断」とあるが、その際、大井医師は紹介状に東大医師の注目を引くために「原爆症？」と書いたものの、原爆症の診断はしていない。
・年譜3月15日「症状の重い2名は東大病院」は間違い。症状の目立つ1名は大井医師が選び、もう1名は見崎に委任されたため、事情説明に最も信頼できる機関長を選んだ。

以上

●「ビキニ市民ネット焼津」の要望書

　焼津市は（2004年）6月3日、2月25日に発表された第五福竜丸元漁労長見崎吉男さんの要望を受ける形で焼津市歴史民俗資料館掲示の「年譜」について修正を行うと発表した。

　しかし、『広報やいづ』（No. 1078、平成16年6月1日号）に掲載された「修正年譜」には大きな問題がある。「修正」どころか、指摘されている部分の多くを「削除」するだけにとどまり、また「改訂」部分には不正確な記述があり、依然として間違った記述も残っており、むしろ、この事件の全体像をきわめて曖昧なものにしてしまった。

「ビキニ市民ネット焼津」は、この問題を6月10日の幹事会で検討し、以下のような要望書を焼津市に送ることを決定した。

要望書

焼津市市長、焼津市教育長、歴史民俗資料館館長宛

　6月3日、焼津市はビキニ事件についての年譜の「修正」を発表しました。その内容について「ビキニ市民ネット焼津」は多くの問題があると考えます。

　第一に、これは修正ではなく事実上の改竄だということです。見崎氏が指摘した年譜の主要部分、いわば核心部分の多くを「削除」しているということ。これでは、事件の具体性が薄められ、事件の真実をさらに闇の中に葬ることになります。また「改訂」部分も記述が曖昧だったり、なお間違っている記述を残している部分もあります。また追加部分の多くは、事件とは直接関係ないものです。

　第二に、「修正」がどのような手続きでなされたか、「再調査」の経緯が不明なことです。本当に修正したいのであれば、事件の当事者や関係者、それにこの事件を追究してきた研究者等で話し合いの場を作り、修正のための委員会などを作るべきでした。

　本年は、この事件から50年目の年。さまざまなイベントが行われてきました。これからも予定されていますが、第五福竜丸が水爆実験によって被災した航海記録は依然として曖昧なままになっています。

　「ビキニ市民ネット焼津」は、この事件の真実をあきらかにし、それを正しく後世に伝え、忘れないようにと、昨年生まれた市民の運動体です。政治活動を行う団体ではありません。その立場から、今回「修正」について再考し、改めて本当の意味で修正するよう関係当局に要請するものです。

2004年6月10日

「ビキニ市民ネット焼津」幹事会

第2章

「第五福竜丸50年」に寄せて：市民の証言

「ビキニ市民ネット焼津」は、ビキニ事件 50 年の 2004 年 1 月～4 月を中心に焼津市とその周辺に住んでいて、事件に遭遇した人々の手記の公募やインタビューをおこなった。2004 年には NHK 広島放送に協力する形で進んだ。その数 30 人ほど。インタビューは、2006 年の現在まで散発的に続けている。ここでは、その一部を紹介する（事件をテーマにした感想文を含む）。なお、ここでの証言者の年齢は 2004 年時点。

1. 現在の証言（2004 年）

[1] 事件当時のこと（1）　　　　　　　　　　　　　曽根教夫（69 歳）

　4 月静岡大学に入学、化学クラブに入る。当時の化学教室の主任教授は、塩川孝信教授であり、指導教官として仰ぐことになった。

　1954 年 3 月 29 日に、水産庁は立ち入り地域を設定して、この区域で操業または通過する日本漁船は全て焼津、清水、三崎に入港し放射能検査を受けることにした。県では、当時の衛生部公衆衛生課の職員を中心に、焼津、清水の二港で検査を始めた。私と清水在住の 4 年生が塩川教授に呼ばれ、2 港で入港船の検査を始めたが、技官が不足しており手伝いをやってくれないかと要請された。私はまだ入学したばかりなので少し躊躇したが、理科を志したものであり、良い機会だと思い行うことにした。

　それから毎日、朝早いときは午前 1 時、入港船が少ないときは 4 時から水揚げされる魚を一匹ずつガイガー計数管を使い検査をした。4 月 11 日には、水揚げした魚すべてに基準以上の放射能が検出され、1 船すべてが廃棄処分にされた。マグロやカツオの肉のなか 10 センチで 100 カウント以上あると、処分の対象になっていた。それ以降は、多くの船の魚からも放射能が検出され、廃棄する魚が増加していった。当時の漁師さんは、放射能が検出されると、デッキブラシで必死に洗って落とそうとしていた。それでも放射能の減少はなく廃棄となり、落胆する姿をみるのは大変つらかった。反面、この検査があったからこそ、一般市民は

安全に魚が食べられたのである。

　このような中で、被曝漁船員の一人久保山愛吉さんが、9月23日帰らぬ人となる。10月9日市民葬が焼津市講堂で挙行される。およそ3000人が参列した。当時は新聞社のアルバイトとして写真や原稿運びを手伝いながら参列していた。葬儀の様子が今でも目に浮かんでくる。

　福竜丸は、焼津港の東岸壁に隔離され、24時間態勢で監視された。6月6日以降管理は静岡大学に移行した。移行後、研究資料採取のため上級生に同行して、係留中の福竜丸に乗船し資料を採取した。怖い思いがあったことを思い出す。

　また大学では、毎日、大気中に含まれる放射能の検査と、地上に降り注ぐ塵中の放射能の検査、雨中に含まれる放射能検査を行った。5月21日には、4月以降の降雨1リットル中19,500カウントの強度の放射能を検出したと発表（『第五福竜丸事件』焼津市発行）等、観測、検査が続けられた。

　放射能で一番怖いのは、半減期の長い元素である。骨に入り込み、造血作用に害を及ぼすストロンチュウム90、生殖細胞の遺伝子に影響を与えるセシュウム135等である。

　ビキニ事件より50年を経過しようとしている。記憶も不確かなものになりつつあるが、このような時にこそ、人類の平和と発展について考えることが大切である。核技術は人類の平和と発展に寄与するものでなければならない。戦争の道具として決して使用してはならない。人類を滅ぼすものになってしまう。

2004年10月

[2] 事件当時のこと (2)　　　　　　　　有ケ谷ふみ子（77歳）

　当時はつとめに出ておらず、家事に専念していた頃のことです。ビキニ環礁で放射能の灰によって汚染された第五福竜丸の乗組員を看護するため、看護婦の友達の紹介により、市役所の臨時職員として、焼津北病院（隔離病院）へ勤務することになりました。

　入院してきたとき、乗組員の衣類や持物はすべて焼却処分されたこと

を覚えています。しかし、看護するにあたり何の抵抗もありませんでした。毎日焼津協立病院の先生や化研からみえる先生の診察や処置の手伝いをする他は、みなさんの話し相手をしていたでしょうか。とにかく、みなさんは元気だったのです。被曝のための火傷のせいか、多少色黒でしたが、協立病院にいる時は元気だったのです。

　先生方や看護婦の私たちと一緒に写真を撮ったりしました。十日くらいの入院だったでしょうか。東京の病院へと転院することになりました。当時、発熱のため、鈴木さんという乗務員の方は担架での移送となったことを覚えています。その後、市役所の方と一緒に、東京の久保山さんを見舞ったのが最後でした。

　このような悲しい事件が起こり、改めて平和を願います。自分は十日間の貴重な話を、子ども、孫へと話して聞かせ、二度とこのようなことが起きないように、みんなが努力すべきだと思います。

2004年10月

［3］焼津駅にて　　　　　　　　　　　　高山光男（62歳、島田市）
　　　　　　　　　　　　　　　　　（ビキニ事件当時、焼津中学1年）

　あれから50年が過ぎました。
　当時の焼津駅は、改札口が駅舎の中に、出札口は石作りで三か所の出口、硬い木で出来た片開きの扉になっていました。出札と改札口は別々の場所で、駅舎の屋根は瓦、駅舎の真ん中にキョウチクトウの木があったと思います。
　向かって左側に魚の町らしく、魚の専用貨場の引込線路があり、魚を積みおろし、駅前交番があって、西町の方へいく道路が通っていました。向かって駅の右側は普通の荷物取扱場所。駅前広場はコンクリートの舗装、駅に向かってちょっと勾配がついた高い所に駅舎が建っていました。
　久保山さんが遺影と白木の箱になって駅を降り、改札口の真ん中を出ると、キョウチクトウの植木の前を葬列のように通っていきました。駅の明かりがほの暗く見え、しぶしぶと降る雨の中、傘もささずに大勢の市民と仲間といっしょに久保山さんをお迎えしました。
　焼津駅で、ぼくが幼い頃、少年義勇兵として祖国のために満州に行った叔父さんが、ソ連の捕虜になって抑留され帰って来た時、やっぱり改札口を出た所で「梶山正義、ただ今帰りました！」と戦闘帽に青白い顔で敬礼をしたことを、久保山さんをお迎えした時、思い出していた事を覚えています。
　平和な今、焼津駅は当時の跡かたもなく変りましたが、駅に降り立った亡き少年義勇兵の叔父さんと、ビキニ事件第五福竜丸の久保山愛吉さんのことは、生涯忘れません。

［4］御座穴回想録　　　　　　　　　　　　　　　　香山健一（60歳）

2004年は私にとってどんな年になるのでしょうか。
　焼津に来てからこの暮れで28年になります。60歳をすでにこえたこの年になってやっと地域にかかわりだしました。NHKのアナウンサー結城さとみさんが静岡に居た頃、建築評論家の浜口隆一さんに誘われて会いにいった事がありました。「地域の建築家って？」と疑問を投げか

けられたからだったかもしれません。

　2004年は焼津にとって平和をマジで考える年になります。焼津の第五福竜丸がビキニ環礁で水爆実験の犠牲になってから50年の節目にあたるからです。平和については誰もが願うところですが、考え方や行動はそれぞれ違っています。それが焼津の内部構造かもしれませんが、どちらにも捕らわれないところで平和を考えたいと思っていました。

　焼津の浜当目には御座穴という大きな穴があります。虚空蔵山のちょうど真下にあたります。徳川家康が武田勢に敗れて隠れたという家康浜敗走伝説のあるところで、昔は海岸沿いに焼津から用宗まで歩いていけたそうです。

　家康はこの御座穴から日本の平和をどのようにしようとしたのでしょうか。この御座穴からなにを発信したかったのでしょうか。歴史的事実から外れて探ってみましょう。

徳川家康は御座穴からなにを発信したのか

　隠居の生活に入ったとはいえ、国を治める実力はいっこうに衰えない家康は、今日も当目の御座穴に座っていた。

　海に突き出た砂浜は朝日を浴びてきらきらと輝いている。その輝きの隙間から小さな社が見え隠れしている。海原は遠く広がり、薄く延びる雲は伊豆の山々に吸い込まれている。

　「静かだ」

　切り立った岩には大きな穴が五つあいている。その真中が戦いで命からがら身を寄せた穴である。そんな些細なことにまったくこだわらず静かに座していると日頃の鬱陶しさがすこしずつだが和らいでいくので気持ちよかった。

　茶屋四郎次郎と海に囲まれたこの国の行く末を論議してから、このところ部屋に閉じこもりがちの家康だったが、今朝も早くから起き、庭に向かって大声で叫んだ。

　「当目の穴に行く、すぐ支度を」

　さあ大変なのは準備するお供衆である。愛馬はいつ声が掛かっても大

丈夫であるが、当目の穴ゆきには欠かせないものがあった。にぎり飯である。

台所衆は、すでに炊き上がっていた飯をにぎって味噌を塗って焼き上げた。香ばしい匂いが広がった。朝と昼の二食分の支度である。美食三昧の常日頃の家康だが、このときだけは違って上下の差はなく、同じ焼き握り飯で口癖のように

「穴行きだけは同じにせよ」

このときだけは三河武士の気質そのままで、馬上の人となってはさらに凛としていた。穴に着いた家康は開いた床几に静かに腰をあずけ、軽く握った拳は腿におかれた。背筋が少し丸くなったようにみえる。

心得たもので隣の穴では主人をそのままにして遅い朝飯が始まっている。潮の香りが焼き味噌と一体となって胃袋に納まっていく。こうして何時も家康が立ち上がる音を聞くまでゆっくりと時は流れるのである。

「徳川家は永遠に存続させる」

考え始めるとすぐに大きな壁に遭遇する。その壁を無理やりこわして次に進む。存続させるのは人づくりである。しかし、外に向けてと、身内とでは大きな手腕に差が出てきているのは自分でもわかっていた。幼少の頃から今川、信長、秀吉を相手に切り抜け、身内の人づくりはいつも後まわしにしてきた。

「当然のことだ」

いつものことだけは消化しきっていた。それにしても静かな海だ。

聞こえる。静かな海原をすべるように念仏が聞こえてくる。母と別れ別れになってから可愛がってくれた華陽院とお久の声のようだ。

念仏に重なって母、於大の呟くような子守唄が聞こえてくる。

「戦いのない世の中にしてくれよ」

ふたつにもならない子と別れた母。それは、戦国の女たちの願いそのものだった。女たちの声は家康の心の片隅にこびりつき、はがそうとしても剥がれなかった。戦いのない世も、人づくりも、いつも後まわしにして来てしまった。

桶狭間の戦いとなる出兵の途中、尾張の那古屋で母、於大と会った。

生き別れしてから初めての出来事だった。織田信秀、今川義元の人質生活を支えてくれたのは母、於大による所が大きかった。歳はとっているが女としての威風を感じるのは久松俊勝の内室のせいかもしれない。ここにも戦いの犠牲者がいた。

その夜、母はわが子に切願した。

「戦いのない世の中にしてください」

家康は、そのときこみあげてくるものを感じた。ひとつちょっとでわかる筈もないのにその言葉は蘇ってくる。「平和」への道標はそのときから重い荷となった。桶狭間の戦いは義元の命で大高城で休息していた。そのとき「義元敗れる」を聞くと駿府に帰らずそのまま元康の国である三河へと帰って来てしまった。この決断も母の言葉があったからだった。

自由となった身ではあるが、戦いは果てなく続く。このような世の中で何ができるだろうか。戦って勝たなければ何も生まれてこない。まずは勝ち抜くことと、戦う為の口上を模索していたある日、竹千代時代の臨済寺雪斎和尚の教えと女たちの念仏がひとつにつながった。

この汚れたいやな世を離れるにはこの国を変えていくしかない。悪の道のない仏や菩薩の国に変えよう、その為には喜んで往生しようではないかと。

「旗をつくるように」

家康は命じておいて筆をとり「おんり、えど、ごんぐ、じょうど」と叫びながら一気に書き上げた。「厭離浄土欣求浄土」幾多の戦いを生き抜いた旗の真の意味は誰にも知られなかったが、今はもうこの旗の役割は終わっていた。

「まだですか」

この穴に座していると母の声が聞こえてくる。

その度に今までの道を振り返ってみる。いつも母の声を向こうに置きながら徳川家の存続に夢をはせる。いながらにして敵の声を察知してその動きを止めさせるには、敵の動きを察知して鯉口を切り抜刀して倒してしまうのは容易なことだが、と家康は立ち上がった。

「弓をもて」

大海原に向かって矢は走った。左手には弓が返り、右手には矢はなく離れたまま開放されて無心になった。心には何も残らなかった。床机に静かに腰をおろしたが目の前が暗くなっていき身体がゆらりと大きく揺れた。大海原に船が横切っていく。八丁櫓だろうか。それとも何かの幻想だろうか。

　日は西に傾きかけている。今日は朝から何も食べていない。昨夜は興津鯛の刺身を食べたが……それにしても　久しぶりの美味さだった。「腐っても鯛」と言うが思念ではないうまさだったかもしれない。刺身の横には鯛の天ぷらも添えられていたが口にはしなかった。

　汗が出る。立ち上がれない。そのまま砂の上に崩れ落ちた。

　家康は「戦いのない世」を心から願った。

　その夜の引き潮のとき、馬上で木組に支えられた家康は、海岸沿いに駿府城に向かっていた。その姿はうたた寝をしているかのように見えた。

　次の朝、「今朝、鯛の天ぷらにあたって大御所がお隠れになった」と伝えられた。

　　　　　そして徳川時代は脈々と続いたのである。

平成15年12月

[5] 汚染魚の調査　　　　　　　　　　堀井五郎（82歳、静岡市）

　当時県立藤枝保健所にエックス線技師として勤務。昭和29年3月何日か忘れましたが福竜丸の事件が知らされ、保健所職員数人と急遽焼津に駆けつけました。既に乗組員は、焼津協立病院と隔離病棟に収容されていたと記憶しております。

　獲れた魚が放射能に汚染されている可能性が極めて大きいとの事で、保健所職員他数人で交代で焼津船員寮に泊まり込み、福竜丸をはじめ南太平洋で獲れた主としてマグロを朝セリの開始前、一頭ずつガイガーカウンターを使って放射能の有無を調べるとほとんどマグロが汚染されており、いくら水で洗い流しても変わりなく食用に適さず破棄することになり土の中に埋めたと記憶しています。

　南太平洋の暑さと戦いながら遠く故郷を離れ苦労して獲ってきたマグロを破棄することが本当に辛いことでした。船員の方々もさぞ残念だったとおもいます。

　焼津は藤枝保健所の管轄なので特別関係があり、又職業柄特に関心がありました。

　今思えば当たり前の事ですが、市内では福竜丸の話が多く聞かれました。これからの遠洋漁業はどうなるか、苦労して獲ってきたマグロが売れるかどうか心配だったのではないでしょうか。

　久保山愛吉さん亡くなった時も色々の噂があり、特に金銭上の事が話題になったようです。

　ビキニ水爆から半世紀50年が過ぎ、今でも魚の検査をした事、大きなマグロの姿等々、福竜丸に乗りガイガーを船体に近づけたときのカウンターの針の回り方の凄かった事を今でも鮮明におぼえています。

　北朝鮮の核が問題になっています。全世界から恐ろしい核のなくなる様望みます。

　どうかビキニ事件を忘れることのないよう後々まで伝えて行く事をお願いもうしあげます。

　この頃は放射能に関してあまり知識がなかった様に思います。当時を

思い出しながら書きましたが、参考になれば幸いです。

今エックス線技師は診療放射技師に変っています。

［6］魚屋（屋号　カネ丸）近藤長次さんへのインタビュー

（聞き取り　服部茂「ビキニ市民ネット焼津」メンバーで父は第五福竜丸乗組員）

〇近藤さん　久保山愛吉さんのお兄さん（幸吉さん）が船元でよく世話になった。愛吉さんもよく家に来た。私は戦後、兵隊から帰って、戦後の配給の時代に愛吉さんの船が獲ってきた魚をもらって商売した記憶がある。

●服部　ビキニの当時は……

〇近藤さん　被害はないけどね。どっちかというと原爆で魚屋さんは救われた人もいたよ。反対に。

それはね、被ばくした魚ということで売買にならないような魚を売っちゃったわけだよ、焼津の魚市場で。それでみんな敬遠する中で急に値段が下がったわけだ。それをよく知っている船元だもんで、私は買ったもんだ。買った魚でそれで利益を得たことも正直言ってある。

被害を被った衆もいるけど、魚屋は魚価が低くなって、その魚をよその市場へ出してもうけた人が多い。逆に、焼津では、魚屋さんは。値段がいっぺんに下がっちゃったもんで。

損したって人少ないよ、正直言って。覚えてるけど福竜丸が焼津の港の一番隅に下ろして、船元と懇意の衆が買ったわけだよな。その魚を取引した日に我々も旅に出して売っちゃったわけだよ。それで被曝できつい被害があるとは思わないもんで商いがドンドン成立しちゃって、魚も回収することはないでしょ。結局はむこうも一般の消費者に売っちゃったわけだよ。まあ、何ともないわけだよな。

一般の（魚屋の）我々が買った魚は、その日に発送しちゃって、送った魚はみな儲けさせてもらった。内輪話で、儲けた一人である私は白状しちゃうけえが。その当時ね、あの衆が行った海で獲ったカジキマグロはものすごく高価なもので。われわれがマグロを扱ってくる中で買える

もんじゃなかったんだ。正直言って、欲しいけえが高くて。

　それがパッと値が落ちたもんで、私はカジキマグロを買って静岡の市場に出して儲けさせてもらった。値が落ちたために私たちでも買えるような値段になった。

●服部　それで消費者は買ったんですか？

○近藤さん　わからんさええ。地方に売っちゃって原爆マグロとは後で知った話だもん。ニュースは売っちゃってからだもん。ニュース出た頃はおそらく消費者のお腹の中に入っちゃってる。

　ニュースが出てパニックといっても今みたいに速いスピードじゃないもの。広がるのは遅かったよ。かなり経ってから「原爆マグロ」って名前がついた。一ヶ月やそこら経ってたと思うよ。私の認識じゃ。

　魚市場だって困るわけないよ。売り上げの手数料取るんだから損するわけないよ。市場ってものは、釣った魚を商人に買ってもらって、その金額の手数料をもらうでしょう。正直に言えば、魚価が下がったもんで、われわれは原爆のところで獲って来た魚って認識で、下りてきた衆からいろいろ聞くなかで、「えらい目に逢ってきたな」ってなかで察知するの早いもんで、買わない人も出てきたんだな。買わない人もいて魚価が下がるなかで頓着なしに船に関係のある心やすい衆が買ったわけだ。それが真実だと思う。

　福竜丸の魚買った人は僅かなわけだな。魚がものすごく水揚げがあった時代だもの。とにかく福竜丸の魚は、そういう状態の魚ということで話の中に出て、買った価格は他の水揚げした船の魚よりも安くなったわけだ。それを買った人は出荷しちゃった。認識を持たずに。全国的に（放射能のことを）知られていないもんで。

●服部　魚市場は得した？

○近藤さん　魚市場は得も何もない。ただ商いの介入の業者で。（売り上げの補償とかは）何もないよそんなものは。誰も補償することないさ。今みたいにやかましい時代じゃないもの。自分の責任で全て解決しなければいけない。戦後だもの。そういうことは後で言いだしたことじゃないの。私はそう思うよ。補償とかそういうことは絶対ありえないな。

福竜丸に対して後で補償ってのは確かにあっただろうけど。

●服部　お店にどうのこうのってことは？

○近藤さん　なかった。魚ってのは腐っちゃう物だもんで、仕入れて2～3日経てばなくなっちゃう。冷蔵庫はあっても低温じゃなくて氷の冷蔵庫だから。どっちかというと福竜丸の魚を買った人は恩恵にあずかった。商人はな。

　商人もえらい被害をこうむったって人は、その人の言い方だよ。正直言って福竜丸の下ろした魚では、人に色々言われるだろうけど良い商いをさせてもらった感じ。

　特に、愛吉さんとのつながりは、家では漁をして上がってくると、まず一杯飲みながら話をするわけだ。事件の時は船元変っちゃって来なかったけど、その前は愛吉さんの兄さんが船元だったもんで、帰ってくる度に私らの家に来た間柄。「愛吉さんが死んじゃったのか」という間柄。

●服部　ご主人くらいの年代の人まだいるかねえ。

○近藤さん　さてなあ。あの頃魚買った、ああだこうだと鮮魚やってた人は死んじゃったなあ。「鮮魚屋」って衆が。焼津の市場で加工用でなく、カツオ・マグロを買う衆を「鮮魚屋」って言っただよな。旅送り、全国に魚を売った。そういう衆は廃れちゃって私らが最後の年代じゃないかな。知ってるのは。私らも現役去ってるし、この近くの「鮮魚屋」もつぶれちゃったもん。加工はまだ生きているけど。

　愚痴になるけど、漁協は第一次産業で、水産庁とかが昔の士農工商と同じように商業とは違った恩恵を受けているわけだよな。何を陳情にいっても「生産者がうんと言って了解したら聞き入れる」って感じで。「このままの状態でいったら……魚市場というのは日本全国から魚が入るような市場にならなきゃやってけないよ」と。なぜ言ったかというと下関の市場が壊れて行っちゃったんだよ。

　焼津は遠洋漁業はもちろん北洋漁業で獲れた魚も引っ張ってきて下ろさなきゃ駄目だよって。とにかく生産者の衆は沖縄や韓国の船が入ってくるのをむしろ旗をもってものすごい反対をやった。それじゃしょうがない。焼津の町の水産業の発展を願って「外国からもどんどん船が入っ

てくる市場にしないと駄目だよ」ってずいぶん闘ったんだ、正直言って。

現在の魚市場は冷凍のカツオとマグロしか揚らない。「水産都市焼津」って言っても普通に売ってるものがない。「さかなセンター」の魚も流通形態変って静岡中央市場とか浜松の中央市場から入ってきて商いしてるんだよ。「さかなセンター」にそういう魚が入って、やれ「焼津の魚」だって通ってるけど、だんだん通らない時代になってきたよ。

昔は、リヤカーが数珠繋ぎで、われわれが買った缶詰の原料なんか野積みにして。あれから変っちゃったんだな。

福竜丸の思い出として私は良い思いが残った。そういう人もいたんだ。その頃はわれわれもシベリアから帰ってきて無我夢中でやった頃だからね。

［7］寺尾たかさんへのインタビュー

○寺尾さん　昭和29年当時の経済は現在の30分の1くらいじゃなかったかな。30年に祖母が亡くなって、その時の香典帳が出てきたのを見ると、100円という人が多かった。親戚の濃い人が1000円。現在は3000円がお香典の一般的な額だから100円というのは30分の1くらいじゃなかったかと思います。

新屋の浜では、昭和初期の頃には、鰹舟が出て一本釣りをしているのが新屋の海岸から見えたのを覚えています。

シラス網というのも、お手伝いに行くと、一生懸命子どもでも手伝いしてくれたといって、シラスをたくさんくれたり、その中をみるとタコやサバやイワシがたくさん網の中に入っていたのを覚えています。昭和29年頃というと、まだ家も貧しかったものだからマグロという魚を食べたことはなかったんじゃないかな。ほとんど鰹とかサバとかイワシとかしか食べていなかったし、それから魚が安くなっても近所に漁師が多かったから魚はいただいて食べるほうが多かったように覚えています。

福竜丸で大騒ぎしたとき、おそるおそる浜のほうの橋のたもとから、白い服の人たちが二人くらいでマグロをガーガーっていう機械にかけていたのを遠くから見ていた事はあります。

本当に焼津は魚に縁があるけれども、漁師の人が多かったから買うこ

とは少なかった。値段はちっとも覚えていないけど「刺身のくず」ってのを20銭くらいで買った覚えはある。鰹のくずだったんだよね。結婚した当時は、おばあちゃんが生きていて、鰹のはらわたをたくさん買ってきて塩辛を大きな樽いっぱい作っては静岡の親戚にいろいろ分けてあげたことを覚えております。29年、30年、鰹がたくさん釣れるようになってからの事じゃなかったかな。

　向かいの家がマグロ船に乗る遠洋漁業の人で半年か8ヶ月に一回帰ってきたんだけど、その人たちはマグロが高く売れたんだよね、きっと。だから景気が良くていろんな行商人が向かいの家にはきていろいろなものを買ったようだった。向かいで見えるものだからうらやましかったけどね。やっぱり一般の人は魚が安くなっても、もらう方が多かったんじゃないかな。シラス網を手伝いにいくといろんな魚がもらえたもんだからそんなもので生計を立てていた気がします。

　福竜丸のマグロなんか縁遠かったんだね。マグロというのはあまり食べていなかっただよね。最近になって初めてマグロをおいしいお刺身で食べるようになった。時代が大分変わってきてから食べるようになった。

●服部　当時ビキニのまぐろなんていってもピンと来なかった？

○寺尾さん　来なかったねえ。食べたこともないお魚だから。高くてたべられなかった。

●服部　この辺の人たちの反応は？

○寺尾さん　反応はあまり……新聞で見るものだからびっくりするくらいで。怖いなと思っても自分の身にはさして関係なかった。魚は普通に食べていた。太刀魚とかも通りすがりの人がくれていったり、釣れすぎると漁師の人たちは気前が良くて、ちぃーっと表に出ていると知らない人でもくれる、そんな時期だったと思うねえ。

　家族でも犠牲者の人はかわいそうだねえって事は言ったけども、あまり関係なかった。マグロが手に入らなかったから、高くて。だからそういうマグロを釣る遠洋船に乗っていた人は東京とかにどんどん出して高く売れたもんだから景気がよかったんだよね。だからその後はいろいろ騒ぎも大きかったけども焼津自体も影響は少なかったんじゃない。

それから以降は加工することが、はんぺんにしたりマグロや鰹の角煮なんかもたくさん出たもんだから、あまり……良かったんじゃないかねえ。ああいうことがあっても。
　他の魚が売れたから、他の魚もどんどん終戦後でちょっと外へ出ると釣れる時代で、29年頃にはもうこの浜で鰹が釣れるということはなかったけど、ちょっと外に出れば釣れたからね。戦争前は釣り船もすくなかったもんだから鰹も駿河湾で釣れたじゃないかな。
　だけど今はもう全然魚がいなくなっちゃって、網で獲るものだから。
　（福竜丸の事件は）犠牲者がわいそうだねってことは言ったけども身体も悪くなっちゃったからね。でも一般の人にはそんなに影響はなかったんだよね。
　新聞記者も大勢浜にきてね。そういうのは見たけど生活自体に大きな影響はなかったんだよね。
●服部　一般の人もそんなもの？
○寺尾さん　そうだと思うよ。だって福竜丸の前はマグロ自体を食べなかったんだから。魚屋の赤万さんが言っているように高くて仕入れられないって。みんな買いに行くのは魚屋さんだから、いろいろな魚はたくさんあったけどマグロはなかったんだよね。魚屋さんに。
●服部　一部の人間だけが病院におったり……
○寺尾さん　そうだね。マグロ食べていた人。上級の人じゃない？　高い魚食べていた人だと思うね。
●服部　市民は割合平然と見ていたんだ。
○寺尾さん　そうだね。ただ騒ぐからびっくりしていたくらいで。自分たちには影響ないけれども騒いで、亡くなったと言うからびっくりして「怖いね」っていう話はしたけれども……。
　ただ原爆の実験をやめるように騒いだよね。原爆の実験でやられたんだものね。
●服部　学校で騒いだとか、魚食べるなって騒いだとかもなかったんですか。
○寺尾さん　そういうことはなかったよね。遠洋漁業のマグロだけがビ

キニでかぶったんで他の魚は何も知らないから……だけど安くはなったでしょうね。魚自体が。だけど焼津の町は漁師が多いからみんなもらったりして魚屋まで買いにいくのは「刺身のくず」くらいで。貧乏だったんだよね。うちも結婚前はね、わたしが郵便局へ行ってて1500円の給料だと思ったよ。1500円の給料で妹2人と母親とおばあさんと生活していただよね。だから貧しい生活だっただよね。だからお魚なんか買わないで浜にいってもらってきたりね。

　ずーっと家計簿をつけていたから一生懸命さがしたけど、1995年ごろからのはとっておいてあるけど他のは処分しちゃったみたい。前に言ったけど、昭和30年に亡くなったおばあちゃんの香典が100円というのが並んでいたから、29年もそのくらいじゃない。

　それでも29年当時は、3000年、4000円くらいになったかな私の給料が。私が結婚したのは24年の2月。その時わたしが1800円くらいかな。父の給料は4000円で、家族手当が4000円ついて8000円。びっくりしたことがあるけど、結婚したばかりのとき。

　親戚のおじさんが「財産は分けるものだ」といって、21年に憲法が変わって「全部分けるものだって、載っていたでしょ。それでうちの財産を調べて、家は誰の名前、土地は誰の名前っておじさんがうちの財産引っかき回して。登記する人も登記するひとだね。親戚のおじさんが行って、うちの衆は何も知らないのに登記しちゃったんだよね。その翌年に贈与税がきただよ。それが3万円くらい。まだ結婚しないとき。お母さんとびっくりしたっけ。それで泣いて市役所に行ったけど、もう年度かわって駄目だ、納めてもらわなくちゃ困るっていわれて、どうしようもなくて、そのままにしていたけど、翌年に私が結婚してお父さんが8000円もらうようになったから5000円ずつ半年かけて贈与税納めた。滅茶苦茶だっけね。だからいろんなことあるよね。

[8] 久保山はるさんへのインタビュー

　　　　　　　　　　　　　　　大正11年12月2日生まれ（82歳）
○久保山さん　私は子どもが小さいもんで夜だからうちから見ていた。

自分の子どもが小さいもんで、昼間のようにマグネシウムを焚いてうちへ帰っていた。

　すずちゃんと田植えをよその方へいって……ずいぶん長生きしてみんなお金をもらっていいって言ったけえがの、自分のお金は自由にならない。勉強するって周りの衆はそういう話をして……すずちゃん苦労しただよ。いいように言われたけどね。うちのおじいちゃんと同年だけど一緒の舟じゃなかった愛吉さんはね。すずちゃんが音羽信子になって愛吉さんが宇野重吉になって……撮影いってただよ。その時私らはちょうど静岡。それからは3月幾日だかに私らうちの横を通ってお墓に行く。私も詳しいことは知らないけどね。あの服部さんという人ともう一人ね。市立病院で一緒の部屋になって「あんたたち何した」って聞いて、「一緒に乗ったもんだで一年に一遍ずつ検査にここに来るだよ」って。検査に来て病室一緒の部屋で。

●服部　すずさんはどこの生まれ？
○久保山さん　岡部だよ。

[9] 第五福竜丸平和行進への想い　　　　　　　　小畑幸治（48歳）

　久保山さんの家族から「原水爆の象徴としての写真はやめてほしい」との声もむなしく今年も3.1ビキニデーで行われた行進の先頭に愛吉さんの写真がありました。

　当時、地元の焼津では、水産業全体が消費者より背を向けられ、それは現在のBSEや鳥インフルエンザなどの比ではなかったように聞きました。

　「食に安全は付き物である」は当然なのですが、本質を追求せずにマスコミに乗せる恐ろしさも埼玉のダイオキシン問題で知りました。

　私は、専業農家で米を作っています。いつ、何時、田んぼに異様な物質が投げ込まれるかわかりません。ニッカド電池を使用している携帯電話を投げこまれただけでカドミウム汚染米になるそうです。被曝による病気で亡くなられた久保山さんは、その後に医療レベルが達していなかったことも原因の一つであると聞いています。

亡くなったのは久保山さんだけでなく、もう10人以上の乗組員もですが、それだけでなく多くの魚の命までもが、何の役にも立たずに焼津の海岸や東京築地の地面に穴を掘り埋められたことを忘れてはいけないと思います。

　今、京都では、20万羽の鳥の尊い命が、何の役にも立たずに埋められようとしています。

　この地球上では、すべての生物（動物・植物・微生物）がバランスよく生きられてこそ、真の平和が保たれるのだと思います。それぞれの命や文化を認め合えることが共生であり、地球環境保全に役立つのではないでしょうか。

2．過去の発言　50年前の中学生の発言

『あらしとうたごえ』（焼津市立焼津中学校1年8組）第5号、昭和30年（1955年）3月5日発行より

[1] 福竜丸事件と私たち　　　　　　　　　　　　　　　　高山光男

　1954年3月15日、歴史上に残る大事件が報道されました。3月1日ビキニ環礁にてアメリカは水素爆弾の実験を行いました。その実験の被害を受けて3月14日に焼津港に帰った船。この船こそ第五福竜丸であります。

　乗組員達23名は「死の灰」を浴びていたのです。獲った魚にも人体にえいきょうを与えるおそろしい放射能がありました。魚は全国的に買われていました。日本の人々は信用できないとおどろいていました。ぼくの家でもその話でもちきりになりました。新聞でもラジオでもその事件でいっぱいになりました。船員さんは顔でも体でも黒々と焼けて見るからにかわいそうでした。家族の人々もどんなにかなしんだか。よその人にはわからないくらいむねがはりつめ、声さえでない、生きる道をうしなった家庭もあったのです。このような事件のおこった3月15日は、

焼津はもとより日本、世界までを暗い世の中におしこめてしまったのです。

　放射能におののく市民、国家。ぼくも乗組員23名の生きる道さえもうしなわせて、世界の国を暗いかげにおとしいれました。水爆実験が何に役に立つのだとどなりつけたい。おそらくぼくだけではない。国民一人ひとりがぼくのように考えたのだと思いました。

　「アメリカはなんのためにこんなことをやったのだ」とだれかをよばずにはいられません。けれどもやってしまったことなのです。水素爆弾、原子爆弾にしてもよいことに使うのではない。人を殺すことに使うのです。世界を乱すものです。世界をはかいするものです。まだこのことについてふるい立つ市民は目だっていません。こんな時こそ原水爆禁止を強く国民・世界の人々に叫ばなければ、とぼくは思いました。

　月日は流れて行きました。国会大乱闘もおこりました。その時も放射能マグロが相次いで水あげされています。あのおそろしい事件の3月よりも船員達は回復に向かっています。あれから85日間、東大病院と国立第一病院に入院し、最高の医者にみてもらっています。患者さん達が元気になってなによりだと思いました。

　そして、7月4日、水爆被害状況を調査していた俊こつ丸は、南方海

域からたくさんの調査物質をもち50余日ぶりに帰国しました。この調査によってどんなことが明らかにされたかというと、太平洋のどの地点がまだ危ないか、ということが主だと思います。海の中にまじった死の灰は、潮の流れにのって日本にも近づいたのです。けれども福竜丸は、30年間くらいまで放射能はおそらく消えないのです。おそらく潮の中に入っている放射能はよっぽど軽いのだと思いました。

　あつい夏がやってきました。けれども夏のあついなかで乗組員の一人久保山無線長は放射能のため、かんぞうをおかされおうだんという病気になってしまいました。いままで23名全員が回復に向かっているということは、国民を安心させ、家族を安心させるために医者たちはうそをいっていたのであったかと、思う人達もいると思いました。けれども、3日の後、またもとのように回復してきました。そして9月に入りました。9月中旬、急にまた久保山さんの体が悪化しました。そしてついに1954年9月23日、全国民の深い悲しみの中で永い眠りにつかれました。

　水爆で一人の犠牲者がでました。市民の一人です。市民の人々はなぜ立ち上がらないのでしょうか。日本全国全世界にこんどこそ呼びかけ、原水爆禁止を強く叫ばねばならないのです。いつかの新聞にも焼津市民は原水爆禁止に力をつくしていない。その土地のものが先に立ってそのことをやらなければだれでもふるいたつ者はいないのだ、とのっていました。

　「久保山さんは最高の医者にみてもらい、補償として600万円もらうだっちょう。ええのう」とバカなことをいっている親達もたくさんいました。久保山さんの母や子どもの身にもなれば、そんなことはいえない

はずなのに、バカげた話をしています。それより原水爆禁止を全世界に伝えなければいけないと思います。そして、だれでも考えている原子力を少しでも平和なこと世界の進歩のために使わねばならないと思います。口で言うだけでなく、実際に行われなければならないと思いました。まだ原爆実験が続き、原爆マグロはぞくぞく出ています。いつになったら安心して魚が食べられるのだろうかと思います。

　12月にうれしいニュースが入りました。原爆病の人達が家に帰れるという話です。うれしいことです。第一班と第二班とわかれて焼津に帰ってくるのです。けれども、深く考えてみると、こんなことになるかと思います。

　「患者さんたちは今は元気だ。けれどもこれより先、元気になる見込みはない、もう二度と焼津に帰ってこられないのではないか。だから少なくともお正月にかけて家に帰ってゆっくりしてくる」という考えも浮かびます。おそらくこの考えはまちがっていると思います。またまちがっていてもらいたいものです。12月25日、よろこびにみちて患者さんたちは、半年ぶりにみる魚市場などを思い浮かべながら帰宅しました。

　この1954年の終わりに近づいたが、今年のように暗い事件が起こった年は少ないと思います。中でも、福竜丸事件はぼくたちの一生に忘れることのできない事件です。もう過ぎたことはどうにもできないのですから、今度からは、もっともっと世界が手をつないでいけるような世界平和の道具として、この事件が利用されなければならないと思います。

1954年12月28日に書く。

［2］第五福竜丸と私達　　　　　　　　　　　　　　　田中澄江

　雲一つないよいお天気だった。私はクラスの友達と「もうすぐ中学生だね。うれしいよ」と話しながらドッチボールをして遊んでいた。するとある子が「焼津の船がね、水爆の実験の灰をかぶったってよ」といっていた。すると又一人の子が「ものすごいだってよ。顔なんか茶色になっちゃったってよ」といった。私は新聞を見なかったので、わからずただ話を聞いているだけだった。

読売新聞屋の前に、赤い字で大ニュースと書いてあり、その横に大きく写真ののった新聞がいく枚もはってあった。そこに大人の人達が山のように見ていた。又そこを通る人は自転車などをとめて「なんだ、なんだ」と見にいく。私も友達と少しのぞいたけど、後からはおしてくるし、いくらせのびしても見えなかったので家に帰ってきた。
　その後、「3月1日、アメリカがビキニ島ふきんで水爆の実験をやった。その時焼津の第五福竜丸が強い放射能を受けて焼津に帰ってきた」とラジオや新聞で知らせていた。又水揚げした魚にも強い放射能があることがわかり、地下にうめた。知らずに食べた人、又魚屋で遠くに送ってしまった人などしらべいろいろ問題になった。
　食べた人はお医者にみてもらったり、又送り先をしらべたり……マグロを食べるのを禁止した。そのため毎日朝早くからリヤカーをガタガタさせて通ったおじさんも、通らなくなってしまった。親戚の人なんか遊びにきて「港へ行こう」っていうので行ったりすると、ガイガー計数器という機械で放射能の検査をし、魚なんかも「何カウントの放射能がある」とかいって捨ててしまう。そのため、漁師の人、魚関係の人達の生活はたいへんになってきた。
　5月の半ばころいろいろな人がシュンコツ丸に乗って、放射能の検査に行った。その時の録音ニュースをきいてびっくりしてしまった。魚の体の中なんかにも強い放射能があったり、しんぞうのなかにもあったり……それでよけい魚をたべるのがいやになった。魚屋の店には「当店では原子マグロは売っていません」と紙をはってもだめ、チリンチリン市場の自動車で回っても効果はない。家にくるお客さんなんか「さしみを食べたいけえがのう」といったりする。「食べるさよ」というと、「原子マグロだなんだってさわいでいるの、おっかないじゃん」という。魚屋ではいいっていうけど、毎日のようにラジオや新聞に、何々丸がとってきた魚に放射能が何カウントあったとかいっていた。「魚屋じゃちがうよ」と一人の人がいうと、「こいじゃね、商売もあがったりだよ」と笑いながら出ていった。
　こうして笑っている人もいるけど魚屋なんか本当にかわいそうだ。兄

の友達の人が、加工品屋だかをしていて、お父さんが死に、お兄さんがお父さんのあとをやっていたらしく、しくじり、それに原子マグロなんだといってうれなく、借金がたまり、とうとうつぶれてしまったという。それからその子はあと一年で高等学校を卒業というのに働きに出たり、大きい家を売り、今小さい家でくらしているとのことです。

　アメリカが実験をやったばかりに、多くの人がこんなに苦労している。アメリカはこれを何につかうつもりでいるのだろうか。もし戦争に使うとすれば、日本に四つも落とせば全滅になってしまう。人を殺すために使ったと同じことになってしまうのではないでしょうか。もっと多数の人が幸せになるようなものはつくれないでしょうか。原子マグロといえばすぐ焼津と頭に浮かんでくるでしょう？　焼津は水産都市として発展してきたのに、原爆マグロで全国・世界まで知れてしまった。このような名で知れても喜ぶ人はいない。

　患者の人達は東京の二つの病院に入り、手当てをしている。白血球が減り、成人で9000位というのに、4000から3500位しか無いという。

　港には東洋一という三階建ての立派な市場が建てられた。食堂もあるし屋上もある。いつも天井ばっかり見ている人に、一日も早く市場を見せてやりたい。中には「もうなおりっこない」といっている人も大勢いるが、お父さんが入院している家庭では、少しばかりお金をもらっても、早くお父さんが治るように祈っているにちがいない。私の近所にも、その船に乗っていた人がいたけど、一人の子どもを持ったお母さんが苦労している。妹の組にもお母さんと小さい子３人で生活してるひとがあるという。「誰が死んでも困るで、丈夫な体が一番いいよ」と母がいうけど、お父さんが死んで働くことができなくなるのが一番困ると思う。

　小さい子を置いて働きに出られないし、内職しても少ししかお金がはいらない。夏休みになれば、海水浴にみんな行くのがたのしみにちがいない。だけど「今年海に行くと放射能が流れているのでまるでいかない」という子もいた。だけど放射能けんさを海なんかでしたら、体には影響ないといった。海へ行ったときは泳いだ。

　８月の終わりころから、久保山さんの体が変ってきた。ラジオや新聞

では、久保山さんの病気についていっていた。8月1日の録音ニュースの時「もう原爆は沢山です」と元気な声でいっていたのに、今はもうもうこんすいじょうたい。日本一というりっぱなお医者さんに見てもらっていてもよくならないのだから、きつい病気に違いない。毎日毎日子どもが行ってもわからず、いつも目をつむり、天井のほうを見ている。お母さんの心配そうな顔、親戚の人達のようすが新聞にのっているけど私はそうゆうのをみるとなみだがでてくる。

　みんな9月1日から学校にいったけど、さよ子ちゃんなんかはお母さんといっしょに、かんびょうに行ったりして学校にもいかない。毎日毎日たくさんの注射をし、かんびょうしていたのに、9月23日、6時56分に息を引きとったという。

　「水爆初の犠牲者久保山さんが息を引きとった」と新聞やラジオが知らせた。市民の人達はみんなどうか助かってくれと思っていたら、とうとう一人死んでしまった。22人の人達もまた、久保山さんとおなじように死んでいかなくてはならないのかと、がっかりしたに違いない。久保山さんは小さい子どもを残してなんと思って死んでいったのかしら、りっぱなおそう式をすまして焼津に帰って来た時も、目になみだをだしてどことなくさびしそうだった。

　アメリカからお金をもらったとき、みんな「しあわせだね」「あんなにお金をもらってつかいでがあるらよ」といったり、「貯金しておけば、利子がついておばあさんになるまで働かなくてもくらせるだってよ」といってる人もいる。私もみんなの話をきいていて、「そうかな、そいなら死んでも楽だな」と思っていたけど、やっぱりお父さんがいなければさみしい。お母さんだってお父さんがいなければ全部自分でやらなくてはならないし苦労も多くなる。録音ニュースのなかでお母さん（すずさん）の声なんかきくとなみだがでてくる。何にもわからない小さい子をかかえてどうしていくだろう。「水爆」といっても何のことかぜんぜん分からないのにお父さんは殺されてしまった。おおきくなってきっとなぜか考えるにちがいない。

　毎日たくさんの励ましの手紙がくるという。日本の人が水爆をやめよ

うと叫んでいるでこそ励ましの手紙がくるに違いない。一日もはやくよくなってもらわなければならない。学校で東京の病院に、夏休みの版画を送った。その中に私の版画もまじっていた。ベットの上でいつも天井ばかり見ている人は、かわいそうだ。私達の手で作った作品を見て焼津の様子を思いうかべてくださいとねがった。

　時々かんじゃの人達から手紙がくる。その中には、散歩にいったり、テレビをみたりするという。前には寝てばっかりいたのに、このような事もゆるされて喜んでいるに違いない。またお正月には、2週間位自宅に帰ってくるという。いつも海の上でお正月を過ごしていたのに、家族といっしょに迎えられて喜んでいるだろうに、体の都合でまたいってしまわなければならない。回復に向かっているというけど、いつどうなるかわからない。家族の人達だって、成人になって帰ってくると思っていないだろう。帰ってくるといっても、前に船から帰ってきたようなよろこびじゃないだろう。

　医師の人につきそわれて、おみやげをいっぱいもって帰って来たという。患者の人は東洋一という港に9ヶ月ぶりに帰ってきて、わからない事もあったに違いない。

[3]「福竜丸事件」　　　　　　　　　　　　　　　　　　　萩山勝功

　昨年の9月23日午後6時50分に久保山さんが、水爆実験のための死の灰をかぶり東大病院で死んだことは、だれもがラジオや新聞で聞いたり、見たりしたことでしょう。だが、もう22人の乗組員はだいじょうぶよくなったようです。

　楽しいお正月は自宅に帰って迎えた。でもお正月がおわるとまた東京の病院に帰ってベッドにもぐってたいくつな日をおくることでしょう。焼津はこの事件の地元なのにあまりさわぐようすもない。やれ原子マグロとか原子カンズメという声が聞こえるが。

　これより前のことで連絡船洞爺丸が昨年の9月29日、台風のために沈没したことも、みんなあれが頭にこびりついていることでしょう。

　さて、福竜丸事件の犠牲者久保山愛吉さんがなくなって行われたお葬

式のことを知っているでしょう。しぶしぶと雨のふっている中を、ぼくらはかさももたずに久保山さんのなきがらを駅に出迎えにいったでしょう。それにくらべて洞爺丸の沈没で死んだ人のお葬式はどうだったでしょう。何千人という世界でもめずらしい多くの人の命が奪われました。久保山さんが死んだときのほしょう金はものすごい金額だ。遊んでいても、らっくに食べていけるくらいだ。それなのにこの洞爺丸に乗っていて死んだ親や子どものほしょう金はどうでしょう。父親をなくした家族はどうして食べていけるのでしょう。

　働けども働けどもお金はとれないでしょう。母の手や身体でいく人かの子どもをどうやって食べさせていかせるのでしょう。それを思えば久保山さん一家は楽なものでしょう。そのほしょう金を洞爺丸で父親をなくした気の毒な人に少し分けてやれないでしょうか。福竜丸事件のことで今もさわいでいるのに、あの洞爺丸事件はもう忘れてしまった人もいるでしょう。それでは洞爺丸でしんでいった人の家族にもうしわけがないではないか。

[4] 福竜丸と焼津の生活　　　　　　　　　　　　　鈴木美津子

1.　3月16日の朝、お母さんの親類のおばさんが「うまくないがたべとくう」といっておさらにのこしてくれた。見てみるとマグロのさしみだった。とてもうまそうです。朝ごはんをもう食べてしまったので、母は「お昼のおかずにしよう」とゆってとだなにしまった。そして、おひるになってマグロのさしみがでた。母と弟はにこにこして、「おいしいおいしい」とゆってたくさんたべる。私はあまりすきでないので2キレ食べた。たべおわって、母は「さしみおいしっき」とゆってにこにこした。
2.　夕方5時半ごろとなりのおじさんが私の家の前で近所の人たちと新聞をみて、さわいでいるので、なんだろうと母と私はいってみた。新聞には大きく「福竜丸灰かぶる」と出ていた。おじさんは「この絵はマグロ船だ。灰をかぶったマグロを魚市場に売ったそうだ」とどもるようにゆった。母はびっくりして、「いつ売っただかしん、お昼にマグロの刺身をたべちゃっただけど」とゆった。家に入って弟は平気に「死んじゃ

うかもしれんじん」とゆった。夜、母と私はねむれなかった。弟はなんということもなく気持ちよさそうにねむっていた。

3. 午後、母が近所の人たちにきいたことだ。「マグロを食べた人は注射を打つだってよ」と。聞いてみると母は返事をした。母は心配そうに、「注射に行くだかしん」とゆったので、私は「この食べたさしみは福竜丸がとってきたのじゃないかもしれんじゃん」とゆった。母は「そうだの、よく菓子屋のおばあさんにきいてみてくるよ」とゆってすぐうらから行った。私もそうっと後を弟とついていった。途中で母がこっちに向かってきた。私と弟は母の所へとんでいった。母は言った。「13、4日に買ってきたのだから、だいじょうぶだよ」。私と母と弟は安心した。

4. 母の弟のおじさんは漁業組合に出ている。組合の話によると、福竜丸のことで焼津もひっそりで、魚屋もべそをかくようだそうだ。毎日のように事件のことでえらい人たちが遠くへ、これからどうしていくか、という相談をしたりして、休むひまもない。おじさんもその一人だそうだ。東京の方の魚屋では、「焼津の魚は買いません」と紙をはってあるそうだ。そのふだをみると、破りたくなってしまう。こんなことになってしまって、アメリカが悪いのだ。海の中に原ばくなど落とすからだ。焼津の中でも福竜丸の人たちのことを考えないでいる人たちもいるのだろうか。

5. 雨がふっている朝の7時ごろ、ラジオのニュースで、この雨は放射能ですと放送していた。母はびっくりしながらうなずいた。弟が外から来ると母は、この雨は放射能かもしれないから、だめだよ」といった。弟をすわらせ、母はようく話している。「この雨にぬれると、毛が抜けたり、病気になったりするから」と2回ぐらいくりかえしていっている。こんどは私に向かって「美津子も気をつけるんだよ」といったので、私は返事をした。雨が降るたびに、母は「かさなしで気をつけるだよ」といったりした。私たちは外に出られないので弟とさわぐ。雨の日には母はとてもさわがしいといって叱る。

6. この頃、どこの家でも安心したように「魚を食べられるよ」といっている。魚屋の人たちもにこにこそうだ。朝早く魚市場にゆく。魚を切

る人たちでも、朝は3〜4時ごろからがたがたリヤカーの音がしたりしてにぎやかだ。ある日、私はちょっと駅のほうに用があった。帰り港によってみたら、案外にぎやかで、魚を売る人も、買う人も、にこにこそうだった。けれどもまだ魚は安全ではない。いろいろな人たちがとってきた魚をを調べ、許しがでたら売るそうだ。それでも案外捨てる魚があるそうだ。

このごろは魚を食べないので、食べることにした。母が買いにいった。いつもは私が買いにいくが、母は「へんな魚をよこすと困る」とゆって買いにゆったのだ。夕飯に母は「安心して食べるさよ」とにこにこ笑って食べた。

7．8月の終わりに、23人の乗組員の中で、無線長の久保山愛吉さんが重態だそうだ、という。なんて気の毒だ。このごろのニュースによると大変重態で、生きるか死ぬかの問題だという。大きな注射を打ってもこんすい状態になっているという。

「久保山さんの奥さんが汽車からおりてくる時などに、記者がきてカメラでうつしたり、感想をゆったりするけど、そんなのはでたらめだ」と、9月2日に学校の先生がゆったけど、本当にそうだ。久保山さんの奥さんが早く夫に会って、一生懸命看病してやりたくて、急いでかけつけてきたのに、新聞記者がきて感想をとったりして、奥さんに悪いと思う。ラジオの放送によれば、子ども3人を抱えてどうして生活していこうかと考えているそうだ。また水素爆弾、原子爆弾などと放送するたびに、久保山さんは気が狂ったようになってしまう、と奥さんはゆった。

日本の皆の力をあわせて、水素爆弾、原子爆弾などなくしてしまいたい。

3．ビキニ事件と平和運動

大場悦郎さんに聞く　2006年1月29日、焼津公民館にて
ビキニ事件当時、焼津を中心に起こった署名運動、当時の反核平和運

動の中心人物であった大場さんに聞いた。以下の記録はその一部分（前半）。

聞き手：尾石昭夫（ビキニ市民ネット焼津）
　最初に大場先生をご紹介したいと思います。先生は大正10年（1921年）11月生まれの84歳、御高齢ですが、昨年私が先生を8〜9回お邪魔して無理やりお願いし、今日、ようやくこういう会をもつことができました。
　経歴を申しますと、大場先生は、志太郡吉永村（現大井川町）にお生まれになり、藤枝農学から静岡師範学校に入り、卒業後の1941年に庵原国民学校の教師になりましたが、42年、動員され中国へ、国民党軍と戦い各地を転戦、1946年に復員され、吉永村の国民学校教師をやりながら村会議員も兼務しました。
　1951年から3年間、焼津中学の先生になられました。当時この中学校は32学級1614名がいました。マンモス学校です。ビキニ事件はこの時に体験しております。当時は、ここにおられる塚本三男さんもまだ新米の教師でした。大場先生は先輩格でした。1955年からは教職員組合書記長・支部長などを歴任しました。
　その後、高洲小学校に移り、1969年に西益津中学校、青島中学校。小川中学校の校長を長くやり、また大井川町教育長を8年間しております。これまでは、あまり発言されない、どちらかといえば「裏方」の隠れた存在ですが、この地域の平和運動に大きな役割を果たした方です。それではよろしくお願いいたします。

ビキニ事件（第五福竜丸事件）と原爆反対署名運動
●**大場さん**　ただいま、ご紹介にあずかりました大場です。今、昔の話が紹介されましたが、もう50年を過ぎました昔のことですが思い出しながらお話したいと思います。30年ぶりに先生（塚本三男さん）にお目にかかることができました。尾石さんが熱心にこられてやっと重い腰

をあげてまいりました。

　それでは、あの時のまわりの事柄をお話したいと思います。今、尾石さんからお話がありましたように、ビキニ事件に私が関係したのは焼津中学の教師でいたときですが、その理由として吉永村というところで中学校の教師をしていた関係で、その卒業生のなかに福竜丸には4、5人の教え子が乗っていて被曝したわけですね。その同級生が何とかしなければ、と立ち上がって、学校で原水爆反対の署名運動をやりました。この時、学校新聞の編集をやっていたので、その紙面を使って、事件のことを知らせたり、原水爆禁止署名運動を行ったわけです。今、同級生で島田市に山田富久という方がいます。彼が中心になってやりました。私が相談をうけたのは、山田からですが、なぜ私かというと、私が青年団の役員をやったり、教え子に被曝者がいたという関係であったからと思います。その頃は私も村会議員の3年目か4年目でした。そこに4年間おりました。

　焼津では、学校新聞の編集をやっていました。「焼津中学新聞」の紙面を使ったり、子どもたちに作文（慰問文）を書かせ入院先に送ったり、返事をもらってのせたりしました。そんなことをしておりました。

○尾石　第五福竜丸の乗組員であった吉田勝男さんという方が先生のそばにいます。村民の声を集めたのは、吉田さんの友人の山田さんだと言われております。実は、1955年に東京杉並のお母さんが中心の読書会「杉の子会」が署名活動をおこない、それが日本で最初ということになっていますが、その年の5月9日から、地元で友達が署名運動をやっておりました。

　2004年の第五福竜丸50周年展示会（焼津市文化センター・歴史民俗資料館）で、「村民の声署名簿」が展示されておりまして、ちょうど吉田さんが見てましたので、そのことを聞いてみました。2005名の反対署名です。

　当時、5月9日に朝日新聞に載り、その後、共産党の『赤旗』にも乗りました。そうするとアカだという、そうじゃない、友達のためにやっているということで『世界』1954年8月に書かれた文章、表にはでで

●**大場さん**　その頃のお話を少ししますと、吉永村の村会議員になったとき、村の小学校にオルガンがなかった、ピアノとは言わないけれどせめてオルガンを子どもへと訴えたのですが、当時の親たちは、オルガンを弾いて歌を歌っているようじゃ百姓の子どもは育たない、というんですね。そのころはそういう風潮だったのです。おそらく当時の焼津でもそうだったと思います。それでも4年ガマンしてそこにいました。

　そういうなか署名運動が行われたとき、あいつはアカだ、といわれました。そういう声を少なくしなければと思い、岩波書店の雑誌『世界』に投書したら取り上げてくれました。

　焼津にきてからも学校新聞に載せるのはおかしいという声もありました。そういうなかで校長先生薬科きく先生がかばってくれました。温厚な方でして、いまでもすばらしい方だったと思っています。

久保山すずさんの苦労について

○**尾石**　久保山すずさんが1950年6月に東京の豊島公会堂でおこなわれた第1回母親大会の出席についてですが、これは当時「涙の母親大会」といわれていました。その文書がここにあります。大変感動的な文章ですが（本書第5章に全文が掲載してある）、大会参加の準備にあたったのは大場さんだといわれています。この辺の事情についてはお話ください。

●**大場さん**　すずさんの参加については東京から大勢の人たちがやってきました。そのなかに山家和子さん、鶴見和子（鶴見俊輔さんのお姉さん、2007年死去）さん、羽仁説子さん、丸岡秀子さんもおりました。一部の方は地元、焼津の浜の人たちの生活事情をまったく考慮せず、久保山さんを強引に引っ張り出そうとしました。

　昭和30年頃の焼津の漁師の生活は、いろいろ言われていますが、古い一家一隻主義の伝統を維持しておりました。そこで育まれた生活をまったく無視して、やれいけやれいけとけしかけるやりかたにはおおきな問題があったと思います。これまで人前で話をしたこともない普通の主

婦に毎日のように押しかけて説得するというやり方でした。もう少し、地元の雰囲気を原水爆運動に反映させればよかったのですが、その意味で、すずさんには、当時大変な迷惑をかけたと思っています。

浜当目に沢山墓場がありますよね。漁船が遭難して、その犠牲者の墓なのですが、そこには当時の漁村である焼津の生活とそこで進んでいた人々の歴史が刻み込まれております。そこで住んでいる人々の気持ちを理解をしない運動の仕方は間違っていたと思います。

焼津中学赴任3年たってから、志太地区の組合書記長になれといわれました。いやですと断ったら、学校を辞めろと脅されました。しかたなく授業をやらない組合活動に専念しました。当時は共産党や社会党の力が非常に強かったのです。組合も強く学校人事に大きな力をもっていました。教員人事でも校長を無視してやるという力をもっていたのです。そういう組合活動が平然と行われていたのですね。

1955年に第1回の広島平和大会に、翌年長崎大会にも参加しましたが、この運動は「日本の国がひとつになってやっていないな」という感じで、両者はにらみ合い対立は激しくなっていました。支部の役員を終えてから組合活動のない学校に移りましたが、なぜ、ひとつにならないのか。双方が弱くなった現在、なぜ一緒にやれないかな、憲法改正が現実化しつつある中、大変残念に思っています。

すずさんの思い出をさらに続けると、すずさんは田舎のお母さんという感じで、何千、何万という人前で話をする人ではありません。そこで大変苦しんでおりました。隣近所における立場を無視して、教職員組合6班（当時はそういってました）の女教師たちがおしかけて運動に参加させようとした、そのやりかたは間違っていたと思います。くどいようですが、浜当目でのすすさんの立場を見守り、助けてあげられなかったところに問題があったと思っています。いまでも悔やまれます。この辺については、傍で支えておられた見崎吉男さんはよく知っていたとおもいます。

アメリカからの補償金が支払わられた後に「少し貸してくれや」とやってくる人もいたと聞いています。当時、この地域では、自分に都合の

悪いものにはレッテルをはって排除する村意識というものがまだ残っていました。そういうことですずさんは大変ご苦労なさっていたのですね。

【この証言の後半は、第五福竜丸乗組員のその後について、当時と現在の平和運動について、これからの運動をどうすべきか、などについて質疑応答を行いましたが、ここでは省略しました。】

第3章

菜の花とゴジラ
焼津旧港保存運動へ

1. 「菜の花スマイル作戦」

　「ビキニ市民ネット焼津」会員の小畑幸治さんは、焼津市の高草山山麓の坂本地区を拠点にしている焼津でも数少ない専業農民の一人である。多くの顔をもっていて、和太鼓集団「高草太鼓」のメンバー、「焼津おでん探検隊企画隊長」、ゴジラオタクで「ゴジラを焼津に建てよう会」などに加わる一方、フォークソングシンガーで、焼津の町おこしフォークのCDまである。その上、環境問題に関心をもった「エコファーマー」として認定されている。その彼が、2004年の行った活動が「菜の花スマイル作戦」である。

　ここで「菜の花」とは、いうまでもなく現在「菜の花プロジェクト」として知られ、滋賀県を始め多くの県で「地球にやさしいエネルギー」で開発として注目されているものだが、静岡県でも「トラック協会」が中心になって活動を続けている。

　その小畑さんの作戦とは、2004年に「ビキニ事件50年」に際して、この菜の花と平和とを結びつける新しい活動である。以下、その運動について簡単に報告しよう。

[1] 問題提起

　焼津は、広島と長崎に続く被爆（被曝）関連都市として、関係者の間では知られています。ビキニ事件です。しかし、地元の水産関係者の中には、あのときに政治的に利用されたり、さまざまな風評の被害からアレルギーが残っているという経緯もあって、地元では平和運動は盛り上がりません。

　そこで私は、平和と環境問題とを結びつけ、農業の世界から何が出来るのかを考えたとき、菜の花畑へ小麦でスマイルマークを描くことを思いつきました。

　高草山から見ないとわからない直径100メートルの「笑顔」、地元焼

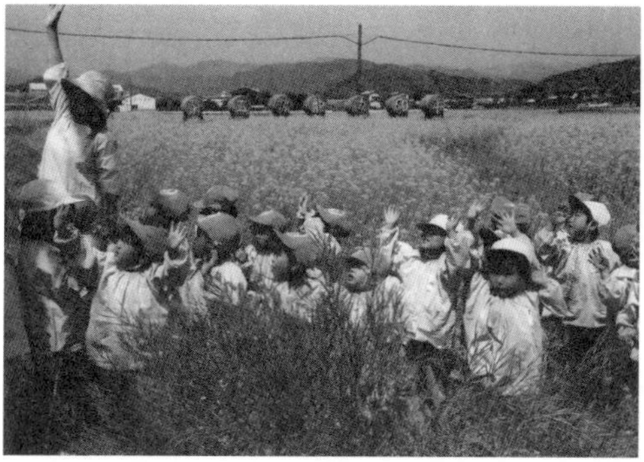
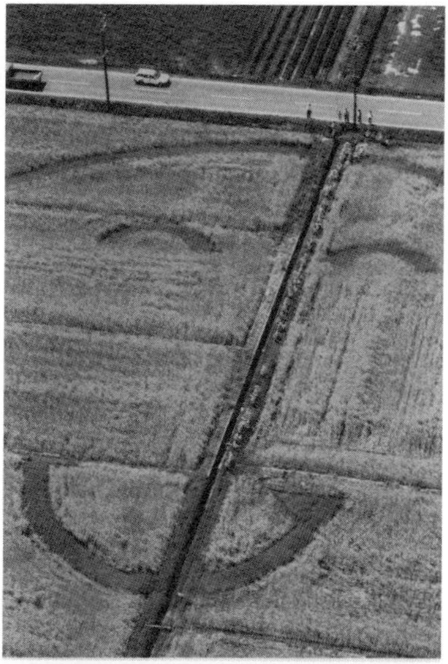
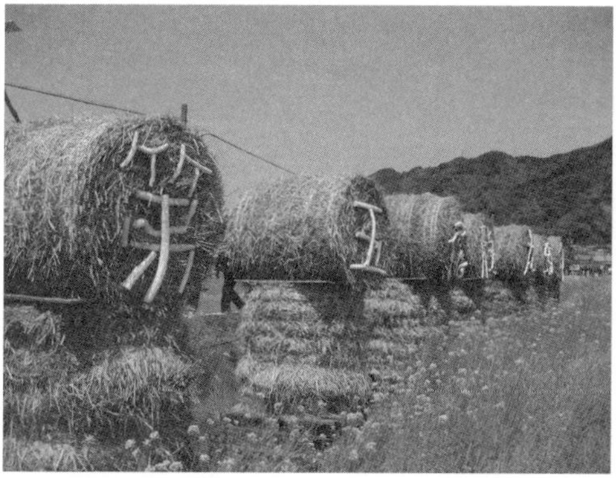
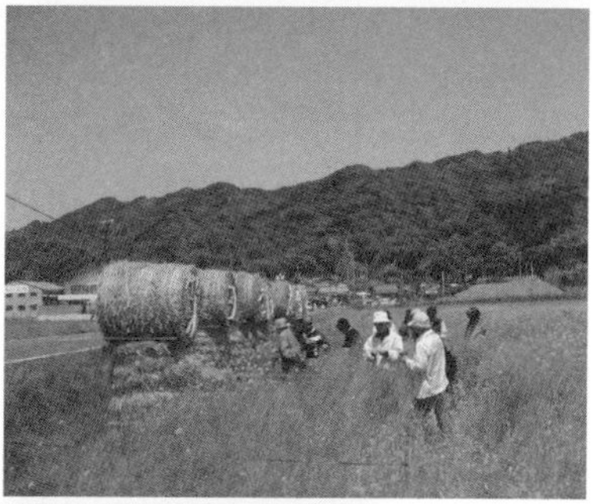
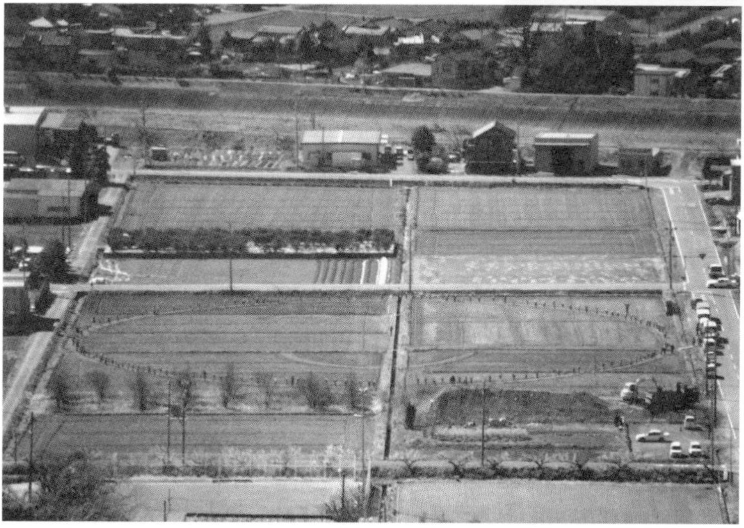

津高校の女子高生と描いた大きな輪、そして港幼稚園と宮島幼稚園の子どもたちが踏んでくれた小麦の苗は、その後、順調に生育しました。

以下は、同じメンバーで協力者の大塚義弘さん（酒屋さんで焼津市市会議員）による評価コメントです。

コメント　1（2004. 1. 3）

第五福竜丸被災50周年の本年（2004年）、各団体で様々な事業が計画されています。

「ビキニ市民ネット焼津」でもいくつもの事業が考えられています。会員の小畑幸治さんは、関方の山の手地域の休耕田を利用して、菜の花を育て、巨大なスマイルマークを描くことを計画しています。そして、その種まきがこの正月に行われました。

耕された約4.6ヘクタールの田に菜の花の種をまき、スマイルマークは小麦の種をまきました。トラクターを使っての作業でしたが、3日を費やしてしまいました。ビキニ事件があった3月〜4月過ぎには一面黄色い菜の花に緑のスマイルマークが現れるでしょう。

この計画について小畑さんは、「高草山は竜神の山でもあり、その山から見下ろすと、眼下に広がる里地にポカリとスマイルマークが浮き出されます」「これって平和じゃん、ピースマークもいいけれど、焼津はやっぱ、スマイルマークのほうが似合うじゃん！」

今年の正月は、例年になく穏やかな暖かい日が続きました。トラクターの通った後をカワラヒワが種拾いに来てました。

菜の花はナタネ油を採って、ディーゼル車の燃料にされます。「菜の花資源循環システム」と呼ばれているそうです。この計画は、小畑さんのビキニ被災50周年に向けての「平和と環境」のささやかな一石です。

鳥に食べられず、うまくスマイルマークができたら高草山に登って「見る会」を開催したいと思います。

コメント　2

　正月にまいた種が芽を出し、少し伸びてきました。

　今年は冬は暖かいけど、雨が少ないのでちょっと成長が遅いようです。麦は6～7センチに伸びています。菜種はまだ双葉です。土手のカラシ菜は黄色の花をいっぱいつけています。

　作者（小畑）いわく「少し目がよっちゃたやー」だそうです。

　小麦の苗も順調に育ち、菜の花も咲きました。4月22日、静岡新聞社のヘリコプターが飛んできて、その日ちょうど豊田幼稚園の子どもたちが菜の花狩りをしているところを一緒に撮影してくれました。

コメント　3（2004．4．25）

　今年の春は例年になく暑くなったり、涼しくなったりと植物も大変だったようです。桜は品種によってまちまちな咲き方をしたようです。長くいろいろ楽しむには良かったようですが、ちょうど良い具合に休日と合って花見が出来たところは少なかったようです。

　菜の花も開花予想が難しく、当初4月29日に見学会をやるために、逆算して正月に種まきをやったのですが、思いのほか天候が良くて、4月の中旬には満開になってしまいました。それで急遽やろうということになって、4月25日（日）10時から見学会を行いました。

　当日は、会員や一般の方20名ほど集まりました。第五福竜丸元漁労長の見崎さんも、気分転換にと参加してくださいました。

　塚本事務局長の挨拶の後、小畑さんと地元の永田さんの案内で、直径100メートルのスマイルマークを見ました。花はだいぶ散って、種も沢山つけていました。畑の横には稲藁で作った「第五福竜丸50年」のモニュメントもあり目だっていました。

　そして、その後で、全体をみるために高草山中腹まで登りました。途中、方の上（かたのかみ）の閻魔像や火山噴出物、たまねぎ状岩石などを見て登りました。中腹から見ると少し寄り目のスマイルマークをくっきりと見ることが出来ました。新緑に囲まれ、しばし平和なひと時を過

ごすことができました。

　この計画を遠目で批判的に見る方もいましたし、好意的に協力してくださった方もいました。どちらにしましても、こんな平和運動のやり方もあるんだ、第五福竜丸被災から50年なんだと教えてくれたように思います。

　ご協力いただいた地元の皆様、幼稚園児のみなさんありがとうございました。

［2］エネルギー生産基地へ

　2005年5月15日『日本農業新聞』の読者欄へ山口県周南市の山本茂さんの投稿が載りました。それによると、4月29日に滋賀県で行われた「菜の花学会・楽会」に全国的な広がりを期待して、さらに核エネルギー偏重にも言及し、農業への食料生産基地からエネルギー生産基地への変更を語ってくれています。静岡県に住んでいる人ならすぐにでも飛んでいってお話を聞いて見たいし、自分の話も聞いて欲しい、そんな気持ちになりました。年齢も私より五つ年上の54歳、頼りになりそうな先輩であるに違いありません。

　5年前から始めた菜の花栽培は、焼津市のゴミ収集車がヒントとなり植物油でディーゼルエンジンが動くことを知りました。地元のテレビ局が取材にきて「行く行くは農業機械の50％強を植物燃料に切り替えて化石燃料の使用を抑制、次世代に残してあげたい」、さらに、「燃料を生産できるのはわれわれ農業者の特権ですから」ともたいそう大きなことを言ってしまいました。

　細々ではあるけれど今年から200リットルづつドラム缶にてBDFを購入してトラクターに使用しています。100％使用だったら免税、そのかわりエンジンへの負担があり、つまりやすいらしく早めの交換が必要のようです。ドイツなどでは一般スタンドにもBDF専用ブースがあり、軽油へ20％混合することを進めてるとのこと、エンジンにやさしい混合割合のようです。もちろん、免税でしかも環境にやさしい燃料にということでもらっているようでなんともうらやましい。

日本でも、これを進めていくには、農家のやる気をみせなくてはならないと思います。

　その後……2007年4月の現在。

　7回蒔いた菜種栽培毎年うまくいくとは限りません。連作障害、過乾燥、多雨による湿害、毎年がチャレンジャー、勉強、研究、今日も明日もあさっても……。栽培仲間を増やすのが課題です。

（小畑幸治　51歳になりました）

コラム　高草山

　標高501メートル、焼津市のシンボルとなっている山。南アルプス山脈の南端に位置し、先端は大崩海岸で海と接している。焼津のハイキングの拠点で山頂からは志太平野が一望できる。

　信仰の山でもあり、山頂にはかつて徳光院という寺があって、天台宗の駆け込み寺だったという言い伝えがある。これは鎌倉時代の源頼朝から頼家の頃の昔話にも出てくる。江戸時代に入ると徳川家康が鷹狩の猟場としてこの山を利用していた。その頃から天台宗の寺は消えて高草山大権現となり家康が祭られている。

　毎年2月はじめに、春を迎える祭礼「山の神祭り」が行われる。これは、山腹に突き出た「磐座」（いわくら）と呼ばれる巨岩まで竜神（全長8メートルの藁で編み上げたもの）を運んで、地域の繁栄と豊作への願いを込めて岩の前から里に向かって矢を放つ。伝承では、山の神がこの矢に乗り移って「田の神」となり、地域を守ってくれるとされている。

　5月3日（八十八夜の頃）には、例年、高草大観現大祭が行われている。

[3] 菜の花とゴジラ　アピール（1）

「第五福竜丸50年」に寄せて（小畑幸治）

　平成13年5月15日、静岡県磐田郡浅羽町で田植えの真っ只中、焼津市の市会議員大塚義弘さんに誘われて静岡精華短期大学（現静岡福祉大学）へ出向いたのが始まりでした。

　大塚さんとは20歳の頃、静岡県青年の船に乗った際、事務局だった氏と、一般青年団員だった自分とのある事件がきっかけで知り合いになったのが最初でした。それも何かの縁だったのだろうと思います。

　30年近くたったある日、携帯電話の店でバッタリ会ったというか、店のオーナーが大塚氏と知り合いだったことで会話に花が咲いたのが原因だったと記憶しています。

　そんなこんなで当時から「焼津おでん探検隊」で街づくりに共に活躍していたコピーライターの秋山博子さんと引っ張り込まれたのが「ビキニ市民ネット焼津」関係者となった取っ掛かりなのでした。

　焼津市民として何が自慢できるのかをいつも考えています。歴史、文化、景観どれも他の市町村にないものがここにあると思っています。その一つがヒロシマ、ナガサキに続くビキニ・第五福竜丸事件です。

　水爆実験が原因で亡くなられた久保山愛吉さんは、東益津小学校の卒業生ということも重なり、ひとごとのような気がしませんでした。昭和29年（1954年）というと、私はまだ生まれていませんでしたが、記録を見ると伝染病でもないのに家族や親戚にまで向けられた世間の冷たい目、風評で売れなくなったマグロや水産加工品の補償責任まで背負わされそうだった漁業関係者の苦難、苦痛。

　焼津から追い出されて捨てられた第五福竜丸は、50年たった現在、東京夢の島公園の一角にある「第五福竜丸展示館」に置かれ年間数十万人にも及ぶ見学者が訪れているという。観光業者にいわせれば、喉から手が出るほど欲しい財産ではないでしょうか。

　2004年4月に市内の竜神を祭っている山の手地区にて菜の花を4.6ヘクタール咲かせることができました。6年前から始めた菜の花栽培で

す。環境問題で植物エネルギーを生産する目的で始めました。核エネルギーに比べたら地球と卵くらいの差がありますが、いつしか孵化して巨大なエネルギー産業になることを夢見ています。

　直径100メートルのスマイルマークを市内の焼津高校の女子生徒たちと共に米糠と小麦で描きました。

　4月22日、静岡新聞社のヘリコプターが飛んできて写真撮影をしていただき、ちょうど豊田幼稚園の子どもたちが菜の花狩りに来ていて、いっしょに写りました。

　その前の2月には港と宮島の両幼稚園児が麦踏みを行い、その様子を新聞に載せて戴き地域の話題になりました。子どもたちが大好きなスナック菓子やクッキー、麺類、パンなど多くの食材に小麦粉が使われている事が多く、食用油もどのように生産されているか学校教育のなかでは教えられていないのが現実です。

　口に入る物は「医食同源」といわれ、安全・安心は当たり前と勘違いしている現代社会にも疑問を感じます。ＧＭ菜種が90％が輸入されている現実、どこで使用され、誰が食べているかは分かりません……。と言うかほとんどＧＨ食品。

　2001年の東宝映画のなかでゴジラが焼津港へ上陸しました。原作者は、この作品を循環社会軽視の経済や社会に向けて、大自然の驚異をゴジラに置き換えて製作したと言っています。1956（昭和31）年、政府は「もはや戦後ではない」と宣言し、高度経済成長時代へと入っていきました。

　ゴジラも第1作目からはほど遠い「お子様映画」へと変わっていき、興行収入を当てにする娯楽映画へと転身していきました。

　2004年3月、静岡グランシップにて「ゴジラ展」が開催され、私も息子といっしょに観に行きました。深い意味も知らずに行ったので、展示物は岡本太郎の壁画「明日への神話」以外印象が薄かったというのが実感でした。しかし、展示会のカタログを購入して読んだところ『バカの壁』の養老猛司氏や関係者のコメントが多数ありました。感動感動でした。

　そこで「焼津にはゴジラが必要だ」と、その時に確信しました。それ

もニューヨークの「自由の女神」に匹敵するような、あるいはそれを超えるような世界一のゴジラ像、体内には、第五福竜丸記念館と世界平和記念館の併設、いつもゴジラ映画が上映されている映画館、第五福竜丸の模型、日本とアジアからのゴジラファン、いや世界からゴジラファンを集めたら、と考えました。

　世界から白銀の富士山めざし、静岡富士山空港へ。ようこそフードバレータウン静岡中部へ！

　　　　　　環境、教育、食の街焼津へようこそ！
　　　　　　海、山、川に恵まれた焼津へようこそ！
　　　　　　ゴジラと第五福竜丸の焼津へようこそ！
　　　　　　ジャパン　ドリーミング、ゴジラ、ヤイズシティー！

2. ゴジラ上陸！　ビキニ事件とゴジラ映画

　皆さん今晩は。よくいらっしゃいました。「ビキニ市民ネット焼津」代表の加藤です。お子さんたちはもう夏休みも終わりですね。わざわざこの映画会に参加してくれてありがとう。今年の夏は特に暑かったですね。なにしろアテネオリンピックでの日本の選手団も大活躍、こちらも熱くなりましたね。

　さて、これから映画「ゴジラ」を上映しますが、その前にこの映画がどんなメッセージを私たちに投げかけているのかいくつかの問題提起をしたいと思いますので、15分ほど時間をください。

　皆さん、ゴジラ映画ってどれだけつくられたかご存知ですか。アメリカのハリウッド製作のものを含めて29本。現在国産28本目の「ファイナル・ゴジラ」を製作中で、今年（2004年）の12月初めに封切られることになっています。

　今夜上映するのは第1作目のファースト・ゴジラです。この映画は暗い。10年前に終わった戦争の傷跡と新たに背負った被爆・被曝という傷をダブらせて描いているからです。ラストもハッピー・エンディング

になっていません。その点で、今日顔を見せているお子さんたちには少しむずかしいかな、と思います。いわゆる怪獣映画ではないのです。

　さて、なぜ、今、ゴジラなのか。この映画から何を学ぶのか。この映画にはどんなメッセージが込められているのか、そのお話を少し、上映前にしたいと思います。

　会場の前のパネルに「ゴジラのメーセージ」として箇条書きで書いておきましたので、会場に入るときご覧になった方も多いと思います。それに沿って述べます。

　第一にゴジラは、ビキニで行われたアメリカによる水爆実験の衝撃と爆風の中でうまれた日本産（メイド・イン・ジャパン）のモンスター（怪獣）だということです。破壊の怪獣で、原爆・水爆、つまり核兵器の恐怖の表現だということです。ゴジラ映画を最初に企画・製作した田中友幸さんの手記のなかで、ゴジラがどのような経緯で誕生したかが書かれているのがありますし。そのなかで、田中さんはインドネシアとの合作映画構想が、折からの日本とインドネシアとの外交関係の緊張から失敗し、ちょうど1954年3月にインドネシア出張の帰り、まだプロペラ機内の窓からでぼんやりと眼下の青い海を見ながら次の映画の構想を考えていたら、ラジオで（機内ではまだテレビはありませんでした）第五福竜丸事件を報道しているのを聴き、これだ！と、ゴジラ映画の製作が頭に浮かんだということです。何時だったか、彼が終戦特集のラジオ番組でこんなことを言っているのを私自身聞いたことがあります。

　「南半球で眠っていた太古の恐竜が、水爆実験の衝撃で目を覚まし、放射能の影響で異常に巨大化した怪獣となって東京を襲ったらどうなるのだろう」

　このことからゴジラはビキニ事件から生まれ、第五福竜丸の被曝がその出発点となっているのです。

　このことを意識して、その後の製作者たちは、後にゴジラ映画（2001年の「ゴジラ・モスラ・キングギドラ　怪獣総攻撃」）では事実、焼津市小川港にゴジラを上陸させております。

　第二に、したがってゴジラは、原水爆、つまりいまでいう大量破壊兵

器を象徴しているということです。破壊のエネルギーをもった怪獣なのです。本来は悪役なのです。

でも、続編が作られるたびゴジラの立場は変わっていきます。新しい敵のもっと悪い怪獣が次々とやってきます。他の地域や国からだけでなく宇宙からもやってきます。そのたびにゴジラは何度も死にます。例えば、1996年の作品「ゴジラ対デストロイヤー」では、ゴジラの死で終わっていますが、「ゴジラ2000」では、スケールアップして蘇生してきます。

このことの意味は、人類が大量破壊兵器である核兵器を廃棄しない限り、ゴジラはなんども蘇るということです。この地球に大量破壊兵器がある限り、ゴジラは何度も蘇生するのです。そして、このことは新たな悲劇への警鐘としての役割を果たしているのです。

もっとも60年代から70年代にはいわゆる「怪獣映画」が流行し、そこでは、ゴジラも最初のエネルギーを失って「お子さま向けの可愛いアイドル」になってしまったときもありましたが、その後、こわい怪獣に戻っております。

第三に、ゴジラは、そうした悪に利用される近代科学への批判・挑戦が込められている、ということです。1988年にローランド・エメリッヒというドイツ人がハリウッドでゴジラ映画を作製しています。この映画では冒頭にポリネシアで行われたフランスの核実験とそれをみつめるイグアナが登場します。ここで生まれたゴジラは、すばしこいイグアナ型あるいはトカゲ型です。ＣＧを駆使し、撮影技術は格段に発展してリアルな動きをしています。そのゴジラは、ニューヨークのマンハッタン島を目指し、そこをめちゃくちゃにし卵を産み付けるのですが、今考えると不思議な感じがします。貧しい「第三世界の国」で誕生したゴジラは、破壊のために富めるアメリカのシンボルであるニューヨークのマンハッタンの摩天楼に向かう。これはある意味で9．11事件につながる問題のような気がします。

第四に、ゴジラはしかし、破壊・崩壊という絶望から、再生と再建という希望へと転化するエネルギーを提供してくれる怪獣です。破壊から創造へ、悪から善へと立場を変えることは先に述べました。時代の変遷

によってさまざまに姿を変えて登場する宿敵のライバル怪獣と対決しますが、ここでは、破壊だけでなく、再生と希望へのメッセージを送っています。今、アメリカ・メジャーリーグのニューヨークヤンキースで大活躍している松井秀樹選手のあだ名は、皆さん誰でもご存の「ゴジラ」です。これにはネガティヴなイメージはありません。アメリカの野球ファンはゴジラを「並外れてすごいやつ」という意味で使っているのです。この点から言えば、ビキニ事件から50年を経た「第五福竜丸」関係当事者も、未来への展望を引き出すために体験を積極的に語ってほしいと思います。

　余談ですが、ゴジラ映画をみて、ゴジラを撃退するのはアメリカ軍ではなく、自衛隊だということにも注目してほしいと思います。ゴジラと自衛隊は、同期生。映画に自衛隊が最初に登場するのは「ゴジラ」です。その後、一貫して、独力で日本を防衛する姿勢をみせます。自衛隊も変なところで頑張っていたのですね。このことについてもちょっと頭の隅にいれておいて欲しいと思います。

　最後に、第五として、これは半ば冗談、半ば本気の与太話と聞いていただきたいのですが、このゴジラを焼津の活性化につなげていけないだろうか、ということです。第五福竜丸は東京にあり、平和行進の出発点になったり、修学旅行の拠点になったりしていますが、新たな平和のシンボルとしてゴジラのシンボルは使えないだろうか。平和記念館を内臓したゴジラ像には20億円以上はかかると費用を見積もったメンバーもおります。どなたかそのお金をポンと出す方はおられないでしょうか。

　焼津港の巨大ゴジラとディスカバリーパークまで、多くのゴジラ像やゴジラに立ち向かう怪獣たち（キングギドラ、デストロイヤーなど）をつくり「ゴジラ街道」を作ろうとい

う意見もあります。

　JR焼津駅をゴジラ型の駅にしようという声もあります。

　いずれにしても、ゴジラの持つ破壊のエネルギーを創造のエネルギーに変えて、ヒロシマ、ナガサキに次ぐ「平和水産都市やいづ」をアピールしよう、というのが私たちの問題意識です。

　それではゴジラ第1作をお楽しみください。

2004年8月26日

怪獣ゴジラのメッセージ

●ゴジラは、50年前のビキニ事件の衝撃から誕生した世界的に有名な日本の怪獣（モンスター）である。

●ゴジラは、大量破壊兵器（原水爆などの核兵器）による破壊と殺戮を象徴する怪獣である。

●ゴジラは、この大量破壊兵器が地球上にあるかぎり何度も蘇生する。人類がこの兵器を廃絶したときにゴジラも消滅する。

●ゴジラは、世界の貧しい人々の怨念を象徴し、富める物（大都会）への破壊行為にそれが示されている。

●ゴジラは、その後の新たな敵（怪獣）の出現で、破壊の悪玉からさらなる破壊を阻止する善玉へと転換し、その攻撃性と破壊性が失われていき、そして一時はお子さま向きの「可愛い怪獣」になるに至った。残念！

●ゴジラのもつ破壊のエネルギーを創造のエネルギーに変えていこう！ゴジラのエネルギーをプラスに転化しよう！

●焼津港から「ディスカバリーパーク焼津」までの海岸沿いに巨大ゴジラとライバル怪獣（キングギドラ、デストロイヤーなど）を沢山作り（ゴジラの道）、全国の子どもたちを集めよう。

●焼津港の巨大ゴジラの内部は「第五福竜丸平和記念館」として、体内に第五福竜丸（レプリカ）と関係資料を展示しよう。

　付記：この文章は、2004年8月28日に「焼津市文化センター」で上映された映画の前におこなわれ講演に手を加えたものです。なお、ゴジラは、世界的にも有名

になり、ちょうど50歳になった2004年11月にハリウッド映画の殿堂入りを果たしました。また、アメリカを中心に多くの大学で「ゴジラ学会」も生まれて日本の現代文化をゴジラから再検討しようとする研究も生まれてきています。日本よりもむしろ海外で注目されているのです。海外にも、ゴジラオタクが沢山いるようです。

［参考資料］

第1作映画「ゴジラ」（1954年　東宝作品、1時間36分、モノクロ）
●スタッフ
　　製作：田中友幸、　監督：本多喜四郎、特殊技術：円谷英二、
　　原作：香山　滋
　　脚本：村田武雄・本多喜四郎、音楽：伊福部昭、ゴジラスーツアクター：中島春雄
●ストーリー

水爆・原爆の実験が続けられている太平洋で、漁船が相次いで沈没するという事件が起こっていた。原因は不明だった。（この部分には第五福竜丸の被曝をダブらせている）

「東京湾サルベージ」所長尾形秀人（宝田明）は、この事件で本社からの急報を受け恋人恵美子（河内桃子）との約束をなげうって海上保安庁に駆けつけた。

保安庁詰めの新聞記者荻原（堺左千夫）は社のヘリコプターで遭難地点に近い大戸島に向かった。島では奇跡的に命を助かった漁師（山本廉）が、海から出現した巨大な怪物に火を吐きかけられて遭難したのだというが、誰もそれを信じなかった。昔からの言い伝えを信じてきた老漁師によれば、一連の出来事は、海に住む太古の生き物ゴジラの仕業に違いないという。そこで島の住民たちは不安にかられ、昔から伝わる厄払いの儀式を催し怪獣をなだめようとするが、何の効果もなく、ある夜、嵐と共に島を襲撃して家々を壊し、家畜を殺して、住民を震撼させるのだった。

東京では古生物学者山根博士（志村喬）を中心に特別調査団が組織されて、島に派遣される。調べると島は放射能で汚染されており、巨大な足跡を発見するが、その直後に山陰から巨大な姿をあらわす。

山根博士は国会で証言し、怪獣はジュラ紀の生物の生き残りで、何百万年も海底で眠っていたが、水爆実験でその生活環境が破壊されて目を覚まし、核によって60メートル以上の怪獣となった、と証言する。やがて、ゴジラは日本に向かってくる。迎え撃つ自衛隊はゴジラに集中砲火を浴びせるが、何の効果もない。

　山根博士の娘、恵美子は、父の教え子芹沢博士（平田明彦）と許婚であったが、サルベージ所長でハンサムな尾形と恋に落ちていた。そのことを告白するため、芦沢の研究室を訪れる。彼は戦争中に負傷し片目が見えず、閉じこもり、婚約者と交際する気もないようだった。芹沢は自分が発明した「オキシジェン・デストロイヤー」という恐るべき破壊力をもった秘密兵器を披露する。「破壊兵器として使用すれば、核爆弾と同じ位の威力を発揮する」という言葉に恵美子は恐怖でおびえ、この発明を口外しないと約束する。

　やがて、ゴジラは日本本土へ上陸する。まず東京湾から品川の車両基地を攻撃し、めちゃくちゃにして海に戻っていった。当局は、東京都民の避難計画を出し、沿岸に有刺鉄線で鉄条網を張り巡らし5万ボルトの電流を流して、再び迎え撃つが、何の効果もなく、逆にゴジラは東京をことごとく破壊していく。当時の東京の有名な建物、国会議事堂、銀座の時計塔、日劇（かつてはこの映画の製作会社東宝の重要な施設であった）などを粉々にしてしまう。

　焦土と化した東京の惨状は、10年前の敗戦を、そして広島や長崎の被爆の様子を思い起こすものだった。この光景をみた恵美子は、尾形に新兵器のことを話し、これによってゴジラを倒すしかないと、二人で芹沢の実験室を訪れる。だが、芹沢は口外した恵美子とその恋人になっている尾形を許すわけがない。芹沢と尾形は殴りあいとなる。芹沢は血まみれになっている尾形を見ると、自分の行いを悔い、かつての戦争が残した瑕や、ゴジラへの恐怖、自分の発明した兵器が将来悪用されるのではないかという葛藤について二人に打ち明ける。だが、この間にもゴジラによる破壊は拡大していく。これをみて、尾形は「今回かぎり、この武器を使おう」と決心する。そして、彼は、研究資料のすべてを燃やし

「出撃の準備」を始めるのだった。

　東京湾に浮かんだ船から、ダイビングスーツに身を包んだ芹沢と尾形が海中にもぐっていくと、ゴジラが昼寝をしている（この辺は、なんとなく不自然なのだが）。二人は、オキシジェン・デストロイヤーを抱えて、ゴジラの近くに装置を取り付ける。終えると尾形は浮上するが芹沢は、船上に戻った尾形と恋人の恵美子に「幸福に暮らせ、さようなら」と無線で伝え、ナイフで送気管を切断しゴジラと運命を共にするのだった。ゴジラを倒し、自ら発明した兵器を闇に葬り、そして愛の三角関係にも終止符を打つためだった。

　爆発が起こり、海が激しく波立ち、そしてゴジラは水面でも苦しみながらゆっくりと崩れていく。芹沢の捨て身の作戦でゴジラは死ぬ。そして、この恐ろしい武器ももう使われることはない（だが、この武器は、2001年のゴジラで使用されることになる）。

　船上の人々は喜びで沸き返るが、山根博士は、次のような言葉をつぶやき、ハッピーエンドで終わりにしていない。

　「あのゴジラが最後の一匹だとは思えない。もし、水爆実験が続けて行われれば、あのゴジラの同類が、また世界のどこかへ現れるかもしれない」。

　続編を示唆するセリフだが、その言葉通り、核実験はその後も続けられ、そしてゴジラもその後、つぎつぎと登場してくることになる。

　なお、この映画を研究しているアメリカの研究者W.Tsutsuiは、2004年に出版した本のなかで、このラストシーンについて次のように意味深長なコメントを加えている。

　「ラストシーンでは、船上の人々が姿勢を正し、帽子をとって黙祷を捧げている。だが、彼らの敬意は芹沢に対してだろうか、それともゴジラに対してだろうか、失われた多くの命を悼んでいるのだろうか、なんら心配しなくてもよい時がもう帰ってこないこと、目先のことばかり考える人間の愚かさ、未来に待ち受ける恐怖を憂えているのだろうか。最後に水面に反射して揺れ動く太陽のシーンは、希望にあふれる日本の夜明けを表しているのだろうか、それとも世界の不吉な落日なのだろうか」

（William Tsutui"Godzilla on My Mind:Fifty Years of The King of Monsters" St.Martin's Press,LLC,2004 p.39）

> コラム
> 　ゴジラ：ファイナルウオーズ（監督：北村龍平、2004年　東宝）
> 　2004年12月19日夜、『ファイナル・ゴジラ』を、ものすごい熱をおして（結局、翌日焼津市立総合病院に担ぎ込まれ、A型性急性肝炎でしばらく入院することになるのだが）観に行ってきました。意識もはっきりしないなかで観たのですが、予想通りの展開であった、と思います。主役はTOKIOのドラマー松岡昌宏。最後のゴジラは地球のために闘う救世主の役割になっていて、「いや、これが始まりだ」というせりふで終わっていました。やっぱり。いずれ、またゴジラは復活するかも。
> 　ストーリーはやけに複雑になっています。
> 　「舞台は地球だけでなく宇宙。時は未来。地球環境の破壊が進み、巨大怪獣が暴れまわる時代。そこで人類は国家と民族の枠をこえた地球防衛軍を作り対抗する。まず最初の敵はゴジラであったが、海底軍の活躍で南極の氷に封じこめる。しかし、地球を次々に襲う怪獣たち。防衛軍は特殊能力を備えたミュータントを育成していたが、防衛軍内部には野心をもち怪獣たちと内通するものもいた。それを指導している統制官は、ガイガンなどの怪獣を使い地球を攻撃。ゴードン大佐率いる防衛軍はつぎつぎと敗れる。ゴードン大佐は、ゴジラを覚醒させて対抗することに。かくてゴジラは地球の敵たちと最後の戦いへ。」
> 　リアリティはまったくなく、いわばSFアクション映画といっていいし、怪獣映画の総集編的な要素をもってもいました。

○ゴジラ映画のフィルモグラフィ

1.　ゴジラ（1954年）
2.　ゴジラの逆襲（1955年）

3. キングコング対ゴジラ（1962 年）
4. モスラ対ゴジラ（1964 年）
5. 三大怪獣・地球最大の決戦（1964 年）
6. 怪獣大戦争（1965 年）
7. ゴジラ・エビラ・モスラ　南海の大決闘（1966 年）
8. 怪獣島の決闘　ゴジラの息子（1967 年）
9. 怪獣総進撃（1968 年）
10. ゴジラ・ミニラ・ガバラ　オール怪獣大進撃（1969 年）
11. ゴジラ対ヘドラ（1971 年）
12. 地球総攻撃命令　ゴジラ対ガイガン（1972 年）
13. ゴジラ対メガロ（1973 年）
14. ゴジラ対メカゴジラ（1974 年）
15. メカゴジラの逆襲（1975 年）
16. ゴジラ（1984 年）
17. ゴジラ対ビオランテ（1989 年）
18. ゴジラ対キングギドラ（1991 年）
19. ゴジラ対モスラ（1992 年）
20. ゴジラ対メカゴジラ（1993 年）
21. ゴジラ対スペースゴジラ（1994 年）
22. ゴジラ対デストロイア（1996 年）

番外　Ｇｏｄｚｉｌｌａ（1998 年、ハリウッド・ゴジラ）

23. ゴジラ 2000（ミレニアム 1999 年）
24. ゴジラメガギラス　G 消滅作戦（2000 年）
25. ゴジラ　モスラ　キングギドラ　大怪獣総攻撃（2001 年）
26. ゴジラメカゴジラ（2002 年）
27. ゴジラ　モスラ　メカゴジラ　東京ＳＯＳ（2003 年）
28. ゴジラ Final Wars（2004 年）

ゴジラの等身大を建てよう　アピール（2）

小畑幸治

　さかのぼると、2001年上映の「ゴジラ、モスラ、キングギドラ大怪獣総攻撃」にて、焼津（小川）港へゴジラが上陸しました。ゴジラ誕生と第五福竜丸事件は同じ年です。

　ゴジラは、アメリカの水爆実験により巨大化した目覚めた古代恐竜（大トカゲ）を表しています。口から放射線を吐き、街を破壊していくのも今回の映画（第28作、2004年12月上映の「ゴジラ　Ｆｉｎａｌ　Ｗａｒｓ」）で終わりを迎えます。また、今年、ゴジラは世界の殿堂入りも果たしました。

　では、このゴジラを焼津上陸さながらの姿で勇姿を再現したなら、世界に類を見ないモニュメントになるのではないでしょうか。ニューヨークの自由の女神に匹敵する巨像になることを夢見ています。

　現在、東京の夢の島公園の第五福竜丸展示館には年間数十万人の修学旅行者や見学者が訪れているそうです。ゴジラの等身大像を作ることは、焼津にとって「平和を願う像とさかなセンター」とよい組み合わせになると思います。

- ゴジラ像は、高さ60メートル（等身大）と18階建てのビルと同じくらいの高さ。
- ゴジラの頭はパノラマ展望台。
- ゴジラの体内は「第五福竜丸記念館」（現在、焼津市文化センターに併設されている歴史民俗博物館の第五福竜丸コーナー関係資料をすべて公開する）と「平和国際記念館」の併設。
- ゴジラの尾は深層水プールと温泉（黒潮温泉）。

　建設費は外組みだけで約20億円とか、全体でどれほどかかるかわかりませんので夢物語だなと実感させられます。

　以前に、焼津港に巨大クレーン船が来ました。それも60メートルくらいだったそうです。町並みのビルより頭ひとつ飛び出ていた巨大クレーン船。東名高速道路の日本坂トンネルを抜けると左前方に何かが！？

　新幹線から海側をみると！？

「あれは何だ！？　ゴジラ！？　ゴジラじゃん！！」

　今度見にいこうとなったら焼津の観光人口数は、現在の数十倍。ホテルなどは予約殺到。大入り満員御礼、静岡空港からは世界のゴジラファンが……。

　ヤイヅ　ドリーミング　ゴジラ！

　2005年8月のアート展に際して、再びゴジラ映画を上映しました。今回は3本、第1作、2作、そして最新の28作です。

　2005年から、ゴジラと焼津市との関係のなかで、焼津旧港を保存活用するための一環として、また、町おこしの一つとしてゴジラのエネルギーを活用しようという声もたかまり、運動化も少しずつ進んでいます。

そうしたなかで、2005年9月に旧港でおこなわれた恒例の「オータム・フェスト・イン・ヤイヅ」ではじめて「ゴジラ・ブース」を出して市民に訴えました。その後、「焼津旧港の活用を考える会」のメンバーが11月に東京成城にある東宝撮影所を訪問して、ゴジラのキャラクターの利用などについてお話を伺いました。

とはいえ、その後の「旧港保存活用運動」が活発になるにつれて、ゴジラの姿はだんだん小さくなっています。残念！

2006年8月には、旧港8号売り場内で、2本のゴジラ映画を上映しました。

第1作と第25作（「ゴジラ　モスラ　キングギドラ　大怪獣総攻撃」）、25作は焼津港からゴジラが上陸します。

3. 焼津旧港保存活用運動　「やいづKamaVOX」トロ箱ライブ

この間、このところ連続日本一の水上げ量を誇ってきた焼津港発祥の地でもある焼津旧港（内港）市場跡の建物の解体が決定し一部はすでにそれが進んでいます。

こうした中で市民らが「焼津旧港を活用する会」（代表は佃煮製造業の清水良一さん）を結成して、2006年暮れに1万人を目標に署名活動を開始。「ビキニ市民ネット焼津」もこれに協力することになりました。

旧港市場施設と上屋は、1954年ビキニ事件が起こった前年53年の8月に定礎。完成したのは1966年。市場（8号売り場）は鉄骨造りの平屋。1階が市場。旧漁港本部があった部分は鉄筋コンクリート一部3階建て。敷地面積約1万5000平方メートルで、コの形をしている市場のかまぼこ形の屋根が独自の雰囲気を盛り上げています。寅さん映画は、第28作のラストシーンで、この建物の雰囲気を見事に描写しています。

用地は静岡県のもので漁協が有料で借りています。焼津港は2001年に新港が完成し、市場機能などすべての移転も2005年12月に終わっています。漁協によれば、「すべての建物を壊し更地にして県に返還する」

とのこと。県には保存する計画はなく、焼津市も維持管理コストから保存には消極的な姿勢を見せています。

　これに対して、市民の間から「旧港は焼津の象徴。何とか保存して利用・活用できないか」という声があがっています。特に、かまぼこ屋根の８号売り場周辺は、春、夏、秋に開催される祭りの場やイベント会場、魚市ＢＡＳＨ、アート展の会場として市民に親しまれています。署名者は2006年はじめに１万人を突破し、３月には町おこしの専門家を呼んで、ＫａｍａＶＯＸでシンポジウムも開きました。

　こうした中で、昨年末、「焼津港百年広場『やいづＫａｍａＶＯＸ』活用運営プロジェクト」がうまれました。これは「焼津旧港の活用を考える会」が中心になって、さまざまな団体が協力することで（将来はＮＰＯ法人を設置する予定になっている）旧港エリア全体を「焼津港百年広場」、８号売り場を「やいづＫａｍａＶＯＸ」と名づけ、その管理運営を目指そうというもので、「ビキニ市民ネット焼津」も側面から協力することになりました。

　現在、主旨に賛同する若者たちが結集、2006年11月から月１回「やいづＫａｍａＶＯＸ」トロ箱ライブを開催しています。

（アピール）ゴジラ誕生ゆかりの焼津旧港、平和アピールの発信基地に

焼津からゴジラにラブコール！

　焼津旧港は、1954年、ゴジラ映画誕生のきっかけになった第五福竜丸が帰港した港。いわばゴジラのもう一つのふるさとです。当時、東洋一の規模をもって建設途中、完成間近だった「焼津旧港」と、「ゴジラ」「ビキニ事件」は、いわば同級生、52歳の同志です。現在、焼津旧港は、新港に魚市場としての機能を移転し、その保存活用を模索している状況です。

　焼津市有志で構成する私たち「焼津旧港の活用を考える会」は、この世界でも類をみない歴史を刻む焼津旧港を、生態系の中にある人間本来の「いのちのやりとり（食と平和）の現場」と捉えています。ビキニ事

件をきっかけに誕生したゴジラこそ、この「いのちの現場」にもっともふさわしい証人です。

　私たちはゴジラに、この時代に失われつつあるいのちの尊厳と平和を希求する全地球市民の願いを託し、ゆかりある焼津旧港から世界に発信したい、次の世紀につなげ伝えるために活躍してほしいと、ラブコールを送るものです。

　たとえば

1) 焼津旧港市場に建つ漁協の建物を、日本唯一のゴジラミュージアムに
    - 月替わり映画上映
    - 歴代の映画セット展示
    - ゴジラの時代メモリアル展示
    - ゴジラグッズ展示販売
2) 焼津旧港市場の全天候イベントエリアで、ゴジラのワールドエキシビジョンを
    - 世界のゴジラコレクターコンテスト
    - ゴジラでアート展
    - ゴジラグッズ展示即売
3) 焼津旧港に、初代ゴジラの等身大モニュメントを
    - 館内はゴジラミュージアムと平和資料館
    - 体験型のミュージアムとして多彩なプログラム展開

2005年12月
焼津旧港を活用する会

特別章 1

焼津（やいづ）という街
やーづ紹介

特別章（1） 焼津（やいづ）という街

市章

1952（昭和27）年11月に市民から公募して制定。カタカナのヤイヅを図案化し、市民の協力と伸びゆく市勢を象徴している。

市の花　さつき　1966（昭和41）年11月1日制定
市の木　松　1971（昭和46）年11月1日制定
市の鳥　ユリカモメ　1976（昭和51）年5月10日制定
都市宣言
　　　世界連邦平和都市宣言（1961年6月15日議決）
　　　交通安全都市宣言〔1966年10月24日議決〕
　　　衛生都市宣言（1966年10月24日議決）
　　　スポーツ都市宣言（1978年9月28日議決）
　　　核兵器の廃絶を願う焼津宣言（1985年6月19日議決）
　　　姉妹都市宣言（1977年2月17日議決）
　　　平和都市焼津宣言（1995年10月20日議決）

　焼津市は、静岡県中部（静岡県は全国で最も長く、通常、東部、中部、西部に分かれている）の志太地域（駿河湾沿いの地域で、もう少し拡大してみると御前崎と大井川周辺までを含む志太榛原地域に入る）に位置し、東京から西へ193キロ、名古屋から東へ172キロの地点にあり、首都圏と中京圏のほぼ中間にある。静岡県の中央にある志太平野の東端に位置していて、東は駿河湾に臨み、西は平坦な田園地帯で藤枝市に接していて、北には高草山、花沢山の峰を境に岡部町と静岡市に接し、南は大井川町と接し、西に高く、東に向かって低い平坦な地形を形成している。市域の総面積は45．93平方キロメートル。気候は温暖で、平地に雪が降り積ることはめったにない。

　人口は、2001年から微増傾向で、2005年の国勢調査によれば、122,229人。世帯数は42,686となっている。人口に対して高齢者の占め

る割合は年々高くなっていて、2007年の高齢者率は21％を超えている。日本の平均的な都市といえよう。

1. 歴史と現在

「焼津」の地名は古く、『古事記』と『日本書紀』に出ており、それによれば、ヤマトタケルノミコト（倭建命、日本武尊）が東征の際に、賊を火を放って焼き滅ぼした地という。もっとも『古事記』では相模の国になっているが、『日本書記』では駿河の国になっている。『万葉集』3巻には、春日蔵首老が詠んだ「焼津辺にわが行きしかば駿河なる阿部の市道に逢ひし児らはも」という歌があり、奈良時代に、この地はすでに「焼津」と呼ばれていたようである。

最も早くから人々が住み始めたのは町の東北にある高草山周辺で、ふもとの花沢の奥から縄文時代の黒曜石の矢尻が発見されている。また海岸でも平野部でも縄文時代の石剣が見つかっていて、3000年以前からこの地で生活する人々がいたことが分かる。平野部に人々が住み始めたのは、弥生時代の末期、今からおよそ1700年前のことである。古墳時代に入ると平野部で集落が生まれ、高草山山麓に古墳が作られている。海岸に人々が集まるようになったのは中世以後で、小川湊が中心（現在の小川地域）、湊を支配していた人物として戦国期の小川法永あるいは長谷川正宣の名前が知られている。戦国時代は、今川の影響下にあったが、群雄割拠の時代で、若き北条早雲の城砦跡も残っている。

1582年（天正10年）、徳川家康は、3月長篠の戦で織田信長軍に入って戦い、長年の宿敵武田氏を滅ぼし、信長から新たに駿河を恩賞として与えられた。6月本能寺で信長が倒れた後で甲斐と南信濃を実力で手に入れ、三河・遠江を合わせて5カ国を領有した。しかし、1590年小田原の北条氏が豊臣秀吉に敗れた後、秀吉の命令で関東に転封され、同年居城を浜松から駿府に移した。

家康は1589年（天正17年）に5カ国の総検地を実施、その後、各郷

村への年貢・賦役の賦課に関する基本原則である7か条定書が交付され、志太・焼津地域の徳川支配が確定した。そして徳川氏の支配は幕末まで続く。

　ここで幕末に活躍した二人の人物を少し詳しく紹介しよう。一人は幕府側の人物で、益頭駿次郎尚俊（1820～1900年）。父は焼津大村新田生まれの早川武右衛門の長男で、幼いころに失明したが江戸に出て勉学に励み、検校となり姓を益頭と改める。尚俊はその次男として江戸で生まれ弘化元年（1844年）に普請役となり、万延元年（1860年）に遣米使節に選ばれて渡米、『亜行航海日記』を刊行した。使節団はアメリカの軍艦ポーハタン号に乗船。この時の船は、咸臨丸（オランダで建造された蒸気船）。このとき護衛と遠洋航海訓練生として派遣された。艦長は勝海舟、提督は木村摂津守喜毅以下96名。10名のアメリカ人乗組員の協力で無事サンフランシスコに上陸した。

　使節団はパナマに向かい、そこで船を乗り換えてニューヨークへ、日本を出てから3ヶ月後に到着し、批准書を交換した後、使節団はアメリカ海軍のナイアガラ号で、大西洋を横断し、喜望峰を回り、11月に横浜に到着した。

　その後、1862年（文久元年）、駿次郎尚俊はヨーロッパ使節団の一員に選ばれ、イギリス海軍オーディン号で、品川を出港、カイロを経由してフランス、イギリス、オランダ、プロイセン（ドイツ）、ロシア、ポルトガルを歴訪、翌年1月に帰着した。成果はほとんどなかったが、駿次郎尚俊はこの訪問を紀行文『欧行記』としてまとめている。

　その後、横須賀製鉄所調役に就任したが明治維新で幕府が倒壊すると、郷里の大村新田（焼津）に移り、その後、上京して、1900年（明治33年）東京で没。墓は、焼津市の用心院にある。

　もう一人は倒幕側の人物で村松文三知之（1928～1900）。生まれは現在の伊勢市。父の幸崎管中は「大塩平八郎の乱」に加わる。文三は気性は激しかったが幼少から学を好み、13歳頃から全国各地を放浪し、藤田東湖（幕末の尊王攘夷派で水戸学者）や僧月性（幕末の僧で尊王論者、

海防論を説く）などに学んだ。一時、伊豆の川津に滞在、その後、藤枝に医師井出拙斎を訪ね、それが機で、焼津の医師村松玄庵を継ぐことになった。

尊皇攘夷の機運が高まると、文三は家を出て、下田、江戸、三河、京都と歴訪し、当時の倒幕活動家たちと親交を深めたが、1859年（安政6年）の「安政の大獄」で、橋本左内、頼三樹三郎、吉田松陰などが処刑されると、江戸に逃れた。

1863年（文久3年）「天誅組の変」に参加して捕縛されるが、護送途中に淀川に飛び込んで逃亡。翌年、水戸藩の天狗党の乱に参加し、ふたたび敗れて江戸に潜入し、このときかくまってくれたのが山岡鉄太郎で、そこで後に静岡県の初代知事となる関口良助と出会う。

「大政奉還」後は、京都に入り、岩倉具視の配下となる。1868年（慶応4年）3月、三河へ、9月に伊那県権判事として赴任、その後、福岡県令に任命されたが、病気で辞退。1874年（明治7年）1月に焼津で生涯を閉じた。墓は焼津の普門寺にある

焼津が、漁業基地となったのは、江戸時代以降で、城之腰と新屋の地

益頭駿次郎（東京大学史料編さん所蔵）

特別章（1）焼津（やいづ）という街

域が海運の基地として発達、この地域には回船問屋が生まれて、鰯ヶ島から新屋まで多くの人々が住むようになった。

　近代以降になるとこの地域の発展は著しく、明治期に東海道線開通とともに焼津駅が設置、この鉄道によって焼津の水産業は飛躍的に発展した。1901年（明治34年）6月に町制施行。以後、焼津は水産業の町として発展していった。静岡県には西は舞阪港から東は網代港まで約50の漁港があるが、焼津港は全国有数の港として知られている。

　1951（昭和26）年3月、焼津町は単独市制を施行（県で12番）し焼津市となった。当時は県内最小の市で、人口は3万603人、しかし人口密度は高かった。その後、近隣の豊田村と合併、藤枝市大覚寺を編入、小川町、大富村、和田村、東益津村を合併，広幡村越後島を編入、また公有水面の埋め立てを行って現在に至っている。

　2004年、10年先の将来像として「第四次焼津市総合計画」を策定し、「人が輝き活気にあふれ、海の恵みとあゆむまち焼津」を展望する方向を明らかにした。その策定にあたり、焼津市の若者からみた10年後の焼津について「夢未来会議」（2002年3月）に地元の短期大学生、専門学校生、高校生が参加して議論した。

　この時、集約した意見によれば、焼津のよいところとして、「海、山、川など自然環境が豊かなこと、富士山を見ることができること、漁業が盛んで魚が美味しいこと、カツオ節、削り節、角煮、はんぺんなどの水産加工品が豊富で全国的にトップレベルであること、トマトやメロン、梨などの質の良い果物が豊富に獲れること、地域との交流が盛んに行われていること、イベントが多く行われみなと群舞など街が生き生きとしていること」があげられた。もう少し付け加えれば、温泉（黒潮温泉）があること、駿河湾深層水を利用した様々な施設や加工品があること、観光資源が豊富にあること、などがある。

　もっとも、地方都市の宿命として、商店街に活気がない、駅周辺が淋しく待ち合わせ場所がない（2003年にJR駅前は多少都市らしく整備された）、バリアフリーが少ない、街灯が少ない、バス路線が少ない、などの指摘も出されている。若者の要望として、「若者が楽しく遊べる

ようなドリームプラザ（静岡市清水）のようなものをつくって、フェリーで伊豆半島へ行けるような観光政策を、海岸線の整備や高草山にケーブルカーを、バスの増発を、市立図書館の充実、空き店舗を学生の活動拠点に」などの要望も出された。これらの意見が「総合計画」のなかにそれほど反映されていないのは残念である。

　その「第四次焼津市総合計画」の骨子は以下の通り。

1．教育文化分野
　　主体性と豊かな心をもつ子どもを育む
　　世代を超えた地域活動を推進する
　　いきいきとした生活を支援する
　　歴史を継承し地域文化を育む
2．福祉保健分野
　　健康で暮らせる生活を実現する
　　互いがささえあう地域社会を実現する
　　高齢者が暮らしやすい環境をつくる
　　児童が健やかに育つ環境をつくる
　　障害者（児）が暮らしやすい環境をつくる
3．生活環境分野
　　かけがえのない地球環境の保全に取り組む
　　次世代につなげる環境型社会を実現する
　　安心して暮らせる体制をつくる
4．産業振興分野
　　地域産業を振興する
　　新規産業を創出する
　　勤労者福祉を充実する
5．都市整備分野
　　安全で快適に移動できる環境をつくる
　　魅力ある住環境を実現する

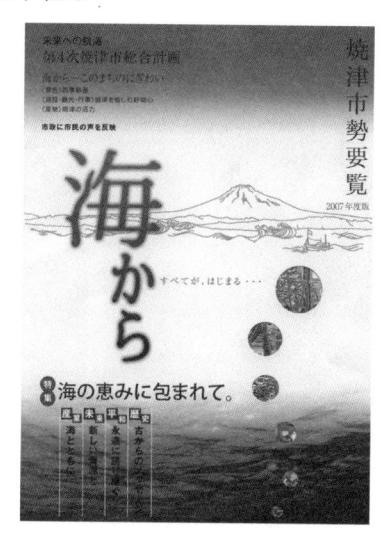

特別章（1）　焼津（やいづ）という街

うるおいとやすらぎのある生活空間を創出する
災害に強い安全なまちをつくる

2. 産業

[水産業]

　すでに触れたように焼津市の基幹産業は水産業である。その歴史は古い。漁業は近世から始まっていたが、江戸時代以後に本格化した。家康に認められた八丁櫓の存在がそれを示している。徳川時代に27隻の鰹漁船に幕府から船鑑札が与えられ、世襲の漁師がその札を引き継いだ。

　近代に入り、機械化の発達とともに大型化し、航海範囲も広がり、水産発展の基礎が築かれた。明治以後、水産業は飛躍的に発展するが、昭和に入ると大不況にみまわれ、こうした中で、「南洋進出計画」も出され、南方で活躍する漁師も生まれた。

　第二次大戦中には、漁船も徴用船として動員され、水産業も一時頓挫した。しかし、戦後になって再び発展のきざしをみせた。

　戦後復興は第二次世界大戦以後の、国の「漁業生産力」の発展と「漁業民主化」政策のなかで少しずつ発展し、1951年から漁港の整備も始まり、1950年代が最盛期、ビンナガの大豊漁やそれをさばく新しい魚市場の誕生が主な原因だが、輸送を支える、旧国鉄ダイヤ改正も発展の原動力となった。

　こうした上昇時代に起こったビキニ事件で、一時は急落したが、その後、徐々に回復。大型船の時代を迎え、漁港の修築事業で、外港などの漁港機能が拡充し、地元の船だけではなく他県の大型船の入港・水揚げができるようになり、1981年には976億円の水揚げを記録し、焼津は一躍遠洋漁業の基地として全国的に有名となった。航海術や操業技術だけでなく、流通ルートの発展（東名高速）で漁獲物の集荷とともに水産加工技術も発達して焼津の基幹産業となった。

　焼津漁港の水揚げ量はここのところ4年連続で「日本一」となってい

る。金額では3位。2002、3、4年と連続である。2002年には、「海外巻上げ船カツオ」が約11万2000トン（前年度比46.6％増）、遠洋竿釣船が漁積した「ビンナガマグロ」が4万トンで前年度比50％増加している。ただ、「海外巻網船キハダ」は不漁で45.5％の減となり、近海魚を主とする小川魚市場では、サバ、アジ、イワシは約40％も減少している。

2004年は、焼津と小川の両市場を合わせた焼津漁港の水揚量は約23万トン、東沖のビンナガマグロ漁が不振で、数量とも金額とも前年度を下回ったが、それでも日本一を守っている。2005年もほぼ同じ（23万トンでマグロは5万2000トン）。

もっとも水産業の今後の展望は、不透明である。近隣諸国、とりわけ、台湾、中国、韓国との競争が激化、国際社会での環境が悪化してなかで、最近の原油価格高騰の影響もあり、遠洋漁業の展望は明るくない。

2006年5月には静岡県の遠洋カツオ・マグロ漁業者でつくる「県鰹鮪漁協」（1950年設立）が解散し、新しい組織「静岡かつお・まぐろ漁業者協会」に改編された。全国組織の「日本鰹鮪業協同組合連合会」の組織再編が表向きの理由だが、背景には、最近の燃料高騰や安い魚価格がある。それによる経営悪化が本当の理由である。日本一の水揚げを誇る焼津漁協も、魚安価、不漁、それに昨年来の燃料高騰で大きな打撃を受けている。

さらにマグロ問題の国際化にともなって、2006年には漁獲規制問題が論議され、2007年に入るとEU（欧州連合）も地中海の黒マグロを保護するため今年中に新たな漁獲規制の導入を決定しており、日本の漁獲に危険信号が出ている。当然、焼津市も影響をこうむることが予想される。

なお、焼津漁港は、その利用範囲が全国的とされる「第3種漁港」のうち水産業の振興上特に重要な漁港として政令で定められている「特定第3種漁港」（全国で13漁港）の一つ。静岡県内には49の漁港があるが、この特定第3種漁港は焼津のみ、となっている。

最後に水産都市に特有な「悲劇」の例を挙げておこう。海難事故である。駿河湾は台風の通り道。毎年、上陸しないとしても近くを通過する。

特別章（1）焼津（やいづ）という街

そのたびに自然災害が頻発した。近代になっても焼津は小型漁船が漁の中心であったから海難事故はあとを絶たなかった。戦後も、1948年、51年、53年、59年と海難事故が続いている。なかでも1965年10月のマリアナ海域アグリガン島付近で大型台風による漁船大量遭難事故は有名だ。静岡県のカツオ一本釣り漁船20数隻（251名）が操業中であったが、台風に襲われ、7隻が遭難（焼津漁船は2隻）、結局、犠牲者総数209名（焼津市漁船は死者・行方不明者72名）という大惨事となった。

このような海難事故の痕跡を鰯ヶ島、田尻浜、浜当目などの海岸にある慰霊碑などで確認することができる。

● 八丁櫓

江戸時代、幕府は、全国に漁船は七丁櫓（櫓が7本）までという禁制を出していた。しかし、焼津だけは徳川家康から八丁櫓が許されていた。その理由に次のようなエピソードがある。

家康が海路で鷹狩りに行く際、焼津の漁船に護衛を命じた。漁民たちは、家康の軍船に追いつこうと必死になって櫓を漕いだが、船足の速い軍船に追いつけなかった。そこで、漁民たちは家康に八丁櫓の使用を申し出て許されることになった。

1997年に2隻の八丁櫓（たける、たちばな）が焼津市のシンボルとして復元されたが、現在まで、この船を使って、和船の仕組みや櫓の漕

ぎ方を学ぶため、体験乗船が行われている。毎年、秋の祭り（オータム・フェスト・イン・やいづ）で、この2隻を使って八丁櫓競争の競技が行われる。2001年10月、新港漁港で開催された第21回全国ゆたかな海づくり大会でも八丁櫓が活躍した。「ＮＰＯ法人　焼津八丁櫓まちづくりの会」があり保存に努めている。

● 焼津徴用船

　戦争に動員された漁船で、焼津での総数は113隻。最初の徴用船は、日中戦争が始まった1937年7月に鯖漁船4隻が、翌年、小型漁船18隻、さらに1940年の鰹鮪23隻が徴用された。徴用船は武器を搭載して、中国大陸の封鎖作戦に参加した。

　太平洋戦争が始まる1941年以降は23隻が南太平洋地域に、軽武装して特設監視船隊に編成されて出撃している。その後、この船隊は「黒潮部隊」となり米艦隊の監視活動に従事し、攻撃されて沈没し多くの漁船員が犠牲となった。1942年5隻が農林省に徴用されて監視任務を遂行した。

　1944年以降は南方への石油輸送に動員、全国で60隻、焼津で10隻が徴用されたが、戦況が悪化したため目的地に行くことはなかった。1945年5月に本土決戦のため、陸軍によって8隻が徴用された。

　戦時中、戦争による被害船52隻、帰還した船11隻、徴用漁船員の戦没者は405人と記録されている。敗戦時、焼津漁港は、帰還した漁船を含め残っていた鰹鮪漁船は18隻で、戦争により焼津の漁業・水産業は大打撃を受けた。

3．水産業・漁業関連の施設とイベント

● 焼津港

・旧港

　ビキニ事件が起こった前年1953年に起工したコの字形をした港。独特のかまぼこ屋根をしており、現在は町のイベントに使用している。港

自体は漁船の避難港として活用されているが、漁協関連施設は2007年秋に取り壊される予定である。

・新港

2001年の「全国海つくり大会」に合わせて完成した港で、「焼津地区特定漁港漁場整備計画」によって整備された。大型一本釣りカツオ漁船の水揚げに対応する衛生的な卸売り市場、マグロ解凍売り場と鮮魚売り場、漁獲物を長期保管できる超低温冷蔵庫など漁港関連施設がそろっている。現在、漁協や水産関係業務はすべて旧港から新港へ移っている。

・小川港

旧港から3キロの地点にある港で、近海・沿岸もののサバ、アジ、イワシ、シラス、ヒラメ、タイなどが水揚げされる港。県内屈指の沖合漁業の基地。

● やいづ浜通り

焼津旧市街の通りで、漁業町やーづの昔の面影を残している。「北浜通」「城之腰」「鰯ヶ島」の3地区からなる南北1.5キロのエリアからなる旧市街。魚加工品を中心にした昔ながらの商店街だが、なかでも有名なのが毎年1月に行われる「焼津八匠会」による、武器武具製作の技術を現代に伝えてくれる職人の「武器武具職人展」。刀剣の展示、武器武具製作の実演、居合道の実演などを行っている。漁業にはよく切れる刃物も必要で、独自の発展をとげたといわれる。最近「きてみて焼津・浜通り」、という散策マップが完成した。

● 焼津「浜言葉」

　焼津の海岸に近い地域を中心に昔から漁師や魚屋さんたちによって使われた言葉。少子化・高齢化で言葉を使う人が少なくなりつつある。そこでこういう言葉を残したいと2005年1月に「焼津の浜言葉を遺す会」が発足した（会長は長谷川寅吉さん）。

　2003年には『遺したい焼津の方言と浜言葉　伝えたい焼津の伝説と風物詩』（「遺す会」自費出版）が刊行され、好評で版を重ねている。

　長谷川さんの浜言葉を聞いてみよう。

　「オリャー　イマッカラ静岡ヘイカスカとダケエガ、ワレも一緒にイカスカ」（俺は今から行こうと思うだけれど、お前も一緒に行かないかな）

　「静岡へだと、ウソッキャーダルイ、オリャ誘われてもイカスカレ。ワレンヒトッテ行ってこい」（静岡へだって、嘘かったるい。俺は誘われてもいかないぞ。お前一人で行ってこい）

　「ウエーラー、ズルズルベッタンいつまでインナ　ショロショロシンナ」（お前ら、ぐずぐずいつまでもいるな。もたもたするな）

● 焼津漁業資料館

　焼津漁協が出している『焼津漁業史』は「焼津の歴史は漁業の歴史である」という文章で始まっているが、昔からの漁業について資料を蒐集して展示している。展示数は多くないが焼津市の歴史を知る上でも貴重である。1階では明治時代の沿岸小型漁船や操舵室があり、船内で直接舵や航海器具に触れることができる。2階では昔の漁具が展示されている。小泉八雲が暮らした乙吉の家をモデルに再現した明治末の漁民の家もある。展示されている多くの写真は、焼津の歴史を知る上で貴重である。

● 近藤和船研究所

　日本一の水揚げ量を誇る焼津市で、伝統的な木造船（和船）や漁船の模型を制作し、造船技術の伝承を伝える民間の研究所。近藤友一郎さん（2006年に公共の利益に力を尽くした人に送られる黄綬褒章を受賞）が代表。近藤さんは造船所に勤務して造船技術を学び、祖父の後を継いで

1985年に設立。この間、江戸時代の木造鰹船八丁櫓や徴用漁船、それに第五福竜丸の模型など120隻以上も製造している。2005年に小泉首相がプーチンロシア大統領に贈った「戸田（へだ）号」のレプリカも作製した。2005年には「第五福竜丸」のレプリカを作製している。厚生労働省の「現代の名工」にも選ばれている。

4．焼津特産物

「魚の町」焼津の特産品は何といっても水産加工品かまぼこ類（2003年生産量は3万3285トン）。現在も全国シェアはナンバー1．冬の定番のおでんや鍋物だけでなく季節を問わず親しまれている。

●焼津おでん

おでんを観光の目玉に育てようとしている町は多い。なかでも焼津市の隣の静岡市（政令指定都市）である。居酒屋としてのおでん屋は市内に400軒以上あるし、お菓子や文房具などと一緒に売る店も多い。「静岡（しぞーか）おでん」は、牛すじ入りの黒いつゆで、串に刺してあり、黒はんべい（はんぺん）が入り、青海苔とだし粉をかけるのが特徴だ。市の中心の繁華街の路地に「おでん横丁」がある。

焼津おでんも負けてはいない。黒はんぺんはもともと本場である。全国シェア80％を占めている。なると巻はなんと全国シェア90％。かつ

おのへそ（心臓）のおでんは、ここ4年かつおの水揚げ日本一の焼津ならではで、ここでしか食べられない絶品だ。日本一が三つもある、これぞ焼津おでんの特徴で、焼津の誇りとなっている。

　焼津おでんを切り口にしたまちづくりグループ「焼津おでん探検隊」も積極的に活動している。

●なると
　茶色や灰色が基本トーンの練りもの製品中で、抜群のデザイン性を誇っている。
　焼津は全国シェアの80％、最大のなるとの産地である。原料はスケトウダラ（北海道やアメリカから仕入れている）、グチヤイヨリダイ（主に東南アジアから仕入れている）。カルシュウムが豊富で低脂肪の優秀なタンパク食品で、ラーメンや吸い物、おでん（やーづおでん、しぞーかおでん）の重要な具となっている。

●黒はんぺん
　静岡や焼津のおでんの核になっているのがはんぺん。
　はんぺんというと真っ白でふんわりしたものが普通だが、焼津のはんぺんは薄い半月形で色が黒く、黒はんぺんと呼ばれる。「生で食べられる」のが特色。わさび醤油をつけて食べると最高。江戸時代に戸田半平という人が駿府城の徳川家へ献上したという説があって、そこから「はんぺん」という名前がついたともいわれる。古くは漁師の家で細々と作っていたが、1919年（大正8年）に加工業者が誕生して、大量生産されるようになった。
　材料は駿河湾で獲れるイワシやサバ（焼津の小川港がその中心）。良質のたんぱく質にカルシウムやリンなど栄養素がたっぷりと含まれている。

●かつお節
　かつお節は日本独特の風土が生んだ世界に誇る加工食品のひとつで、日本人の食生活と共に歩んできた調味良品として全国で使われている。

特別章（1）焼津（やいづ）という街

歴史は古く、そのルーツは『古事記』に登場する「堅魚（かたうお、かつお）」というかつおを干して固めたものと考えられている。平安時代の『延喜式』にも記されている。

焼津市はカツオの水揚げ量は日本一だが、かつお節は、鹿児島県の枕崎市と山川町に次いで全国3位の地位にある。

焼津とカツオの縁は古く、古墳時代にすでに焼津集落に住んでいた人々がカツオを獲って食べていたという証拠が、焼津神社周辺の「宮之越遺跡」の出土品から明らかになっている。その後、奈良時代には平城京に、伊豆国や駿河国から堅魚や鰹を煮て干した「煮堅魚」を税として納めていたという記録もある。このことから、かなり昔から焼津では鰹節が土地の産業となっていたことがわかる。鎌倉時代以後、鰹節は、兵の食糧としても重宝された。現在のような鰹節が登場するのは室町時代以降といわれている。毎年11月23日に宮中の祭事である新嘗祭では鰹節を混ぜてかゆを炊き、皇祖に供える祭儀が行われているが、1949年から焼津市の「焼津鰹節水産加工業協同組合」は、この儀式に使用されるかつお節を皇室に献上している。

かつお節の製造は、現在、合理化・機械化されて削り節や花かつおなどの生産量が増加し、本枯節などの仕上節を製造する業者は年々減ってきている。

毎年11月に皇室に献上する「本枯れ節」は、約半年、手間ひまをかけて昔ながらの製法で作っている。その伝統的な製造技術を保存して後世に伝えるため焼津鰹節水産加工協同組合では焼津鰹節伝統技術研鑽会（会長：増田欣平さん）を組織して（焼津本枯れ節は市の無形文化財に指定されている）、毎年研修会を開いている。

2006年10月、「焼津鰹節」が地域ブランドとして特許庁に認定された。これを機に加工協同組合は、ブランド確立に向けて戦略推進委員会を発足させて動き出している。

その他、焼津味として知られている練り製品として各種のかまぼこ、カツオのへそ（静岡や焼津のおでんに使われている）、カツオのかぶと焼き、カツオやマグロの佃煮、カツオの塩辛、なまり節（皮のついたま

まのカツオをゆであげた完全無添加の健康食品）が有名である。

　「魚の町」焼津は、魚を原材料とした多くの水産加工品の生産地である。それゆえ、魚料理の店や居酒屋も多い。似たり寄ったりを連想するが、それぞれ美味しさに特色がある。こうした町の特色を生かすため、焼津市では、4年前からマグロやカツオ、サバ、アジ、イワシを使ったアイデア健康料理を募集する「魚ットするコンテスト　in　焼津」を行っている。「焼津」を全国に向けて情報発信すると同時に、魚食普及が目的である。料理部門とデザイン部門（一般・子ども）で競い合い、最優秀賞と優秀賞を決定している。応募は全国から来る。優秀作品の「オリジナルレシピ集」はなかなか面白い。

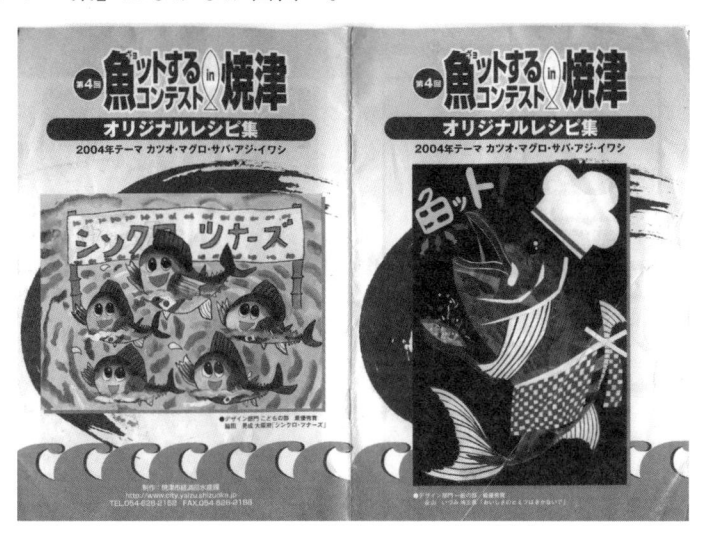

● 志太の酒・やいづの酒

　1989年志太の杜氏が2人亡くなり縮小したが、昭和初期の最盛期には杜氏関係者は800人程いて、県下一円はもとより、なかにはアメリカまで出稼ぎにいった人もいたという。現在でも焼津市と大井川町の境に多くの杜氏がいて酒造りをしている。焼津酒米研究会ではその11人が500万石、山田錦を生産し、志太の酒蔵はもとより県内の酒蔵へ600～700俵近い酒米を送り出していて、13銘柄の吟醸酒が生産されている。

特別章（1） 焼津（やいづ）という街

　焼津の「磯自慢」は、全国の酒愛好家から高い評価を得ている静岡県を代表する地酒で首都圏で非常に人気が高い。創業は天保元年（1830年）、175年の歴史をもっている。原料の米の約60％は酒米の産地である兵庫県東条・吉川産の特Ａ地区の山田錦。水は、大井川の伏流水で、酒造りに適した軟水。社長（寺岡洋司さん）自ら酒造りの現場を指揮して「手造り」にこだわっている。

5．焼津の主要な散策施設

● ディスカバリーパーク焼津

　焼津市が生んだ世界的に有名な天体望遠鏡製作者法月惣次郎が手がけた国内有数の精度を誇る大型天体望遠鏡を備えた天文台。「光学式」と「コンピュータ・グラフィック式」を備えた新しいシステムの国内初の最新鋭プラネタリウム「ジュミスターシステム」が設置され、焼津市の社会教育の拠点になっている。その他、プール「水夢館」や「自然体験公園」が敷設されている。

●サッポロビール静岡工場

　操業開始は 1980 年 4 月。敷地面積 192,774㎡、緑地面積 49,700㎡の大工場。サッポロ生ビール黒ラベル、エビスビールなどを送り出している。

　1998 年 8 月に敷地内に「サッポロビオトーブ園」（ドイツ語で安定した環境をもった動植物の生息空間の意）を開設、一般に開放し市民の憩いの場になっている。

●焼津さかなセンター

　焼津市が誇る水産産地総合市場。東名高速道路焼津ＩＣ横に 1985 年 10 月にオープンした。総敷地面積 25,544 平方メートル、店舗数 85 店、1050 人を収容できる食堂施設をもち、官民一体による第三セクターで経営されている。2006 年で 20 年を迎えた。焼津を知らなくても焼津さかなセンターは良く知られている。魚の町「焼津市」の情報発信基地でもある。ピーク時は年間 250 万人以上が訪れたが、現在は 170 万人程度。

　毎年、ゴールデンウィークの 5 月 3 〜 4 日がセンターのお祭りとされ、多くの観光客で賑わっているが、問題は観光客の多くが市内に入らず、ここから引き返してしまうこと。現在「焼津さかなセンター活性化推進委員会」で、さらなる発展のためのソフト面での課題の整理や誘客対策を検討している。

●石原水産マリンステーションとヤイズツナコープ

　東名ＩＣに近くにある水産加工メーカー石原水産のアンテナショップ、お土産スポット。年間 25 万人が訪れる穴場の一つ。「マグロの解体ショー」などを行って観光客を集めている。

　ヤイヅツナコープは、焼津港（旧港）に隣接する焼津漁協の直販店。2007 年 4 月にアクアスやいづに隣接する「うみえーる焼津」に移転した。

●駿河湾深層水:「深層水ミュージアム」と「アクアスやいづ」

　駿河湾は最深部2,500メートルという深い湾だが、ここに3種類の海洋深層水がある。黒潮系深層水、亜寒帯系深層水、太平洋深層水。ここでは黒潮系と亜寒帯系を取水している。黒潮系は水深397メートル、亜寒帯系が687メートルの深さから、それぞれ1日2,000トンの取水ができる。深層水の特性は、高栄養性・清浄性・低温性の3つ。

　2003年に開館した「深層水ミュージアム」は、展示や映像をとおしてこの深層水について知識を深めるための施設である。(2008年1月に利用者は10万人を突破した)。2006年7月には、タラソテラピー施設「アクアスやいづ」が誕生した。「タラソテラピー」とは、ギリシャ語の「ｔｈａｌａｓｓａ」(海)とフランス語の「ｔｈｅｒａｐｉｅ」(治療)を合わせた造語。日本語では「海洋療法」と呼んで海水や海泥、海藻などさまざまな海洋資源を使って人間の自己治癒力を高めていく療法。施設は日本各地にある。

　「アクアスやいづ」は、日本一深い駿河湾の恵みであるミネラル豊かな海洋深層水「駿河湾深層水」を活用した独特の新しいスタイルのタラソテラピー施設。「健康増進」、「体力向上」、「心身の癒し」、「コンディショニング」などを目的に利用できる。

　アクアスやいづは、焼津市が建設し、民間会社が運営する公設民営型の施設で、これを中心の観光再開発も始まっている。コストがかかる施

設といわれ、今後採算がとれるか、それが最大の課題になっている。

なお、2007年4月に隣接して「うみえーる焼津」(地域産物販売施設・地域産物提供施設)が作られ、タラソテラピー管理運営会社の販売コーナー、焼津漁協の直売所「ヤイヅツナコープ」、地元の水産会社が経営する二つのレストランなどが入っている。これを焼津市は水産物や駿河湾深層水を利用した商品の販売や、魚食や地域産物の普及や消費拡大、情報発信の拠点と位置づけている。

6．海の町やいづの主なイベントとその担い手たち

●焼津みなとマラソン

毎年、4月の第2日曜日に行われる日本陸運公認コースのマラソン大会。焼津市、焼津市教育委員会、焼津市体育協会、焼津みなとまつり実行委員会が主催している。2007年で第22回。同時に大学対抗ペアマラソン大会も行っており、これは19回目。同日旧港では「焼津みなと祭り」が行われている。

趣旨は、市民が心身ともに健康で、豊かな生活を送るため、スポーツの果たす、役割を認識し、あわせて全国から広く選手を募り、市民レベルの交流を図り、スポーツの都市「焼津」をアピールすること。

2007年は、北は北海道から南は宮崎まで、全国各地から4800人以上が参加した。最低年齢6歳から最高年齢82歳まで幅広い参加者があった。

大学対抗ペアマラソン大会は、正月の箱根駅伝大会に参加した大学と、そこでの走者が参加するので注目され、関東地域でもテレビ放送されて全国的に知られるようになった。

なお、これとは違うが、毎年新年早々

「焼津駅伝大会」も新港を中心に開かれる。こちらはもう35回で、みなとマラソンより歴史は古い。2007年は岐阜県土岐市と「スポーツ姉妹都市交流」30周年を迎えて、多くの選手が参加した。

● 焼津みなと祭り

　毎年4月はじめに行われる祭りで、2007年で53回目（4月7〜8日）。その前に水産翁慰霊祭、浦祭り、魚族供養など神事が行われる。焼津市の水産・農産物の即売会、カツオを市民にふるまったり、マグロの解体ショーが行われる。ステージでは、マリンレディーの発表やお笑いライブなどが行われ、広場でみなと群舞を紹介したりして、やーづならではの雰囲気の漂う祭りになっている。2007年は、大阪のＮＰＯ法人所有の「水陸両用バス」が披露され、人気を集めた。

● 荒祭（焼津夏祭り）

　毎年8月12日、13日に行う「東海一の荒祭」といわれる焼津神社の例大祭。12日は「幟かつぎ」や「神ころがし」が行われ、境内は子どもの健やかな成長を願う親子連れで賑わう。13日には手古舞姿の少女たちが唄い歩く「獅子木遣り」が祭りに華を添え、二基の神輿が境内に登場すると、祭りの熱気は最高潮に達する。神輿は白装束姿の勇ましい

特別章（1）焼津（やいづ）という街

男たちによって担がれ、「アンエットン」の掛け声とともに深夜まで旧市街を練り歩く。14日は恒例の「海上花火大会」を行っている。

●オータムフェストinやいづ

　毎年、9月はじめに行われる焼津市の市民祭り。水産物、農産物の即売会が中心。2007年で10回目。江戸時代の漁船八丁櫓競争が開かれる。ステージでは、群舞の発表が行われる。2005年には、ゴジラ・ブースを出し、2007年のフェストでは、岡本太郎「明日の神話」の誘致署名が初めて行われた。

●港群舞

2001年秋、焼津市制50周年を機に、焼津の町を「明るく元気に楽しく」活性化するため、新しい文化として歌と踊りが創られ、多くのサークルが活動している。毎年秋の祭り「オータムフェストinやいづ」には一堂に会して踊りを披露している。群舞の主な曲は2001年に製作された「焼津ラプソデー」（つのだ　ひろ作詞・作曲・歌唱、パパイヤ鈴木振り

付け）と「焼津ワンダーランド」（つのだ　ひろ作詞・作曲・歌唱、ＳＨＩＮＮＯＳＵＫＥダンスユニットＢａｇｓのメンバー振り付け）。

●やいづおでん探検隊

　やーづおでんの広報部として話題を集めているが、それだけでない。2002年に焼津市中心市街地活性化基本計画の策定検討会から生まれた町おこしの運動体（企画部隊長は山本肇さん）。テーマは「子どもたちに焼津の誇りを語り継ぎ、世界にはばたこう」と構想は大きい。歴史を生かす、食文化を育む、生活文化をつくる、の視点で多様な活動を展開している。焼津港祭り、オータムフェストｉｎやいづなどのイベントで「やーづおでん」をふるまっている。元漁師や水産加工関係者、仲買人などからカツオとマグロのおろし方、食べ方などを学ぶ食育講座を開講し、「カツオ奉行」「マグロ奉行」になろうと呼びかけている。

●魚市ＢＡＳＨ

　ＢＡＳＨは「にぎやかな祭り」の意味。毎年夏、焼津旧港で「ライブイベント」を行っている。焼津市出身のミュージシャンやアーティストが結集して、2003年から、毎夏3000〜4000人の観客を港に集めている。運営の中心メンバーは20〜30代の若い衆。旧港活用プロジェクトの一環として月1回行われている「やいづＫａｍａＶＯＸ」トロ箱ライブで

も活躍している。

● 魚河岸シャツ

　焼津には、昔からよく着られている2種類のシャツがある。一つは焼津の伝統「鰹縞シャツ」。焼津の漁師の作業着で、昔は、漁師の家に機織り機があって、それぞれの家で手織りをしていた。白地に青色の太さの違ったストライプがあり、まるでカツオをイメージした模様になっている。焼津縞ともいう。

　もう一つは魚河岸シャツ。昔、焼津の魚を東京の築地に卸しに行き、お土産にもらった手ぬぐいを縫い合わせて仕上げたシャツがルーツ。手ぬぐいが生地なので、汗を吸って風通しがよく漁師の伝統的なシャツとなった。

　2003年に焼津の商店主たちが「鰹倶楽部」をつくり（広報担当は福與功一郎さん）、このシャツを焼津のオリジナルブランドとして焼津の町を盛り上げようと運動を始め、いまではすっかり焼津の夏の風物詩になっている。2005年グッドデザインしずおか「プロセス賞」を受賞している。

　その他、ミニFM放送「FMクロスヤーヅ　81.2MHz」も開局して、焼津みなとまつりや商店街のイベントに「オープンスタジオ」を設置して生放送を行うなど、まちの活性化のため活躍中。さらに県立焼津水産

高校（大正11年に生まれた焼津市を象徴する学校）の生徒たちが会社を設立。「フィッシュパラダイス魚国（うおこく）」として市内商店街に期間限定で出店している。実習でつくられた「水産ブランド」の缶詰、のりの佃煮などを販売、自分たちで開発した弁当メニューも発表するなど、若い衆として頑張っている。

7．農業の焼津・工業都市としての焼津

　焼津市のもうひとつの顔に農業がある。水産業が基幹とされ、その影に隠れているが、志太地域は豊かな農業地域でもある。市内北部の東益津地区では水稲、高草山では茶やミカンが、市内中央部（市外地域以外）では、水稲やほうれんそうなどの野菜を、南部では水稲、トマト、菊、メロンなどの施設栽培が行われている。その他、鶏卵や乳牛などの畜産も小規模ながら行われている。

　しかし、農家数は年々減っており、現在、1755戸と大幅に減少している（1970年では3180戸だった）。経営耕地面積は、市域の18％の834ヘクタール。背景には、農業従事者の高齢化、後継者の不足による労働力の減少、都市化の進展、輸入野菜の増加、農産物価格の低迷などがある。農地が水稲のための土地利用形態になっており、米の生産調整政策による畑作物への転換が困難で、農家の生産意欲の低下を招いていることも一つの原因になっている。

　それでも、農民たちは、生産地と消費地が近いという立地環境を生かし、「地産地消」の拡大をとおして都市近郊型農業を目指して頑張っており、各地で「朝市」を開き（ＪＡ朝市、いろどり市など）、また「きらきらビレッジ直売所」の店つくりなど、農業の振興にさまざまな努力をしている。

　主な農産物として、水稲、トマト、野菜、イチゴ、いちじく、梨などがあり、特にトマトは、桃太郎トマトや「静岡レッド」の生産では、日本一になっている。

もう一つの顔が工業である。地域の企業のほとんどが中小企業。とはいえ、大井川町を中心に「太平洋サンベルト」をなしていて多くの企業が進出している。地下水がよいので製薬会社が多いのも特色のひとつ（アステラス製薬、藤枝市に中外製薬など）。サッポロビールの静岡工場もある。国道1号線沿いには、自動車部品企業も多い。

水産加工業が基幹なので、これに関連する食品加工企業が集まっている。多くの企業があるが、ここでは、全国、いや世界的に有名で焼津の特色を出している二つの企業をあげる。

一つは、一部上場企業の「焼津水産化学工業」。1959年からカツオなどの煮汁から飼料・肥料と肝油を製造することから始め、エキス調味料の製造や、さまざまな天然調味料や乾燥食品へと製品の幅を広げている。1980年以降は機能性素材の開発をはじめ、カニ殻からチキンキトサンを精製したキチンオリゴ糖、N－アセチルグリコサミンを製造し、海洋性のアンセリンとコラーゲンなどの健康素材を送り出している。魚介類を原料とする天延調味料のトップメーカー。「おいしさと健康」を追求する企業として高い評価を得ている。

もう一つは「マルハチ村松」。1923年創業のこの企業も「カツオエキス」、「カツオの素」などの天然調味料、機能性食品素材、バイオ医薬用素材の製造と販売、チルド・デリカ食品の製造販売など、幅広い調味料を扱っている。近年は、介護食の開発と通販にも手をのばしている。

8．海外姉妹都市

焼津市は、1976年以来、オーストラリア南部にある島でタスマニア州の州都ホバート市と姉妹都市として提携を結んでいる。タスマニア島は最近ではテレビでも放送され、赤い海、豊かな自然の宝庫と希少動物

などでよく知られている。人口は約20万人。イギリス植民地時代の面影を残したホバート市には世界中の観光客がやってくる。諸外国の南極観測船の母港としても知られている。

　発端は、1970年代、オーストラリア沖でマグロ操業をしていた焼津港所属の漁船の休息港としてホバート港を利用していたことから（当時は年間で延べ150隻）、焼津市がホバート市に姉妹都市を要請、1976年11月に実現した。1977年焼津・ホバート友好協会が発足。翌年2月に焼津市長がホバート市を訪問して姉妹都市提携に調印した。

　以後、現在まで人的交流が盛んに行われている。1988年から焼津市内の中・高校生の短期留学が行われていて、ホバートの一般家庭にホームステイし、英語を学ぶとともに市民交流に重要な役割を果たしている。2007年は姉妹都市提携30周年。

9．合併について

　平成大合併の動きに対応して当初2市2町（藤枝市、焼津市、大井川町、岡部町、合併人口は約28万7000人）が「志太はひとつ」の理念と目標を掲げ、1997年から広域行政の可能性を検討し始めた。後に、全国的な合併ブーム、いわゆる平成大合併の先駆けとして注目された。合併すれば、浜松市、静岡市につぐ3番目の規模になる。合併協議会が組織され、12回にわたって問題点が討議されたが、まず、各市町の財政問題から大井川町が離脱、2市1町の可能性を模索していたが、焼津市の水産業関係者から反対があり、それを説得できないまま、ぶざまな分裂で終わってしまった。分裂の直前に新市名称の公募までしていての崩壊である。

　合併は2007年（平成18年）1月1日をもって始動することになり、2004年9月からは新市の名称まで公募して、かなりの応募があったのだが、まさに挙式直前で破談となってしまった。

　合併にはさまざまな意見がある。中部の志太榛原全体を含む5市5町

を展望する意見、海沿いの1市1町をまず合併し、その後、拡大するという意見、最初から静岡市との合併を目指すという方向さえ出されている。その後、合併問題は混迷し、心情的な地域対立の気配さえ出ている。もともと合併論議は、地域の将来像を見据え、「持続可能な地域」を作るために、これまでよりコストが安く質の高いサービスを生み出す、という展望を住民に示すことが必要だが、どうも、目先の利害問題が中心で議論が先に進まないように見えるのは大変残念である。

2007年2月の市議会選挙では1市1町派が多数を占めたため、当面、焼津市と大井川町が合併、4月から合併協議会が動き出した。しかし、4月の統一地方選挙の結果、県レベルでは、2市2町派が多数を占めていて、今後また変動が起こる可能性がある。いずれにしても、藤枝市と岡部町も合併するという状況のなかで、近い将来には2市2町へと移行するということになるかもしれない。

10. 文化について

焼津市は歴史遺産が豊富な都市である。古い寺社も非常に多い。発掘・開発されていないため、必ずしも全国的には知られていない。ここでは、紙幅の関係で、小泉八雲のみをとりあげる。

●小泉八雲と焼津

焼津市は、明治の作家ラフカディオ・ハーン（のちに日本に帰化し小泉八雲を名乗る）の夏の滞在地と知られている。ハーン（八雲）は、1850年6月にギリシャのイオニア諸島（レフカダ島）生まれ、父はアイルランド人の英国陸軍軍医、母はギリシャ人。両親の離婚により2歳で父の故郷アイルランド・ダブリンへ、1869年19歳でアメリカのシンシナティへ移住。当地で新聞記者となり、文筆活動を開始。

来日したのは1890年4月、八雲41歳。8月に松江中学に英語教師として就職した。同年末小泉セツ（節子）と結婚、翌年、熊本高校（五高）

へ転任。1894年11月に神戸の貿易関係の新聞クロニクル社に就職。1862年に日本に帰化し、八雲と改名。同年9月東京帝国大学講師となる。

　ここで小泉八雲と焼津市との関わりについて簡単に紹介しておこう。

　八雲が家族とともに焼津を最初に訪れたのは1897年（明治30年）8月4日。東京帝国大学（後の東京大学）の講師となった翌年で、八雲47歳の時であった。彼は海が好きで、水泳が得意であったから最初は浜松に近い舞阪に降り立ったが、遠浅で気に入らなかったという。彼はとりわけ深くて波の荒い焼津の海が気に入ったという。そこで夏休みは海で過ごすことが多かった。

　その八雲の世話をしたのが当時41歳の魚商人の山口乙吉だったが、八雲は、その素朴な人柄に惹かれた。この時は2週間乙吉方に滞在した。その後、5回を乙吉の家で過ごしたが、八雲は乙吉を「神様のような仁」とまで述べている。

　八雲が狭心症で亡くなったのは1904年（明治37年）9月、焼津から帰った直後であった。享年54歳と今からみるとまだ若かった。墓は東京雑司ヶ谷墓地にある。八雲は、生前、6回にわたり避暑地として焼津を訪れ、海と遊んだ。乙吉家の2階を借りて、和田浜の海岸に泳ぎに行ったり、焼津神社や小川地蔵尊を訪ねたり、くつろいだ気分で避暑を楽しんだと言われている。

　焼津滞在について触れている著作・文章としては四つの短編があり、「異国情緒の回顧」、「霊の日本」（この中の最後に「焼津にて」がある）、「影」（このなかの「蝉」）、日本雑録（この中の「蜻蛉」、「海のほとりにて」、「漂流」、「乙吉のだるま」）がある。

　なお、八雲が滞在した魚屋「乙吉の家」は、1968年に愛知県の明治村に移されて保存されており、焼津の「滞在の家跡」には碑が建てられ

特別章（1）焼津（やいづ）という街

ている。焼津市では、海岸近くを八雲通りとして、名を残しており、焼津駅前と北浜通りには八雲の記念碑が建てられている。また、オーシャンロードとして開発された海岸通りにある「波除地蔵」を「八雲地蔵」と呼び毎年7月24日にお祭りが行われている。

さて、この町について八雲は、次のように書いている。

「焼津というこの古い町は、太陽がカッと差すと、妙に中間色のおもしろ味が出てくる町だ。入り江に沿う白茶けた荒磯の色がまるでトカゲのような色を帯びてくるから妙だ。町は、丸いゴロタ石を積み上げた異様な石垣で、荒い海から守られている。この石垣は、海の方を向いた側が、雁のような形になっている。地面に深く打ち込んだ杭と間に丸いゴロタを積み上げたのが、ちょうど籠を編むように、ギッシリと詰めてあるのだが、つまり、一定の間隔をおいた杭の列が、丸いゴロタ石の雁木の支えになっているという仕組みだ。」

「だいたい、焼津の町の生活そのものからしてが、そもそも、幾世紀も前の、大時代の生活なのである。そこで住んでいる人達も、これまた、大昔の日本人なのだ。まるで三つ児のように無邪気で、物事があけっぱなしで、従順で、すなおで、それが玉の瑕というくらい無類の正直者で、これから先の世の中のことなどは、いっさいご存じなし、ただもう、昔からあるしきたり、昔からある神仏を、後生だいじに守っている。――焼津の人達はそういう人達である。」（「焼津にて」小泉八雲（平井星一訳）『霊の日本』恒文社所収）

焼津市では、八雲の業績を称え、市民の総意を表す記念館を建設するため、募金活動を決め、1992年6月焼津市市議会定例議会で「小泉八雲記念館建設整備事業寄金条例」を可決，市でも予算化し寄金を公募している。「焼津小泉八雲記念館」は2006年から建築が開始され、2007年3月に竣成し、6月に開館した。

2004年9月24日、焼津市で八雲没後100年を記念して記念のシンポジウムが開催された。参加者1000人、八雲の孫小泉時さんも参加され、脚本家山田太一さんの記念講演（「私たちと八雲」）とシンポジウムが行われた。また10月の初めまで焼津市・焼津市教育委員会、小泉八雲顕

彰会主催により同センター展示室で小泉八雲特別展「焼津と八雲」が開かれ、八雲ゆかりの品々が紹介された。

　焼津市教育委員会では、この地をこよなく愛した八雲の作品に触れ、より親しむことを目的に、小・中・高校生、一般、短歌・俳句の各部門に分けて毎年「小泉八雲顕彰文芸作品コンクール」を行っている。2007年に『平成18年度　小泉八雲顕彰文芸作品集』（第16回）が刊行されているが、その入選した市内小中学生の手記（優秀賞）には、以下のような文章があり、現在の焼津の海の風景について子どもの眼で端的に示されている。

　「ただ残念ながら八雲が好んだ焼津はもう消えかけている。八雲が愛した焼津の活気は失われつつある。海は濁っているし、たくさんのゴミも浮いている。白い波のかけらもない。埋め立て工事が行われ、白い波が打ち寄せられていた磯は、船のけい留施設へと変わってしまった。いくら住みやすくなったとはいえ、八雲が愛した焼津が失われていくのは、私にとっても八雲にとっても悲しいことである」（2006年、中学生）。

　「昔からの言い伝えは残っているけれど、八雲が愛した焼津の海は、よごれてきている。昔はきれいだった焼津の海。今では、ゴミや空き缶、ペットボトルが捨てられたりしている。

　私は、これ以上、焼津の海をよごしたくない。なぜなら、焼津の海は八雲が愛した海で、たくさんの思い出がつまっているからだ。私は、海岸清そうに参加したり、ごみを海岸に捨てないように気をつけたりしていきたい。そして、美しい焼津を守っていこう、と思う」（2007年、小学生）。

　●焼津市文化センター
　1985年6月28日に開館した焼津市の文字通りの文化の中心施設である。2005年に開館20周年を迎えた。文化センターは、文化会館、図書館、歴史民俗資料館の三部門を備えて、さまざまな事業を行っている。
　文化会館は、大ホール、小ホール、展示室などからなり、音楽、演劇、

映画、落語など年間 50 本以上の自主事業を行っているが、収支率は全国でトップクラス。全国公立文化施設協会の集計によれば、自主事業は全国平均で 10 回程度でしかない。同センターは飛びぬけて多く、収支率も高く、全国のほとんどの施設は 50％以下だが、同センターは 80％を維持している。ビキニ事件の関連でいえば、3．1 集会の会場になっており、2004 年 8 月には吉永小百合さんの平和朗読会も開かれた。

民俗資料館は、焼津の歴史コーナー、焼津の民具資料コーナー、小泉八雲コーナー、それに第五福竜丸コーナーからなっている。福竜丸コーナーは猫のひたいほどの広さしかないのは残念。2004 年 8 月の「第五福竜丸 50 年」には展示会が開かれた。

11．地域の不安（地震・津波・原発）

「ある不安」について触れておこう。東海地震に関連した問題である。すでに 30 年前からこの地域を震源とする地震と津波の恐れが指摘され、これまで、静岡県でも焼津市でも防災・地震対策に力を注いできた。その訓練も各地で定期的に行われている。2 年前のインド洋大津波の恐怖を目の当りにしたし、南海地震との結合もことあるごとに言われている。

東海地震では、5分以内に約4メートルの津波が押し寄せてくると想定されている。事実、過去にも焼津市小川の上行寺が流され、寺も住職も海の藻屑になったという記録が残っている。海辺に生きるとは、こういう危険と常に背中合わせになっている。

　それだけではない。焼津市から25キロ南に中部電力「浜岡原発」が存在している。活断層の真上にある原発ということで、その安全性に疑問が出されていて、焼津市を含む周辺の農民や漁民から不安が出されている。この周辺が、東海の大工業地帯で電力供給地でもあることから、正面から取り上げにくい状況もある。中部電力では、プルトニウムを加工して普通の軽水炉で燃やすプルサーマル計画を進める申請も行っている。

　こうしたなかで2003年7月に市民グループが浜岡原発の運転差し止めを求めて静岡地裁に提訴している。そこでは、予想される地震発生の規模、立地地盤や耐震設計、運転が及ぼす影響や対策などが争点になっている。

　2006年3月北陸電力志賀原発2号機に金沢地裁が、耐震性に問題があるとして運転差し止めを命じた。この判決が、浜岡原発訴訟にどんな影響を及ぼすのか、この地域では今注目を集めている。

　2006年は、1986年4月に旧ソ連のウクライナ・ベロルシアで起こった「チェルノヴィリ原発事故」から20年の年にあたる。被災の実態について今も不明で、死者の数は1万人から9万人とずれがあるが、致命的な被害には変りはない。

　2007年になって、日本各地の原発で事故隠しが発覚している。浜岡でも例外ではなかった。また、能登半島地震では、北陸電力志賀原子力発電所で、地震の揺れの強さが原発設計時に想定した最大地震「限界地震」を上回っていたことが明らかになった。その点で、耐震想定の見直しが急務になっている。2007年7月に起きた中越沖地域での柏崎刈羽原発事故で耐震性に疑問が出されていて、浜岡周辺でも不安はさらに深まっている。

　不思議なことだが、地震・津波に対する防災訓練がこれほど熱心に行われているのに、原発との関係で訓練がなされたことは一度もない。原

発の絶対安全が前提になっているのである。この辺は最近話題になっている元アメリカ副大統領による「地球温暖化への警告」の講演・講座運動のプレゼンテーション映画『不都合な真実』（2006年）に出てくる「ぬるま湯のなかの蛙」のエピソードを思い出される。急激な衝撃を与えられないかぎり人間は動かないのだ。

　いずれにしても、地震・津波、原発は焼津市や志太地域の潜在的な不安の原因になっている、ということを付け加えておこう。

12. 焼津の観光スポット

　2006年1月から「まちの駅」がスタートした。2004年の「焼津市中心市街地活性化基本計画」の策定に携わった商店街の関係者や地元市民の代表などで組織された「焼津まちづくり推進委員会」で打ち出された構想（代表は関幸彦さん）。2007年4月現在50の「駅」があり緑のぼりや旗を立てている。だれでも気軽に立ち寄ることができる場所でもあり、地域の生の情報に触れることができるコミュニティの拠点でもある。

　ここで、焼津の観光名所の主なものを挙げておこう。
　●大崩海岸　高草山の裾が波で削られてできた岩石海岸。切り立った崖になっている。かつては「東海の不知火」とも呼ばれた難所、そこから見える富士山はなかなかのもの。崖に沿って国道150号旧道が通っている。岩石内部には波の攻撃でできた「海食洞」がみられる。
　隣接して「浜当目海水浴場」があり、夏には子どもたちで賑わっている。

　●駿河海岸　焼津市西端から大井川町、大井川河口、吉田町に至る駿河湾沿いの一帯。大井川から駿河湾に流れ込む土砂と海岸沿いの漂砂によってつくられた海岸。砂礫海岸ともいわれる。遠洋・近海・沿岸漁業の基地である焼津港・小川港、沿岸業が盛んな大井川港、吉田漁港があ

り、シラスやサクラエビの魚場にもなっている。海岸では、キスやイシモチなど海釣を楽しむ人が多い。焼津では、和田浜海岸と田尻浜海岸が知られ、そこから見える富士山は美しい。

●花沢の里　奈良・平安時代から続く日本坂越えの旧街道（万葉の古道）沿いに、長屋門や石垣が特徴的な古い家並みが残る。春日蔵首老の万葉の歌碑がある。水車小屋、炭焼き小屋などがあり、史跡探訪コースになっている。

特別章（1）焼津（やいづ）という街

●高草山　501メートルの高さで、焼津のハイキングコースの拠点。山腹は茶畑。山頂からみる駿河湾の夜景はなかなかのもの。詳しくは本書第3章のコラムを参照。

●虚空蔵山（こくぞうさん）　大崩海岸の近くにあり、浜当目集落の東端にある126メートルの山。駿河湾に突き出て丸い山。市の文化財に指定されている仁王門が途中にあり、山頂には香集寺がある。

　香集寺には、「船舶無線電信発祥の碑」があり、日本で初めて船舶無線電信を実験をしたことで知られている。

●寺院群・文化財　小泉八雲が焼津を「神様が住む町」と述べたように、焼津市には古い寺院が多数ある。

　多くの市指定の文化財を内蔵している。神社は焼津神社（海の神様だけあって大漁幟が立てられる。境内内に日本武尊の石像がある）大井神社、那閉神社、猪之谷神社など。寺は、大覚寺、香集寺、弘徳院、海蔵寺、普門寺、永豊寺、法華寺など文化財も多数。現在、国指定1件（絵

さまざまな焼津観光パンフ

画で、成道寺にある「絹本墨画淡芦葉達磨図」)、県指定6件、市指定34件となっている。

●焼津黒潮温泉　1976年に開発された弱アルカリ性の温泉で、海水の半分ほどの塩分を含んで、若干塩辛い温泉。虚弱体質、健康、美容に良いといわれている。観光ホテルをはじめ、市内8施設に給湯している。

　なおJR焼津駅南口に「黒潮温泉」の宣伝のため、2003年10月に足湯が作られた。湯船の真ん中に青銅でできたカジキマグロが置かれ、魚の町のシンボルとなっている。

　この「特別章」の執筆に当たり、焼津市、焼津市観光協会、焼津市商工会議所、焼津市商工会議所女性会、関係NPOなどのご協力を得ました。

第4章

「やいづ平和学」の実践

I 公開講座
「やいづ平和学」と「第五福竜丸 心の航跡」

加藤一夫

1. 公開講座「やいづ平和学」(報告)

1994年に焼津市に静岡精華短期大学が生まれたときから、大学は市民へいわゆる「公開講座」を開講した。わずかながら補助金も市から出ていた。当初は東京から有名な大学教授を招いて行われる講演会が中心であったが、しだいにこの大学の教師が担当するようになった。

1998年以降は、折からのITブームでパソコン入門講座に人気が集中していたが、一般教養関係の受講生は少なかった。私自身も専門の科目を中心に、国際関係では民族・ナショナリズム関係を、比較文化では、宗教や民族などを担当した。さらに、土曜日を中心の2年にわたり趣味の「映画」講座を開いたこともある。

2001年6月にかねてから準備していた「やいづ平和学」を開講した。講義の内容は、本務校の他にいくつかの大学で非常勤講師として教えていた国際政治、国際関係論などを中心にしたものだった。とはいえ、言うまでもなく、この講座は2004年の「ビキニ事件50年」を意識して開講したものである。ここでは、内容に触れず、その柱と特徴について簡単に触れることにする。

第一期(2001年)の内容は次の通り。
1. 冷戦:体制間対立の発生と展開
2. 1954年の世界:核実験と「第五福竜丸」
3. 第五福竜丸と反核平和運動:出発と分裂
4. 核の現状とアメリカの一国主義
5. 「第五福竜丸」の継承について:まとめ

この講座では、冷戦期を中心にして、核競争がどのように行われていたか、そして現状はどうかを報告するつもりで、詳しいレジュメと関係資料を用意した。

　冒頭、この講座の内容として、焼津市はビキニで被曝した第五福竜丸の町であること、2004年はその50年目であることから、この事件の意味について考えてみよう、という趣旨の発言をした。

　第1回の冒頭、受講生の紹介の中で、ひとりの受講生から「実は、私はむかし第五福竜丸乗組員で、できれは、体験の一部をお話したい」との申し出があった。元第五福竜丸漁労長の見崎吉男さんだった。見崎さんの証言は、遭遇時の様子と帰港までに起こった様々な問題についてであった。（これについては、本書第1章参照）これが、見崎漁労長との最初の出会いだった。

　見崎さんの発言のなかで「漁師」（漁士）に対する偏見や誤解についての言葉があった。これは、アメリカの原子物理学者ラルフ・E．ラップが書いた「ルポルタージュ」に関係している。彼は、来日して当時としては、かなりの数の関係者に会い取材を重ねて『福竜丸』という本を書いた。ルポとはいえ半ば創作に近いこの本がその後、事件を一般に知らせるのに大きな役割を果たしたが、同時に大きな偏見を拡大したことも否めない。私自身もこの事件を知るのに今度初めて読んでみたが、きわめて面白くまるで創作のように書いており、その点にかなり問題があるな、という感じがした。

［見崎吉男］略歴は、本書の第1章を参照。
［ラルフ・E．ラップ］（1917〜2004年）アメリカの原子物理学者。シカゴ大学で物理学を専攻、原爆開発の「マンハッタン計画」に参加。日本への原爆投下には反対だったという。その後、国防総省の核研究・開発局部長などを歴任したが、1949年に役職を辞して核時代に警鐘を鳴らす著述家に転身し、しだいに反核・反政府運動家へ。ビキニ事件については、1957年来日して「第五福竜丸」について調査・取材し、1958年『福竜丸』を書いた。2004年9月7日、バージニア州の病院で死去。87歳。

　ところで、この年の9月11日にニューヨークで大事件が発生し、国

際関係の構造が大きく変化していった。9・11事件（同時多発テロ事件）である。これまでの国際社会や国際関係の構造が大きく変っていった。そして、事態はアフガン戦争へ。しかし、この時点ではイラクへと展開していくことは予想もできなかった。

また国内では、この年の4月に小泉内閣が成立し、その後「小泉劇場」と言われるほどTVが政治をとりあげた。いわゆる「構造改革」の時代である。

第二期（2002年）の構想は「焼津から日本の進路を考える」をテーマと設定し、9・11以後の状況とアフガン戦争、それに協力する日本、という状況のなかで「新しい戦争」について考えた。この事件以後、戦争が浮上して、アフガンへのアメリカの攻撃が始まったからである。こういう状況でこの町で何ができるのか、という問題である。

私自身がこの間、用意していたこの事件についての「若い世代」の反応（アンケート）について報告できないでいた。短期大学が4年制に移行する準備を始めるなかで、その余裕はまったくなかったからである。そこで、9・11事件後に世界で起こっている変化を中心に、そこでのビキニ事件の意味を考えることにした。

1. 9・11（アメリカ同時多発テロ）の背景と意味：グローバリズムとアメリカの単独行動主義
2. イスラーム世界が抱える問題：イスラーム・テロリズムと中東戦争
3. 対テロ・アフガニスタン戦争の意味：アメリカの軍事戦略とアジア・日本
4. 国家と地域の再編成：ネオナショナリズムが提起するもの
5. 地域平和運動について：われわれにできること

状況の変化に対応して、さまざまな発言があった。第二期は焼津市会議員の参加もあり（尾石昭夫さん、大塚善弘さんなど）、現実に起こりつつある地域の問題、今後予想される「志太地域合併」（2市2町）の問題などについても話題の中心となった。小泉政権の改革についてもさまざま意見が出されたが評価が分かれた。そいうこともあって、この第

二期の講座の特徴は、実際に起こっている国際・国内・地域の問題をみんなで考えることになった。

　第二期では旧ソ連の核実験状況を長年にわたって調査していたカザフ協会のメンバーの参加があった。塚本三男さんや大久保敏光さん、それに参加している人々で、世界的に拡散を始めている核について様々な意見が出た。

　そしてこのメンバーから「新しい市民運動」の提起があった。多くは、これまでの3・1運動には批判的であった。

[塚本三男] 1930年、静岡県焼津市に生まれる。ビキニ事件が起こった年に、静岡大学教育学部卒業し、大学職員（静岡大学放射化学研究室助手）として放射線の測定に参加。その後、焼津中学、大村中学、大富中学、静岡県立清水工業高校、焼津中央高校、藤枝北高校、大井川高校の教師を歴任。1990年から旧ソ連のカザフスタンおよび中央アジア諸国の核実験被害の調査と被曝者の救援活動を行う。2003～2005年「ビキニ市民ネット焼津」事務局長。主な著書に『教育問題への提言』、『旧ソ連の環境破壊』（静岡新聞社）。（2006年12月死去）

　第三期（2003年）は大学改変期で「静岡福祉情報短期大学」と名称変更し、4年制大学への準備が始まった時期。副学長をして走り回ったため、ろくな研究・調査ができなかった。

1．世界の核状況をみる：核軍縮・核拡散防止の動向
2．戦争と平和（再論）：新しい戦争概念
3．安全保障の論理：「人を守り、くらしを守り、国を守る」ということ。
4．平和について：新しい考え方
5．第五福竜丸：事件の継承について

　第一期にも参加していた飯塚利弘さんから特別の報告を受けた。飯塚さんは、焼津市で40年以上教師をし、現在も、平和運動に参加している。事件当時、焼津中学教師で、反核署名運動を推進したひとり。事件が起こったときは教師の2年目。生徒の日記指導を行っていたが、事件の深刻さを生徒の日記を通して実感できたという。

　飯塚さんは、焼津の町の状況と、久保山さんの病状に焼津神社が夜を徹して祈祷を行ったこと、町全体が久保山さんの回復を願ったこと、し

かし、いわゆる見舞金問題から雰囲気が一変してしまって戸惑ったことなど、当時の様子を具体的に話してくださった。当時の焼津の漁民の生活は苦しく、昼に弁当をもってこられない子供も多かった。その子たちの目から見て「久保山さんのほうがずっと幸せだ」という作文があり、ショックをうけたという。また、飯塚さんは、すずさんを運動に参加させることに奔走した。

さらにビキニ事件後、第五福竜丸以外の被災船とビキニ被災漁民の状況を実際に訪ね歩いて調査したことなど（清水や御前崎など）を報告してもらった。

［飯塚利弘］1930年、静岡県焼津市生まれ、1953年4月に新卒の教師として焼津港を学区にもつ焼津市立焼津中学校に赴任し、翌年3月にビキニ事件に遭遇。焼津市市立の中学教員として、教育を通して第五福竜丸の問題に関わった。第五福竜丸以外の被災船の調査を行う。現在も地元で平和運動を続け、「平和のための戦争」を開くなど積極的に活動している。久保山愛吉さんとその妻すずさんの伝記も書いている。主な著書に『私たちの平和教育』（民衆社）、『死の灰を超えて』（かもがわ出版）、『久保山愛吉物語』（かもがわ出版）などがある。

第四期（2004年）は、ビキニ事件50年ということで、当初は、「第五福竜丸」について発見された、文書を中心にして詳しくこの事件の核心に迫るはずであった。また、1978年から1999年まで静岡市や静岡大学で行われてきた研究者集会の記録を分析し、事件の本質を探ってみようと考えて準備していた。

ところが、四年制大学「静岡福祉大学」の出発と重なり、学長職にあって、まったく、この文書を解読する余裕はなくなってしまった。結局、この事件が今も封印されてしまっている理由を総括としてまとめるにとどまってしまった。

1．ビキニ事件50年：その再検証　新しい状況と事実の発見
2．ビキニ事件50年（2）：マーシャル諸島の被曝
3．世界の核状況をみる：核実験・核軍縮・核不拡散の動向
4．平和について（新論）：「新しい戦争の時代」の平和
5．「平和に暮らす」ことの意味：ビキニ事件50年

中心は1回目の50年たった『ビキニ事件』の解明の問題点に焦点を当てた。被災位置（実験場からの距離150〜170㌔の差、船首の方向。見崎さんによれば西、政府資料は北になっていて位置が90度違う）、証言者の発言の違い（基本的に、ラップのルポルタージュの影響ともいわれている）などを細かく分析してみた。

　結局、この事件が、全容解明に至らず、封印されてしまい、国民、地域住民にとって「曖昧」になっている原因として、アメリカの冷戦期の国家安全保障に関わる重要問題としてこの事件を捉えたため事件の全面解明には至らなかった、日本側はアメリカの加害責任を一切問わなかった、「補償」についてアメリカはマグロ被災漁船への「見舞金」を第五福竜丸に限定した、原水爆禁止運動の分裂とそれが地域に与えた影響、これに関連してその後の「被爆者制定運動」からビキニ事件関係者ははずされた、被災者の全国的な運動を組織できなかった、ということに集約されよう。

　なお、第四期では、マーシャル諸島で暮らした静岡市立井川小学校（当時）の岩崎幸代先生が参加されて、第2回は、岩崎先生に現地の生活とビキニ事件の後遺症などについて報告をお願いした。続きは、2005年8月「ビキニ市民ネット焼津」総会でスライド写真を使用して報告していただいた。これまでほとんど知ることがなかったマーシャル諸島の現状を理解でき有益であった。

追記（〜2007年）
　最後に、最近の核の拡散について付け加えておこう。新しい動きとして、2004年の初めに「核の闇市場」問題が浮上して、拡散が進行していることが明らかとなった。パキスタンのアブドル・カーン博士が中心になって核をばら撒いていた。これには、日本の一部の企業も不正に関わっていた。その後の、北朝鮮（朝鮮人民共和国）の核開発問題についてはまったく解決のめどがたっていない。東北アジアの緊張は増幅している。核拡散を防止するＮＰＴ体制も2005年5月の再検討会議の失敗で動きがとれなくなっており、核拡散はだんだんと進んでいる。そのひ

とつにアメリカの二重基準政策がある。イスラエルの核保有を承認しているだけでなく、2006年にインドとの「原子力協力」に合意し、事実上、インドの核保有を認めた。「アメリカの言いなりになっている日本」もこれを認めてしまった。

この間に北朝鮮が2007年9月に何発かのミサイルを日本海に向けて発射、国内は緊張、一部に「過剰反応」も見られた。その後、11月にはついに核兵器開発の一環として核実験を強行した。(「ビキニ市民ネット焼津」は団体として「抗議声明」を出すことはしなかったが、多くの声がメールで送られたので代表幹事個人の名前で抗議文を関係部所に送った)。

イラク戦争が泥沼化しつつあるなかでアメリカは宥和政策をとり、6カ国会議が長い中断後2007年に再開、アメリカとは一定の合意を得たが、その内容は漠然としていて、核廃絶に至るかどうかはっきりしない。日本は拉致問題も抱えており、アメリカの北朝鮮への親和政策によって孤立の様相を強めている。

コラム

静岡福祉大学・静岡福祉大学短期大学部

2004年4月から動き出した、静岡県中部で最初に生まれた福祉系大学。前身は、静岡精華短期大学(1994年に開学)、焼津市の協力で設置された。経営母体(本部)は静岡市にある「静岡精華学園」(1907年に創設された静岡県で最も古い学園の一つである)。大学は今年で4年目。短期大学は16年目。

社会福祉学部は、福祉心理学科と福祉情報学科からなり、短期大学部は介護福祉学科で国家資格介護福祉士の養成校である。福祉系の大学であるが、福祉分野に限定せず、心理・福祉・情報を中心に教育・研究を行っている。

地域に密着した大学で学内に「地域交流センター」を設置して、学生ボランティアを養成し、各地のイベントや施設、学校に派遣している。(2006年は延べ人数で3,200人) また学内で、静岡県の福

祉関係者（民生委員や児童福祉協議会委員）の研修の場を提供する（年間4,100人）など地域貢献を重視している。

2.『第五福竜丸　心の航跡』について（紹介）

2003年2月4日から5月17日まで地元の『静岡新聞』でビキニ事件についてのルポルタージュ「第五福竜丸　心の航跡」が掲載された。この新聞はいわゆる地方紙であるが、74万部を越える読者をもち、静岡県では二人に一人が読んでいる地域に定着している新聞で、その影響力はきわめて大きいものだった。この連載記事も地元に大きな反響を引き起した。取材・執筆は木村力記者、写真は坂本豊記者が担当している。かなり前から取材を続けており、その蓄積を背景にして出されたルポルタージュである。

このルポは当然、2004年のビキニ事件50年に関連するもので、この50年間に元乗組員はどう生きたかを、彼らの証言を丹念に集め、事件はどんな意味があるのか、現時点での問題点は何か、そして、どう伝えていくべきか、およそ5つの章に分けて報じられている。その内容を簡単に紹介する。

そのプロローグでは、元漁労長の見崎吉男さんの生き方に焦点が当てられている。まず、その第1回「一生の重荷……重い口開く元漁労長（プロローグ　ある人生　①）」（平成15（2003年）2月4日）をそのま

ま引用しよう。

「港を囲む焼津市街。時折、潮の香を含んだ風が吹き抜けていく。新鮮な魚のにおいにも似た生きた風だ。漁師の心意気をはらむこのまちに、かつて遠洋漁業に人生をかけた船乗りたちが暮らしている。

焼津港所属の遠洋マグロ漁船「第五福竜丸」の元漁労長もその一人だ。漁師を「漁士」と書いた隆盛期の誇りを今も忘れない。あの事件さえなければ、きっと遠洋航海一筋に生きてきたのだろう。

大正14年生まれ。戦前、戦中、戦後の節目を持つ世代だが、1954年(昭和29年)3月1日は、さらに大きな節目となった。

いわゆるビキニ事件。マーシャル諸島ビキニ環礁で行われたアメリカの水爆実験に巻き込まれ、人生が急転した。当時28歳。事件を境に船との縁も切れた。

見崎は今も海が好きだ。よく浜沿いの散歩に出る。小川漁港の南に続く石津浜。去年の春、昔ながらの砂利浜に臨む防波堤の上を、並んで歩いた。

見崎は語らずにきたことが山のようにあると言い、事件は「一生の重荷」とうなだれた。

その言葉に、喜寿を迎えてもなお残る深い傷を垣間見た気がして、たじろいだ。これから半生を聞こうとする自分が、罪悪を犯すように思えたからである。

後日、思い惑うまま足が向いた浜辺で、見崎の話を思い出す。

「風の日も雨の日もあらしの日もある。大切なのは夢を持って精いっぱい生き、波のように何度でも立ち上がったかだ」

言葉がふと体温を持った気がした。見崎は人生を語ろうとしていた。

半世紀前、アメリカと旧ソ連は原爆をしのぐ水爆の開発を争っていた。特に54年、史上最大の爆発に始まったアメリカの一連の水爆実験は、広大な海を膨大な放射能で汚染した。降灰で魚場が冒され、多くの日本漁船と船員らが被災。日本全土に放射能の雨が降った。魚類の汚染騒動は牛海綿状脳症(BSE)による騒動の比ではなかった。

「第五福竜丸」は被災の象徴となった。乗組員と家族は放射線障害の恐怖を負い、外交優先の事件処理や原水爆運動に翻弄され続けた。
　事件を機に起きた世界的な反核平和運動にもかかわらず、アメリカ、旧ソ連（ロシア）に次いでイギリス、フランス、中国も加わった５カ国が核兵器を公然と保有する世界になった。さらにインド、パキスタンなどへと核は拡散し続けている。
　イラクの大量破壊兵器を疑う国連査察、北朝鮮による核開発の再開宣言など、年明け後も核をめぐる国際情勢は緊迫の度を増し、きな臭さは一層現実味を帯びたようにみえる。」

　この連載記事ついて「ヒロシマ、ナガサキと並ぶビキニは来春、被災50年を迎える。さすがに風化は免れず、反核と平和へのカギを握るこの事件を知らない世代が広がりつつある。第五福竜丸関係者の新たな証言によって事件を再考するとともに、あれからどう生き、何を考えてきたのか、元乗組員の『心の航跡』を追った」とある。
　プロローグの部分は、見崎さんのこれまでの生き方、自責の念を持ち続けてその後の人生を生きてきた彼の航跡を検証している。平和運動の分裂による地元での苦労、ジャーナリズムが増幅した漁師像の誤解、その修正の要求など、見崎さんの生き方が描かれている。

　第１章「再現」では、事件の発生、水爆実験との遭遇から久保山愛吉さんの死まで。この事件で焼津の水産業、生活、それに市民の生活がどんな影響を受けたかを明らかにしている。
　３・１に遭遇したときの状況、「死の灰」の様子、帰航、騒然となった焼津の街、乗組員の入院、久保山愛吉さんの死。汚染漁獲物を廃棄したのは漁船992隻。当時の日米関係のなかで、事件の矮小化は図られた。この事件は、かつては「第五福竜丸事件」と呼ばれたが、このことは事件の矮小化と象徴化をにおわすことになり、長年、同船の関係者を苦しめることになった。

第2章「拒絶」は、乗組員たちの現在が語られているが、多くは過去を封印しており、ほとんどが取材を拒否するか、多くを語らない、その重い意味が描かれている。このことは、事件から50年過ぎた現在でも変わっていない。(最近、状況は少しずつ変わってきてはいるが……)。

この章には久保山愛吉さんの妻すずさんへのインタビューがある。すずさんは1993年9月に亡くなっているが、分裂した平和運動に翻弄された半生だったことが報道されている。

第3章「闘い」では、拒絶せずにこの間、さまざまな場面で発言してきた幾人かの乗組員の証言をもとに、なお闘い続けている人々が紹介されている。一人は、見崎吉男さん、現場で体験した事実と、政府資料で書かれている内容が違っていること、また焼津市の公的な年譜と事実関係が異なっていること、その修正を要求して闘っている。(これについては本書の第1章の「資料」を参照)。もう一人が東京にいる大石又七さん。大石さんは、第五福竜丸展示館に修学旅行でやってきた生徒たちに語り部になったり、焼津の3・1ビキニ・デーで発言したり、さらにマーシャル諸島の被災地にまで出かけたり、TVに出たり、積極的に活動している。また乗組員小塚博さんの船員保険再適用運動の支援を行ったりしている。

第4章「述懐」は、生存している被災者のその後の人生をたどったものである。土木会社に勤めた人、被曝の治療後一等航海士となって第二の人生を歩んだ人、あるいは今も沈黙を守っている人、それぞれの人生を追跡した章になっている。これらの人々のなかには、事業がうまくいき成功した人物もいるが、すべての人間が何らかの葛藤を抱えて生きている。

第5章「時代」は、戦時から、現在までの焼津市の動きを追跡している。焼津漁業の歴史でもある。戦時中の徴用船の運命、敗戦直後に朝鮮からの引き上げ船に乗り日本人の惨めな状況に直面した見崎吉男さんの体験、第五福竜丸の被曝、事件直後の焼津市の様子、市民の平和運動と分裂による混迷、6・30集会の出発と現在の状況などが報告されている。

　エピローグでは、「未来への声」として、新しい運動の可能性。とりわけナガサキのNGOによる市民運動は新しい可能性を示している。

　なお、新聞に連載された後で単行本になっているが、この記事に対して第9回「平和・協同ジャーナリスト寄金賞」奨励賞が与えられた、ということも付け加えておこう。

コラム
　ビキニ事件50年に関連した読み物を紹介する。
　2004年のビキニ事件50年では様々なイベントが各地で催され、また雑誌や図書でも多く記事・関連本が出された。例えば、マンガでは川口智子「バラが散った日～第五福竜丸と久保山すず」『Ｂｅ　Ｌｏｖｅ』（2004年8月号、講談社）がある。これは飯塚利弘さんが書いた『死の灰を越えて　久保山すずさんの道』を下敷きにしたもの。
　ここでは、この年に出た一冊の単行本を紹介しよう。
　若いときから国際冒険小説が好きで、古くは大藪春彦、最近では船戸与一、逢坂　剛。海外ではＦ・フォーサイスなど手当たりしだいに読んできた。現在、注目しているが笹本稜一。『天空の回廊』で登場、『太平洋の薔薇』で大藪春彦賞を受賞。壮大なスケールで描く国際謀略小説の名手である。足場を極北の辺境や山岳地域にとるのがこの作家の持ち味。最近は警察小説に手を伸ばしている。
　その作者が2004年に書いた作品に『グリズリー』（徳間書店、第

6回大藪春彦賞受賞作品）がある。ひとりの孤高のテロリストがアメリカ帝国にただひとりで挑戦するという物語である。冒険小説のヒーローは、だいたいが多くの戦闘技術を身につけた一匹狼だ。

　札幌、東京で「連続爆破事件」が発生し、多数の武器が盗まれた。北海道警察ＳＡＴ（特殊急襲部隊）の城戸口はこの事件の首謀者をかつての山岳救助隊員の仲間折本と断言する。彼は「グリズリー」（アラスカ熊）の異名をもっていた。折本は防衛大学出身のエリート自衛官でアメリカに留学して国際政治を研究し、アメリカのネオコンに接近、クロフォード副大統領の姪フィービに接近、メールを通して親しくなり、彼女を日本に留学させる。

　帰国後、自らテロリストを名乗り、彼女を人質にとり公然とアメリカに戦いを挑んだ。アメリカの政権中枢を動揺させ、国際社会を震撼させる。最後は、米軍、自衛隊、警察を相手に北海道の最果てポロモイ岳で壮絶な死闘が展開される。果たして結末は？

　折本には、使命と夢があった。帝国として世界を支配しようとするアメリカに挑戦する使命と、船が被曝し闇に葬られ失意のうちに死んだ父の無念をはらすという「夢」があった。父は釧路の漁師だったが、……その漁船第二光栄丸もビキニ環礁付近で被曝していたのだ。だが、そのことは誰にも知らされなかった。

　文中に次のような言葉がある。「世間で有名になったのは第五福竜丸だけだったけど、実際には相当数の日本のマグロ漁船がそのとき被曝していたらしい。釧路の遠洋漁船にも被曝した船がいた。それが第二栄光丸だった……」。釧路漁協は、焼津の騒ぎを見て緘口令を引いたのだ。折本は南太平洋全域を汚染させたビキニの全容をあぶりだそうする。

　まさにこの小説は、ビキニ事件の隠れた側面を明らかにした冒険小説なのである。

（加藤）

II 第五福竜丸事件から旧ソ連核被災実態調査まで

塚本三男

1．第五福竜丸事件と被曝検査への参加

［1］福竜丸被災事件に関わる

　第五福竜丸乗組員が被災した事件に関わったのは、私が静岡大学の卒業式を済ましたその翌朝からであった。1954年3月16日朝の9時頃「スグカエレ、ケンキュウシツヘ、シオカワ」という電報が自宅に届いた時からだった。

　『読売新聞』の朝刊を読んでいたので、「これは大事件となり、大学がテンヤワンヤの大騒動に巻き込まれたな」と予感したので、研究室に行く前に入港した船を先ず見ることが大切と考え、電車に乗る前に焼津港へと立ち寄ることにした。

　船はまだ東の岸壁につながれていて、見張り人もおらず、板木の一本橋が用意されている状態で、わびしく港のさざ波に洗われていた。

▼まぐろの安全性をうったえる子供会掲示板

▲店頭にはこんな看板も

第4章 「やいづ平和学」の実践

　新聞には「邦人漁夫、ビキニ原爆実験に遭遇」と、でかでかと第一ページに出ていたのに、焼津の市民は、被災した船を見ようとした人は誰もいないようで、自由に調査ができる状態であった。時間はなく、G.M.カウンターもなく、取りあえず記録にとっておくことが大事と考え、カメラに数枚を記録し、大至急研究室へ直行した。

　早速、塩川先生に会い事の重大性を聞いた後、私の役目が割り当てられた。私自身、焼津出身で焼津から通学していたことが「都合のよい立場」とされて、この日から毎日、船体放射能の測定、被災者宅の汚染物の除去、冷蔵庫内に保管してあるマグロ類の汚染状態の調査、港内市場でのマグロ検査判定など、その日から休む間もなく慌しい時間が夕方暗くなるまで続いた。

▲焼津港に繋留された第五福竜丸

　この過労ともいえる放射能検査が若い私の身体を痛めつけたのか、3月26日についにダウンして、下痢症状となってしまった。一番恐れていた白血球が4000個／mlまで減少し、平常値を割ってしまい、船体放射能から離れてようやく一息ついた。

　この休養時間に就職を決めねばと思い、高校時代の恩師の世話で「まだ研究室との関係があるから焼津中学が最もよい」と考えて、「午前は学校、午後は大学の嘱託として勤務してよい」という有難い決定をもらった。

　勤務第一日目の4月1日に、まず驚いたのは、全職員に挨拶もせず、

始業式もやらず、最初から新聞記者に取り囲まれ、原爆の話の「第一声」を子ども達にしてほしい、とむりやり３年の１クラスを借りての講義だった。校長に話して許可してもらってもいず、あまりの強引さには、新聞記者のやらせに怒りを覚えたことを記憶している。教頭先生からの依頼でようやく納得し、全生徒への挨拶もなく新米教師の一日が開始されたのだった。

［２］汚染された被災者や市内の雰囲気

　当時の報道の主体は新聞で、市民は、その日の報道の第一を新聞で、そして第二はラジオで知るのが普通だった。市内の溜まり場に４～５人の人たちがあちこちに集まり、不安そうに新聞を広げて「これから焼津はどうなるんか」と論じあっていた。特に、漁師や鮮魚商の人、その女将さん達は「困った、困った、これからどうしたらいいの」とただ困惑の状態であった。私が白衣をつけ、市場の係りの人とG.M.カウンターをさげ、市内の乗組員の家庭にいくと、ぞろぞろと金魚の糞のように長々と行列をつくり、不安の中に物珍しさを満たした気持ちでついてくるのだった。特に、計器で被災者の衣服や長靴を測定すると、「ガーガー」と激しい音がするとびっくりし、一斉に、測定器が静まると再び集まってくる、ということもたびたびあった。

　放射能が検出された「衣服や靴、土間などは危険だから……」と掃除を指示し、片付けを頼んで出ると、ついてきた人は、われ先に「先生、俺は昨晩マグロを食べたがどうなるんだかーや」といって、その場で裸になり「放射能があるか測ってくれやー」という人達に囲まれた。何人かの人達の身体にG.M.カウンターを当てたが、何も異常がなく「少しばかりマグロの刺身

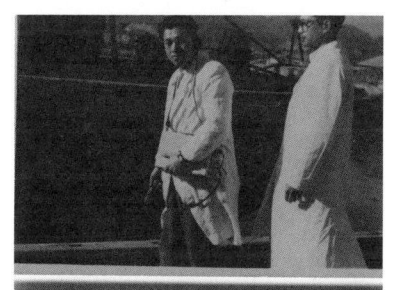

を食べてもこの通り安全だよ」と言ってやると、安心して「よかった、よかった」と帰っていった。

　ある時、冷蔵庫での検査が済んで、次の場所の測定をしようとしたとき、「俺はお裾分けのマグロを沢山もらって食べたので心配でならない……」という一人の太いがっちりした漁師の人がきた。この人も前の人と同じだろうと、何の心配もせずにG.M.カウンターを腹部に当てたところ、途端にすごい音でガーガーと鳴り響き、私もその人も驚いたが、集まって様子を見ていた群衆もその音に驚いて一斉に逃げ出してしまった。私は、これは変だと思い、その人の腹巻深くG.M.チューブを入れてみて、その音響の原因をつきとめてみた。それは懐中時計の夜光塗料であった。早速取り出して、不安で遠ざかっていた人たちにG.M.チューブを当てて、「犯人は、この夜光塗料ですよ」といって講義するという笑えぬ楽しい一時でもあった。

　一方、市内の魚屋さんは商いにならず、まったく開店休業の状態であった。「当店では原子マグロは（市場から）買いません、ご安心を……」の看板を掲げていても、お客は魚のすべてから離れた状態で、「これからどうやって商売をしたらいいのか」、閉店の店もでるしまつであった。マグロだけが魚ではないのに、すべての魚を拒否したのが焼津市民だった。

　3月30日、厚生省からマグロ検査の通達が県の衛生部に来たことから、この検査を焼津港で本格的にすることになった。私自身、その請負を最初に駆り出され、体調も正常になったので、市場での競り前に行くことになった。「100カウント以上検出したマグロは廃棄処分」という厳しい判定を無情にもしなければならなかった。折角、命がけで荒海と戦いながら苦労して獲ってきたのに、本当に漁師の方々には申し訳ないと、つくづく水爆実験を恨んだものだった。頭部には放射能を検出しても、内部の刺身となる肉では見つからないのだから、肉の部分は食べても安全なはず、しかし、検査技師として、そんなことでは通らない。「これは駄目、これはパス」といって非情な決断をしなければならなかった。見ていた漁師の情けない顔は、今でも忘れられない。こうして廃棄処分

されたマグロは、3月～11月までに全国で約12万貫と報告されている。焼津では、旧港の第二埠頭先端部（当時は砂山の荒地になっていた）に深さ3メートル以上の縦長の穴を掘り、その中にどさん、どさんと放り込んで埋めていた。

［3］放射能線の啓蒙活動への取り組み準備とスライド事件

　放射能線は、人間の目では見えないし、匂いも分からないことから、ただおそれるばかりの困りもので、G.M.カウンターの測定器でしか調べられないことから、多くの人たちは、この当時は伝染病の細菌と混同して「人から人へとうつる」として恐れていた。私は、この実態を目のあたりにして「これからは放射線の正しい科学知識を子どもや大人に広めなくては……」と痛感した。そこで先ず、この事件の真実を正しく知らしめることが私の使命と決意したのである。

　その第一は、この事件をきちんと記録し、ただしく分かりやすく説明することであった。

　そのため、新聞報道をきちんとチェックし、記録集として切り抜き保存し始めた（1年分をまとめ、市立資料館に寄贈した）。

　第二に現場写真や関係写真の記録と保存を意図的・計画的に実施し始めたこと。この計画から考えついたのは「スライド」を作り、多くの人たちに見てもらい、この事件を通して科学の本質や水爆・原爆の恐怖と、廃絶の意識をもってもらうことができないか、ということから実行しはじめたのだった。

　夏休みの暑いなか、生徒に科学クラブ有志を募り、自作の反転フィルムを暗室のなかで焼きつけるなど生徒と一緒になって製作に没頭した。当時はモノクロのものしかなく、スライドの作成といっても、現在のようにきれいに焼きつけができず、焼き直しを何回もしてのスライドであった。完成した約100枚のスライドは、当時から事件に取り組んでいた先輩の大場悦郎先生にお話し、「編集と説明をどうするか」で協力してもらうことにした。

　これがスライド「死の灰」で70枚にまとめたものである。この題名

の「死の灰」という表題は、仲間の新村優先生の墨書であって、多くの職員が協力してくれたため、完成が早まったのだった。

この自作の白黒スライドは、校内の集会に活用することは勿論、ＰＴＡの集会などで多くの人たちに核被災の問題を改めて認識してもらうのに役立ったと自負している。

しかし、ビキニ事件から27年後、いつしか忘れかけていた頃、残念なことが起こってしまった。私自身、このことを公開することは今まで控えていたが、事件後50年たった現在、再びあってはならないと思い公表することにしたい。

それはある著名な活動家が、私にも、大場先生にも無断で、この苦労して製作したスライドを改竄して、あたかも新たに発見したかのように、ある新聞に堂々と公表し、100部を作成し、1万5000円で全国に売り出したということである。また、各地の核廃絶集会で、これが上映されていることを、知人が私に情報をくれ、その事実を知ったのだった。この件については、この時は、核廃絶を目的とした私の当初の意図を反映していたので、原画の返済を申し出て、私自身は我慢したのだった。

ただ今だに忘れえなくて残念なのは、当時の新聞が、私の製作意図を誤って報道し、多くの人たちの誤解を与えてしまったということである。とかく、偉大な運動家になると、このような誤りをしても、自分の働きであると考えてしまうのかもしれない。強く反省し、再度過ちをしないでもらいたいものである。

［4］生徒との共同研究活動
　　　——「里芋への放射線影響」（文部省助成指定研究）

生徒たちがスライドの製作に協力してくれたことは前述したが、クラブ活動での協力で、根気のいる水やりをよくやってくれたことを思い出す。この里芋は、第五福竜丸のブリッジ上に食料として船員が保存してあったものを、片付けの時にもらい、「最も放射線被曝をした生物の研究」をしようとやり始めたものである。

この里芋の保存場所は、被曝した福竜丸の中で最高の場所で、最後ま

で死の灰が取り除かれなかった所であった。カマスに入れて半年以上も風雨にさらされ、放置されていたものなのに、翌年の5月中旬には移植し発芽したのには驚きであった。トータル被曝線量は、4シーベルト以上で、人間ならば生きていられない被曝線量である。

　全部で6個持ち寄って植えつけ、6月の初め頃、成長の違いがあったが、4個が発芽したが、発芽した芽はまっすぐと上に向かって成長せず、よろよろと横に伸びていた。発芽したといっても、葉の状態は滑らかな表面ではなく、芋特有の水を弾くような状態は見られず、しわだらけで苦労の末にやっと出てきたように見えた。

　芋の品種は、「高砂種」という、この地域でよく見られるものであったが、正常な芋と並列して観測した他の品種「石川」は、元気よく発芽し、成長していた。やはり強烈な放射線によって細胞がやられたが、発芽を止めることはできなかったのである。

　これによって、植物は動物と違い、かなりの放射線を受けても細胞が破壊されるまでにはならない生命力をもっていることが見出された。その年の11月中旬に何とか成長したものを掘り起こしてみたが、比較して植えつけた「石川」種より球根のできぐあいは悪かった。特に根の成長が悪く、1個当たりの根の重さは正常なものの半分位しかなかった。

　細胞の変化（染色体の異常）があったかどうかを調べたが、異常は見

つからず、翌年も同様の比較栽培をしたが変化なしであった。当時はまだ、現在のようにＤＮＡを調べるほど研究が進歩していない時代であったから、残念にも、この研究はこれで中止したのであった。

[5]「死の灰」の分析から──ウラン237の存在は？

　「死の灰」の被災者23名中、医師の最大限の尽力で、犠牲者は久保山さんだけで止めたことは、日本医学陣の成果といえる。これは、当時の最高指導者都築正男博士を中心とした東京大学ばかりでなく、日本の国民の多くが回復への支援をおこなった賜物であると思っていい。例えば、核分裂生成物である「死の灰」中の元素成分の「何から放射線がでているのか」が分からなくては医師の処方もつくれない。この元素成分の種類とその絶対量を早急に明らかにし、それによって体内に残留している成分を早く患者の体内から排出し、放射線から体細胞を守っていかなければ、患者の回復はできないのである。

　この最も悪い「死の灰」の中にある元素の確定分析に、全国の4大学が協力し、徹夜で分析をやり、1ヶ月もかからない内に10数種を確定、ほぼ2ヶ月で20数種全部の含有成分を明らかにした。4大学とは、東京大学、静岡大学、大阪市立大学、金沢大学で、その中心となったのは東京大学理学部木村研究室であった。それは研究員が多く、設備も最も整備されていたからであるが、私がお手伝いした静岡大学も塩川教授を中心として10人にもならない少人数での孤軍奮闘であったが、立派に役割を果たしたと思う。

　この年の5月30日、京都大学理学部で4大学の分析関係者が一堂に会して、それぞれの研究結果を討論し、ここで最終成分が確定した。この分析結果が発表されたときに問題になったのは、ウラン237の確定であった。この元素が「死の灰」の中で比較的多く見つかったことは、水爆の構造上どんな形式で爆発させたか、疑問視されて終わった。

　3月の事件以後、東大の医師たちはアメリカに「核分裂生成物の成分は何か」を何回となく問い合わせしたのに、その返事はなかったという。それが分かれば、医師たちの治療方針も早く立てられたのに、何の連絡

もなくむだな時が過ぎていった。それではということから、日本で行ったこの分析結果を待って治療していったのである。

このウラン237を明かすことは、水爆の構造を明らかにしなくてはならないからで、この成分が存在することは、水爆がウラン238の劣化ウランで外側を包んでいる汚い水爆であったことがわかってしまうからである。この理論は立教大学の武谷三男博士が解明してくれたことで分かったのだった。当時のアメリカと旧ソ連は、核関係はすべて機密事項として競争しあっていたから、発表後でもアメリカは何の説明もしなかった。

[6] 核実験の被災者と核廃絶運動をめぐって

23名の被災者や家族を支援する運動は、当初、焼津地域ではあまり進まなく、「福竜丸は疫病神だ」と考えていた人々が多かった。この間、漁業者はお手上げで、市民も魚から遠ざかり、市街は活気を失い静かなものになっていた。

しかし、23名の被災者が静浜飛行場から東京に移り、新聞などでの情報が伝わり、久保山さんの様態が悪いという声が街中に伝わると、自分の家族のように「死なしてはならない」という声がたちまちに広がり、学校や地域での見舞いの手紙や、焼津神社への祈祷が増えていった。焼津中学では特集の新聞を発行したり、回復祈願の活動として、見舞いの作文や絵画などを生徒会が先頭になって積極的に行った。

一方、市議会でも、自治会や婦人会でも役員が先頭に立ち、核実験廃止の署名活動や反対決議を行った。静岡県議会を始めとして全国の都道府県議会・市町村議会が自主的に「原水爆禁止決議」をする動きが急速に広がっていった。

8月の終わり頃、久保山さんの病状が急激に悪化し、重体というニュースが流れると、市民の病気平癒を祈願するお百度参りもより多くなった。そのためか、ふたたび久保山さんの意識も回復し、病状が回復したかにみえたのに再び重体となり、9月23日、ついに「久保山愛吉さん死す」の報道が流れると、焼津市民は悲嘆にくれたのであった。

9月25日夕刻、冷たい小雨の降るなかを、奥さんのすずさんが遺骨

を抱いて焼津駅に降りてきた。この時、駅から浜当目までの沿道には5000人以上の人達が出迎え、焼津市民ばかりか、全国から各種団体や大学生までもが哀悼の意を示したのだった。これほど多くの人が久保山さんの死を真剣に考え、自分の家族の死と同様な気持ちになったことはなかったのでは、という声が焼津市民の間で聞かれたのだった。停泊していた船も、通り道の商店も半旗を掲げて久保山さんの死をわが事のように迎えたのだった。

広島・長崎での核被爆は、人類に対しての最大の非道であったが、戦後9年目に起こったビキニ事件までは、焼津市民の多くは、核被災に対して、それほど関心を示さなかった。

第五福竜丸の被災では、当初の3月〜4月頃は邪魔者・疫病神くらいにしか考えていないようだった。しかし、久保山さんがアメリカの核実験の最初の犠牲となったことに対しては、目をさまして本気で「核実験反対」の意思を示したのであった。

ところが、これが焼津市民の性格なのか、補償問題で金額が表面に出てくると、いつの間にか考えが反対になってしまうのだった。

「久保山さんの家族はいいな。650万円ももらったんだから……」といった羨望の声が巷で聞こえるようになった。この当時の漁民の生活は、今の生活とは比較できないほど貧困で、1日缶詰工場で働いても150円か160円しかもらえなかった。現在の大卒の初任給は20万を越えているが、当時は月1万円にも満たなかったので、この大金を補償金としてもらったとなれば、羨むのも無理はなかった。ちょうどその頃、焼津で漁船が嵐で遭難し、補償金はなく遺体すら見つからないという大事故があったことから、「うちの父ちゃんも核実験で死んでくれれば大金の補償金がもらえたのに……」という声が堂々と遺族の口からでるということもあった。

翌年の6月30日の事件の決着を機に、焼津市内の雰囲気はまったく過去のものになり、それは、日本全体の核廃絶・核実験反対運動が意見のイデオロギーの違いから分裂したことによって、さらにおかしな形となっていった。

［7］核兵器廃絶・核実験反対運動の変化

　第五福竜丸事件を契機として一大国民運動が起こり、世界大会となった核兵器廃絶・核実験反対運動が、政治手法の手段としてある政党の発展のために利用されてきたことは残念でならない。核実験反対の声は、久保山さんらの被災者救援を契機として、焼津や大井川地域での声として純粋な気持ちが出始めたのが1954年の4月〜5月頃であった。この声は、前述したように、各地の地方議会が反対決議をするに及んで、署名活動として全国に波及していった。最も早くまとまり、署名者を集めたのは東京の杉並地区で、法政大学教授安井郁さんが「署名活動による原水爆禁止」をアピールして杉並区民に呼びかけ、8月には区民の半数以上が署名したと報じられている。

　この署名運動は、久保山さんが亡くなった時は1000万を超え、翌年3月には全国で3000万になったといわれている。この反対署名は、人間として当然の気持ちを表現したもので、この署名が「原水爆禁止世界大会」の第1回開会を成功させた原動力となったのである。この世界大会は党派を超え、民族や国籍を超越したもので、太平洋のマーシャル諸島の被曝者は当然としても、核所有国のアメリカや旧ソ連からも代表者が参加するという世界的な平和イベントであった。この国際的な反核大会に焼津でも7人の代表者を送り、その中に久保山すずさんも選ばれて参加し、福竜丸の被災家族の代表として「原水爆実験禁止」を強く訴えた。

　この原水爆禁止の署名運動は、宗教者、労働組合、各地域の婦人団体や一般市民の自発的集団の人達が止むに止まれぬ気持ちから運動に参加したものだった。ところが、1962年のキューバ危機が世界の核戦争を起こしかねない情勢となり、1963年に「部分的核実験禁止条約」がアメリカ、ソ連、イギリスによって決められたが（1974年にフランスが加盟）、1964年に中国が初の核実験を成功させた。この事態の変化についての考え方で日本の政党や組合の幹部の間で論争が起こり、日本の平和運動や核問題で大きな差異が持ち上がってきた。問題点は、中国とソ

連の核実験についての考え方で、「社会主義国の核実験は黙認する」とする日本原水爆禁止協議会（原水協）系つまり共産党系と、「すべての核実験禁止」を主張する社会党系（原水禁）が対立して、独自の大会をもったことである。

　核実験反対の大会が端的に言えば、共産党系と社会党左派系、そして社会党右派系と自民党系の三つに大きく分裂した集団になってしまったのである。焼津市でも静岡市でも、原水協系大会と原水禁系大会がそれぞれ別々に、久保山さんへの墓参をしてから核実験反対の大会をやったのである。それ以来、両者は和解する雰囲気が何度かあったが、残念ながらついに統一大会は実現せずに現在に至っている。

　焼津市では、市長（故服部毅一）がこの現実は遺憾だとして、焼津市の行政が主体となり、各自治会が中心となって1985年（昭和60年）の6月30日に、第1回の「6.30市民集会」を開催し、昨年（2004年）で20回の長期イベントとなり、事件発生以来50年を迎えたのであった。

　原水禁と原水協の対立は、党派イデオロギーと思想の違いから30年の長きにわたっている。静岡県の原水協は、毎年3・1ビキニデーのため焼津文化センターを予約しており、焼津市民が核廃絶の催しのためにセンターを使用したいと考えても、継続予約がされていて、市民が使用したくてもできず、センターがこの日は県外からの人々に独占されてしまっていることは残念でならない。

　市民の「6・30集会」も、もともとが無理に決められた補償妥結の日で、これを核廃絶集会として50年を超えた今、若い人々の共感を得ることがますます困難になっている、と思っている。

2．旧ソ連の核開発による核被災の実態調査

[1] 日本カザフ友好協会の成立

　旧ソ連の核開発の実態はなかなか分からず、学校に勤務していた

1980年頃になってぽつぽつと報道されるようになった。ゴルバチョフがソ連の大統領となりペレストロイカ（社会主義制度の改革）の波及によって、ソ連の内情が新聞やテレビの情報で知られるようになった。私は在職中になんとかその実態を知りたいと思い、まだソ連が崩壊していない時、東欧や中央アジアの国々や旧ソ連を旅して、なんとかその現実をこの眼で確かめる努力したのであった。特に、ベルリンの壁崩壊前後の東欧、崩壊後のソ連の経済や国民の生活状態を見るにつけ、もっと深く核被災の実態を知りたいという思いにかられていた。チェルノヴィリ原発事故からはさらにその思いは増していった。核放射線の被災は簡単に分かるものでものではないことは、ビキニ事件以来身体に染みついているので、旧ソ連の善良な人々の多くが被災しているのではないかという思いから、人種や民族は違っても、救援の手をさしのべることが、カザフの人々との友好の架け橋となると考え、この問題を調査することが、私のライフワークとなったのである。

　退職した1992年3月、京都大学農学部で、カザフスタン副大統領アリムジャーノフが来日して講演するという情報を得た。この講演でカザフスタンには旧ソ連の核実験場セミパラチンスクが存在することを知ったのだった。この時、たまたま隣の席にいた大阪大学の高木先生（3年

前に病死）が、2月にセミパラチンスクに行ってきたことをお話してくれた。「もし行く気があるなら、9月にも計画しているので、実現の時には連絡するよ」という誘いがあった。これが、10年以上の長期調査のきっかけとなった。

旧ソ連が崩壊してロシア連邦になったのは、1991年12月であったからカザフスタンは独立したばかりだし、国内の治安がどんな状態か、核実験場を安全に視察できるのかどうか分からず、一抹の不安があったが、ともかく調査の旅に出発したのである。この結果については拙著『旧ソ連の環境破壊―核放射線被災の実態』で詳しく報告しておいた。

[2] 核への考え方と被災の実態

旧ソ連の核実験場は、現在、北極海のノーバヤゼムリャー島だけになっているが、最初の核爆発実験は、1949年8月29日にカザフスタンのセミパラチンスク市の西部にある四国位の大きさのステップ地帯で実施された。1963年に「部分的核実験禁止条約」が米英ソの三か国で締結され、大気中での実験はできなくなった。それ以後は地下実験を中心に実験を継承し、その回数は1989年8月29日を最後に、総数は470回実施されたと言われている。以後、ノーバヤゼムリャー島での地下実験だけと報告されているが真偽のほどは分からない。

旧ソ連での核被災の実態は、私たちが調査しただけでも、旧ソ連から

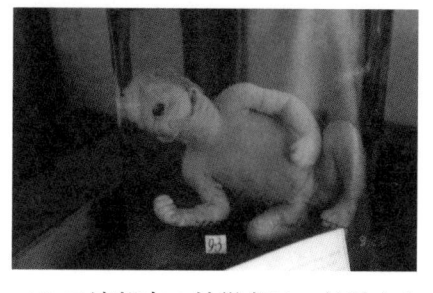

独立した各共和国の被災者数を集計すれば、恐らく1000万人以上という天文学的な数となっているに違いない。チェルノヴィリ原発事故だけでも、数100万人に及ぶ被災者の存在が確認されているし、ロシア連邦内の被災者は、統計をとることが不可能なほどの数といわれている。

　なぜ、これほどの被災者数が発生したのか、私は著書でも強く指摘しておいたが、その第一は、核関係の事象はすべて機密事項で、被害が発生しても公開しないこと、事故を小さく見せようとする50年以上もの長期にわたって実施したモスクワ・クレムリンの独裁政治の結果であり、第二は、共産党の一党独裁のもとで欺瞞と恐怖の政策をアメリカとの開発競争に遅れをとってはならないとしてすべてに優先し、人権を無視する政治体制の結果であったと考えている。1960年代から体制が崩壊する90年代まで、旧ソ連の核開発は異常なものであった。

　この恐るべき恐怖政治は、1991年で終焉したが、ロシア連邦に限らず、残念ながら旧ソ連から独立した国々に、最近、ふたたびそうした政治の萌芽が芽生えてきているように感じられる。

　私は旧ソ連の核政策についてここでは取り上げているが、核開発を最初に行ったアメリカでも、ネバダやアラモゴールドの核実験周辺や、マーシャル諸島の住民に与えた被災事故を過小に考え、隠蔽と放置を繰り返してきたことを強く意識せずにはいられない。とりわけ、ロンゲラップ島の住民は、旧ソ連の住民と同様に人体実験をされ、治療は第二とされ、調査を主とする非情極まりない実験をやったことが今では明らかになっている。

［3］大国の核政策と傲慢さ

　核戦争は回避されたかに見えても、核開発をしようとする国は依然としてあとをたたない。フランスと中国が米英ソ三国の仲間となって核拡

散防止条約(NPT)を尊守するかにみえるが、核がなくては自国は守れないとしてインドとパキスタンが核兵器の開発を行い、イスラエルも公然と核を保有している。イラクが開発したのではという疑惑を理由にアメリカは先制攻撃を仕掛け、フセイン独裁体制を崩壊させた。現在、北朝鮮の核開発やイランの核開発疑惑問題でアメリカは再び騒ぎ始めている。

核が開発され、広島と長崎に投下されてから60年になり、その核理論も原材料も豊富になり、プルトニウムも原発の廃棄物から容易に造られ、原発を開発すればするほど多量の材料が各国にたまっていく。いかに、核兵器拡散防止を強調しても、取り締まることが現実には困難である。本家のアメリカは最大量の核をもっていて、実験も世界で最も回数の多い数千回もやっているうえ、1996年に国連で採択された核実験禁止の「包括的核実験禁止条約」（ＣＴＢＴ）を批准していない。

そればかりか、アメリカのブッシュ政権は、環境問題でも「京都議定書」を認めず、世界で一番強い国だと誇り、独断と傲慢をよしとするから国際テロ集団の標的になり、核戦争の恐れもあるのではと危惧するばかりである。

いま一番の不安は、世界の世論と平和を求める約200カ国が、非核地帯を造るなど平和を求めているのに、少数の大国のエゴによって、それが無視され、しかも緑の地球を破壊するのではという危惧が現実化しつつあるということである。その一例がイラク戦争で、ここでの出来事が人間の信頼を破壊しているということである。公然と虚偽を行って、それを当然として正当化していることは、人間として許せない。例えば、劣化ウラン弾は、人間の細胞を放射線で破壊していることは明白なのに、「放射能のない武器」だとしてイラク戦争で堂々と使用している。ベトナム戦争で使用した枯葉剤が、いまだその後遺症でベトナムの人々を苦しめているのに、何の謝罪も補償もしていない。

ソ連でも、1980年代、アフガニスタンへの侵攻で数万発の地雷を使用し、その結果、多くのアフガン人たちを苦しめ、それがソ連崩壊の一つの原因となったのであるが、その後始末をロシア連邦はせず、いまだ復興が進まない原因になっているのである。

［4］原発問題：ずさんな核廃棄物の処理

　現在、日本では原発は総数53基あり、電力の30％をまかなっている。静岡県中部志太榛原の浜岡には活断層の上に5基全部で約600万ｋＷの発電所が造られ、地震学者の警告を無視し「絶対安全という工法で建設してある」と言いながら、次々と起こる小事故を修理しつつ営業運転している。東海地震がいつ起きても不思議ではないこの被災範囲地域に住む私たちは、本気で核から身を守る手段を考えなくてはならない。

　私は、1986年に発生したチェルノヴィリ原発事故を10年前にくまなく視察し、強い教訓を得た。もし大地震が起きれば、地震被災ばかりでなく二重の被害を受けるのではないか、その防災対策を、どの地区や市町村もしていないことが、いつも頭から離れない。一番の心配は、核分裂生成物が、地震で崩壊すれば、どの原発からも必ずかなりの地域に放射能を放散するのであるが、その検索手段つまりG.M.カウンターが用意されていないと思うのである。

　青森県の六ヶ所村がようやく稼動し試験運転を開始したが、本格的な操業は来年の7月からという。この精製量は、年間8000トンといわれるが、日本の原発による使用済み核燃料は、年間少なくとも1000トン以上発生する。この余りをどうするのか。今、どの原発でもドラム缶に入れ、敷地内に保存している。六ヶ所村は今、運び込まれたものでいっぱいで、早く操業しないとどうしようもない状態と聞いている。地震が起これば、いかに安全に製造してあるとはいえ、必ずパイプの破損から放射能は外部に漏れる。ドラム缶が破損した時に発生するものと一緒になり、広い範囲を汚染する。その時、どちらの方向へ逃げれば安全か、この逃げる時間の長短によって助かるか病気になるかが決まる。チェルノヴィリ原発事故は、これを証明していた。

　特に、ヨウ素131という放射能物質の半減期は8日と短いが、これを子どもが被曝して成長が阻害されたり、甲状腺癌になった事例が多くあった。それは、原発崩壊の事実を隠し、1週間も遅れて事実を伝えたベラルーシで多く発生したことである。

[5] 核物質の跡処理と原発へのテロの不安：燃料電池の開発を

　六ヶ所村の処理が本格的に操業して、高い濃度のプルトニウムが出てくると、ここでまた大きな不安が起こってくる。テロ行為と命知らずの強盗がでないか、という問題である。

　治安を厳重にしているとはいえ、数キログラムのプルトニウムで原爆が容易にできるのだから、その地域の人々は不安で安心して眠れないということになろう。

　しかも、この再処理工場に投資した金額は膨大で、19兆円の跡処理費用がかかると言われているが、半分は電力会社が持つとして、残りの9兆円余はどうするのか、何も決まっていない。国民からの税金か電気料の上乗せになるのか、それでいてなお13基も原発を造ろうとしていると聞く。

　スウェーデンやドイツは、早々と脱原発の宣言をし、2020年には風力や太陽の自然エネルギーだけとする計画だという。世界で最初の商業発電を起こしたイギリスでさえ、今後は原発を廃止し、2025年には1基のみとするという。しかし、残念にもロシアは相変わらずチェルノヴィリ型の原発を営業しているし、中国も中央アジア諸国も日本と同様に増加の方向だし、使用後の核廃棄物の最終処理もきまらず、河川や湖にただ放棄するだけの形の計画には困ったものである。

　とりわけ隣の中国やロシアの核廃棄物処理には、国連原子力委員会（IAEA）で厳しい手段を話し合い、環境保全を考えた核開発に協力してもらわなければならない。核兵器や原子力潜水艦が日本海に50基以上も放棄されているロシアの現実を見過ごすわけにはいかない。北朝鮮の核兵器開発問題ばかりに取り組んでいる日本政府には、ロシアに対して北方4島の解決とともに、核廃棄問題にも厳重な対応を望むものである。

　今後、日本は、原発を計画的に廃炉とし、30年以上の原発は操業させないという法律を整備し、効率のよい燃料電池の開発に力を注いでいくべき21世紀になったのである。

Ⅲ 平和教育の実践記録

飯田　彰

　この項は、焼津市立豊田小学校で行われた「総合的な学習」の記録である。テーマは「命の尊さと平和の大切さを学ぶ」で、内容は以下に見るように多岐にわたっている。この中で第五福竜丸関係については東京夢の島公園にある「第五福竜丸展示館」への修学旅行と、そこでの大石又七さんのお話をきいたことが中心になっている。

［大石又七］1934年静岡県榛原郡吉田町生まれ。1948年から漁師になり、5度目の出港でビキニ事件に遭遇。入院生活後、焼津を離れ東京へ。東京大田区でクリーニング業を営む。長い沈黙後、反核平和運動に参加、現在、ビキニ事件について積極的な発言を続けている。著書に『死の灰を背負って』（新潮社、1991年）、『ビキニ事件の真相：いのちの岐路で』（みすず書房、2003年）などがある。

第4章 「やいづ平和学」の実践

> コラム
>
> 第五福竜丸展示館館
>
> 　東京都江東区「夢の島」公園にあり、第五福竜丸とその関係資料を保存し公開している。1956年開館、2006年で30周年を迎えた。全国の小・中学校の修学旅行と平和教育の拠点であり、平和行進のスタートとなっていて、これまでに500万人以上が来館している。設立過程などについては、本書第5章を参照。

命の尊さと平和の大切さを学ぶ総合的な学習
～第五福竜丸事件を中心にして～

第五福竜丸展示館にて

静岡県焼津市立豊田小学校　飯田　彰

1．ビキニ事件50周年！

　静岡県焼津市は、遠洋漁業の町である。1954年（昭和29年）3月1日焼津市の漁船第五福竜丸は、南太平洋マーシャル諸島のビキニ環礁でアメリカの水爆実験に遭遇した。乗組員23名が被曝して、その年の9月23日久保山愛吉氏が人類初の水爆の犠牲者となった。

　第五福竜丸事件に対しての市民の思いは複雑である。事件当時は乗組員に対して同情的気持ちの人々が多かったが、その後の漁業被害や損害賠償等の問題で市民の間には複雑で様々な考え方が出てきた。しかし、今年は事件から50年になり少しずつではあるが市民の意識も変化が見え始め、事件を正面から捉え直そうとする動きも現れている。焼津市では、ビキニ事件を第五福竜丸事件とも呼んでいる。

　焼津市は、現在人口約12万人の小都市である。学区のある豊田地区は、西焼津駅の開業（1987年）と共に急速に宅地化が進み、市内の学校が児童数が減少する中で1040名の児童で、市内はもちろん静岡県の中部地区でも最大規模の小学校で6年生も5学級186名であった。

　第五福竜丸事件を知らない子が多い。4年生の市の社会科副読本にもあるが、学習した子は少ないようであった。

《実践の背景にあるもの》

1　総合的学習をどう進めるか。
2　6年生に生活の中でどのようなめあて、目標を持たせるか。
3　命の尊さをどう学ばせるのか。
4　平和の問題を地域の第五福竜丸事件を通して学び、どう子どもたちに伝えていくか。
　※3、4「いのち」の軽視事件の続発・イラク戦争が始まる。
5　初めて学ぶ歴史学習をどういきいきと歴史を自分達のものとして学ぶか。

学びの広がり・発信する学習へ

> 《実践の概略》
>
> 1 「命の尊さを知り、平和な未来を考えよう。」総合的学習のプランとその実践。
> 2 「世界の子どもたちの命を考えよう。」カザフスタンやアフガニスタンの子供達
> 3 「わたしたちの未来を見つめる修学旅行」総合的学習を深める。第五福竜丸展示館・大石又七さんの話・江東区辰巳小学校との交流・ユニセフ・JICA
> 4 「学習の成果を地域の人や全校のみんなに見てもらおう。」若木っ子発表会
> 5 「私たちの願うまちづくり～第五福竜丸を焼津から発信しよう～」
> 市職員を招いて・アンケート・折り鶴活動・憲法学習
> 6 「はばたきのつどい～平和な未来をめざして～」感動する卒業式

2. 命の大切さと平和の尊さを学ぶ！

［1］研究目的

①総合的な学習のテーマをどのように設定し、そのなかで生きる力をどのように育てるか。
②地域に根ざした平和教育のあり方。
③めざす子どもの姿
・自分で調べたり、自分の方法で表現したりすることができる。
・自分や友達のよさを認め合い、世界の人たちを知る。
・命の尊さが歴史・地域・世界を学ぶなかでわかる。
・21世紀を生きる子どもたちに主権者として「平和的な国家および社会の形成者」（教基法）となる基礎を育てる。

豊田小学校では『総合的な学習の時間』の名称を「わかぎ」と呼んで、「わ－　わかるまで調べよう。か　かかわりをもとう。ぎ－　きづきを大切にしよう。」と子どもたちにもわかりやすい言葉で表している。5年生の時、子どもたちは「命を育もう。～米作りを通して～」というテーマで、稲を育てることを通して命の大切さを学んできた。6年生になって、5年生時のテーマ「命」を発展させ、命をもっと広く歴史的（社会科の歴史学習も始まり）社会的に考えさせたいと願い、「命の尊さを知り、平和な未来を考えよう」とした。

[2] 三つの命を大切に（研究方法）

①命の尊さを(1)自分の命(2)家族や友達など身近にいる自分の周りの人の命(3)自分より遠いところにいる人々の命、という視点から捉えることができる子どもにするには、教科の学習も含めて総合的な学習を中心に進めたらよいのではないか。
②平和教育における地域の素材の教材化には、子どもたちが人の命の尊さと平和の大切さが学べる第五福竜丸事件が適切ではないのか。
　以上のような仮説をもとにテーマを「命の尊さを知り、平和な未来を考えよう。」として研究を進めた。

[3] 命の尊さと平和の大切さを学び始める（研究経過）

①アフガニスタンの子どもたちを知る（1学期の実践）
・「平和で美しい地球を子どもたちに残したい。」カザフスタン共和国のセミパラチンスクでボランティアとして活動している増田浩宇さんの話を聞く。資料2
・「アフガニスタンの子どもたちからのメッセージ。」アフガニスタンへの支援活動をしているワールドプラザの長房政勝さんの話を聞く。
・「悪魔の兵器・対人地雷展」　豊田小公民館での展示を見学する。
　子どもたちは自分の命と同じように世界の子どもの命を真剣に考えるようになった。
・「自分のテーマで」夏休みに調べたことを、学級別に冊子にまとめた。

②命と平和の学習を深める（2学期の実践）

「修学旅行は大きなチャンスです。」これは、私たち教師が子ども達に投げかけた言葉である。夏休みの課題であった個人テーマの発表を各学級で行った。(1)第五福竜丸について(2)世界中の恵まれない環境の中で生活する子ども達について(3)世界の人々のために活動しているボランティアの人たちについて(4)たくさんの人たちが命を落とした戦争・原爆投下について、という4つの内容に集約された。東京に、第五福竜丸展示館・ユニセフハウス・JICAがあり、インターネット・本・ビデオだけでは感じ取れない貴重な体験ができる。そこで、修学旅行はそれらにふれあう大きなチャンスであり、自ら発信していく大きなきっかけとなると考えた。

・ビデオ・読み物資料「はだしのゲン」「第五福竜丸～又七の海～」「世界の12歳」「カンボジアの子どもと未来」「JICAってなあに」をもとに、学習を広げた。

・自分の深めたい内容によってコース別になり、学習を進めた。11月11日、12日の修学旅行では、学年全体で第五福竜丸展示館を見学し、その後コース別研修を行った。

2．わたしたちの未来を見つめる修学旅行
―― 総合的な学習をより深める ――

本年度の修学旅行では、総合的な学習の「命の尊さを知り、平和な未来を考えよう。」というテーマとつながりをもたせるための活動を取り入れた。東京都江東区夢の島にある「第五福竜丸展示館」を全員で見学し、コース別研修として、第五福竜丸事件について学習している東京都江東区の辰巳小学校との交流やユニセフ、JICA（国際協力機構）への訪問を実施した。子ども達は、事前に第五福竜丸事件の内容について調べたり、ユニセフやJICAがどのような活動を行っているのかを調べたりして、自ら積極的に学習に取り組み、興味深く見学することができた。

［1］元乗組員大石又七さんの話を聞く〜第五福竜丸展示館で

　第五福竜丸展示館では、館内に展示されている第五福竜丸の船体の様子や核兵器・戦争による被害の資料を見学した。子ども達は本物の第五福竜丸を目の当たりにして、この事件の重要性を再認識していた。

　また、当時、第五福竜丸の乗組員であった大石又七さんを展示館にお招きして、実際に被曝した時の状況を詳しく話していただいた。子ども達は大石又七さんの話を食い入るように聞き、調べ学習だけではわからなかった当時の様子や被害の状況、今後の自分達の生き方などについて、深く学ぶことができた。

　そして、命の尊さや平和の大切さを歌った「この星に生まれて」という曲を全員で合唱し、あらためて今後の平和な世の中を願った。

［2］コース別研修

　第五福竜丸示館を見学後、3つのコースに分かれ学びを深めていった。
①第五福竜丸が縁で江東区立辰巳小学校と友だちに（小学校交流コース）
　校区に展示館があり、総合的な学習で以前から第五福竜丸について学習している江東区立辰巳小学校と交流会を行った。事前にどんな交流会にするのか話し合い、準備を進めこの日を迎えた。交流会は第五福竜丸展示館内で行い、それぞれの学校・町の紹介や総合的な学習での学習内容を発表し合った。豊田小からは焼津の紹介として、「黒はんぺん」を試食してもらったり、「みなと群舞」を披露したりした。この交流会を第五福竜丸展示館で行ったことがよりいっそう交流会の雰囲気を高めていた。その後、グループに分かれて、辰巳小学校まで移動した。途中、辰巳小児童から校区内の施設について説明を受けたり、学校生活のちがいを話したりと交流が深まっていった。辰巳小の児童が学校案内をして交流し、閉会式を行った。

　学校交流は子どもはもちろん、教師も初めてのことで戸惑いや不安があったが、子どもたちはすぐに親しくなり、多くの友達を作ろうと積極的に声をかけたり、名刺を交換したりする姿があちこちで見られた。ま

た、第五福竜丸の船体の前で知っている情報を教え合う姿もあった。さらに、親しくなった友達で交流会後も連絡を取り合ったり、文通を始めた児童もいた。

　今回の交流は単に学校交流ということだけではなく、第五福竜丸でつながったものであることが大きな意義をもっている。「命の尊さ、平和の大切さ」について考えるきっかけとなった交流会であった。

②世界の子どもたちに目を向けて（ユニセフコース）
・事前学習

　「相手を知ろう。そして自分に何が出来るのかを考えよう。」を合い言葉に、事前学習を進めた。読み物資料「ユニセフと世界のともだち」をもとに調べ学習をし、質問事項を事前にユニセフに送付した。また、ユニセフハウスを訪問する人たちに、自分たちの気持ちを知ってもらうために、一人一人が世界の子ども達へのメッセージを作成した。公民館の地雷展で、地雷に苦しんでいる子ども達がいることを学んだり、戦争の犠牲になっている子ども達がいることを学習したので、心のこもったメッセージになった。

・当日の訪問学習

　全員で世界の子ども達のビデオを見て説明を受けた後、5人のボランティアスタッフの方が展示室を案内するという形で、研修が始まった。水を得るために子どもが遠い地域まで水くみに行くというのは学習したが、実際に水が入った瓶を持つと、「こんなに重い物を歩いて運ぶなんてきついなあ。」とその大変さを実感することができた。戦争を経験した子ども達の人を信じないその表情と目に（ビデオ映像）釘付けになっている子どももいた。また、子どもの下痢を防ぐ経口補水がほんのわずかなお金でできることに驚いていた。自分たちとは全く違う環境を知り、自分たちにも何かできることがありそうだという感触をつかんだ研修となった。

③世界を知ろう（JICA・国際協力機構）コース

　国の国際協力機関で、物品や金銭だけではなく、人が技術や文化を指導し伝えることにより開発途上国の自立を目指し支援しているのが、国

際協力機構である。海外でどんな支援活動をしているのかを、主に知るために青年海外協力隊の広尾訓練センターを訪問することにした。事前学習として、JICAの活動の概要について、JICAから借りたビデオやパンフレットで知識を深めた。また、訪問時お話を聞かせていただく隊員が派遣されていた国について、本やインターネットなどで調べ学習をしていった。それから、子どもたちの質問事項について事前にJICAに送り、当日の話の中で、疑問が解決できるようにした。

　修学旅行当日、広尾訓練センターでは、まず活動の概要の説明があり、その後、3人の帰国隊員のグループに分かれて、その国での活動や国の様子についての話を聞いた。ポーランドで日本語を、ミクロネシア連邦共和国で野菜作りを、ブルガリアでデザインを教えていた隊員であった。活動内容よりも、その国の様子についての話がほとんどであったが、相手の国を知ることが国際理解の第一歩であると教えていただき、子どもたちは貴重な話を聞けたことを喜んでいた。また、国によって日本とはずいぶん違いがあることに気づき、その後世界のいろいろな国々に目を向けるようになった。

3．若木っ子発表会について

　2学期までの総合的な学習のまとめを表現する場として設定された若木っ子発表会では、学年を6グループ「第五福竜丸事件を知ろう」「キッズユニセフ」「若木っ子研究所（理科学習のまとめ）」「われら国際協力キッズ」「戦争資料館ーさとうきび畑のうたー」「タイムスリップ（歴史学習のまとめ）」にわけて発表をした。

　修学旅行での活動がこの総合的な学習のひとつめのメイン学習となったため、修学旅行後から発表までの計画、準備期間が大変短かったが、子どもたちは意欲的に進めることができた。

　「第五福竜丸事件」のグループでは、実話をもとに死の灰をかぶった当時の様子を自分たちのシナリオで劇化し、ビラを配るなどしてたくさ

んの人に事件を知らせることができた。「ユニセフ」のグループでは、世界の悲惨な子どもたち様子、真実をひとりでもたくさんの人に知らせたいとユニセフ協会より本物の資料を取りよせ反響を呼んだ。「若木っ子研究所」のグループでは原子爆弾のしくみを調べて発表したり、「国際協力」のグループでは、今自分たちにできることは何かと考え募金協力お願いのビラを地域に配るなどしてたくさん古切手や使用済みテレカなどを集めることができた。この発表会を通して子どもたちは、「どうしたら戦争をなくすことができるのか、どうしたら平和な未来がやってくるのか、ひとつの命は地球よりも重いんだ、もっともっと命の大切さ尊さを知り伝えていきたい」という感想を誰もがもった。

● **命の尊さ平和の大切さを発信しよう。――福竜丸を知らせるまちづくり（3学期の実践）**
①わたしたちのまちづくりへの願い――福竜丸アンケート

　修学旅行で交流した辰巳小学校の先生から礼状が来て「2月に焼津に行きます（職員旅行）。焼津の資料館に行きたいと考えています。楽しみです。」しかし焼津には東京以上のものはない。そこから、子どもたちは「焼津市民は第五福竜丸についてどのくらい知っているのかな」と考え、また3学期になって社会科で政治単元の導入で「わたしたちのまちづくりへの願い――焼津をどんなまちにしたいか――」という学習の中で子どもたちは、「福竜丸をもっと知ってもらおう。」「焼津を平和の発信基地にしよう。」という気持が湧き、市民がどれくらい福竜丸のことを知っているかを知りたくなり、市民にアンケートを採ることになった。子どもたちは1人が5人からアンケートを採り全部で1000人近くから採った。各クラスで集計をして、分析し感想を出し、それを全体の集会で発表した。

　その結果、第五福竜丸の名前・事件を知っている人は多いが、50代以上の人と比べ若い人の知っている割合が低い、市の民俗資料館の福竜丸コーナーはあまり知られていないし行った人は少ない。市の民俗資料館にある「福竜丸コーナー」をもっと知らせないといけないと考えるよ

うになった。

②「聞こう 語ろう 未来のまちへのメッセージ」私たちの願うまちづくり
　焼津市の企画課の職員を招いて市の計画を知り、自分達の願うまちづくりを訴えた。
3・1ビキニデーの同じ日に体育館で「私たちの願うまちづくり」の集会を実施した。60人以上の希望者から選ばれた実行委員を中心に会を運営し、2人の職員が来て話し合いが行われた。テレビも取材に来て子どもたちもすこし緊張した子もいた。

　　※「子どもたちが願うまち」
　・みんなが仲よく、平和な焼津になる。『第五福竜丸展示館』をつくってほしい。
　・協力、団結が出きるまち。市民みんながかかわりを持ち協力できるまち。
　・歴史をのこしていく焼津市。第五福竜丸事件を知ってもらう。港祭り、群舞なども。
　・焼津市から平和を広めよう。事件を次の世代に伝えるための資料館をつくる。

③千羽鶴を資料館に届けよう
　第五福竜丸を忘れないで、平和のために何をしたらよいかという課題から、「千羽鶴を折って資料館に届けよう。」という意見が出た。修学旅行のとき東京の展示館にクラスごとに折った千羽鶴を持参したが、焼津の資料館には、何もないし寂しい。そこで一人5羽折れば186人で千羽になり、さっそく各クラスで取り組んだ。一人ひとりが、鶴に平和への願いを書き3月11日各クラスの代表と教師で民俗資料館の館長に手渡した。資料館でも鶴を飾るところをつくってくれ掲示した。
④平和憲法を学ぶ　6-3の実践
　3学期社会科の学習で憲法の学習を前文中心にすすめた。憲法前文は、ルビを振った原文を印刷して、毎日本読みと同じように家で読ませた。

・前文に多く使われている言葉はなにか。
・どんな考え方がかかれているか。
・何回もテストを実施。合格をめざす。
・全て暗記してしまった子が3分の1くらい。
・平和主義の大切さを学んだ。→作文「焼津市民としての訴え」
・第五福竜丸新聞作り　福竜丸の絵

★「焼津市民としての訴え」　全員作文を書く

　ぼくは、六年生になって戦争のことや第五福竜丸事件などのことを勉強しました。そしてぼくは、戦争は多くの人の命をうしなってしまう、だから絶対にしてはいけないと思った。
　第五福竜丸事件とは、日本の漁船第五福竜丸がアメリカの水爆実験にまきこまれ乗組員23人が被曝してしまうという悲しい事件だった。この事件は、アメリカが戦争のために水爆の実験をしたから起こってしまった事件だ。
　日本は憲法で戦争はしない、また戦争のための武器も持たないと決めた。でも、ぼくは日本だけが戦争をしないといってもだめだと思う。第五福竜丸事件のような悲しい事件を二度と起こさないためにも全ての国が日本のように戦争をしないと決めてほしい。
　いま日本の自衛隊がイラクに行ってしまったけど国民の半分くらいが反対していた、なのに行ってしまった。
　ぼくは日本は戦争をせずに世界が平和になるようにど力してほしいと思う。　　　　　　　　　　　　　　　　　　　　　　　（石川響）

　私は、総合で第五福竜丸について勉強しました。第五福竜丸のことを勉強し、福竜丸はアメリカの水爆実験の死の灰をあびたこと、乗組員の人達のその後のことについて知りました。
　乗組員の人達のほとんどが事件のことを忘れたい、と思っているそうです。私も同じような体験をしたら、とてもこわいことだろうし忘れたい、と思います。けれど私は戦争や福竜丸の勉強をして、このような体

験は忘れてはならないんだ、と思うようになりました。このようなことを忘れてしまったら、平和な世界はつくれないしまた同じようなことがくり返されてしまいます。

　福竜丸を知らない人はたくさんいるそうです。私は実際あった福竜丸事件や、戦争に対して一人一人が意見を持つことが同じ事がくり返されないようにするため、大切だと思います。そのためには福竜丸という船を知ってもらわなければなりません。そのためにインターネットなどで私達の第五福竜丸への思いを伝えたりして、福竜丸を知り、そして考えてもらいたいです。そうすれば平和な世界がつくられると思います。

(加藤千尋)

⑤感動的な卒業式を『はばたきのつどい』――平和な未来をめざして――
　１年間「命と平和」について学んできた子どもたちの最終の仕上げとして卒業式を迎えた。
　１部の証書授与式に続き２部の『はばたきのつどい・平和な未来をめざして』は、歌・詩・呼びかけの形式で、大成功だった連合音楽会の再現（『この星に生まれて』『ツバイタンゼ』）や命の尊さと平和へ大切さを学んだ成果を発表した。

「〜夏〜この海は戦争を知っている
　　あの広い海が真っ赤にそまった戦争を
　　この空は戦争を知っている
　　あの空が真っ黒になったあの日の事を

　　でも今は海も空も笑っているよ
　　あの赤かった海も
　　あの黒かった空も
　　でも
　　あの日の事を
　　忘れちゃいない　そして私達も伝えていこうよ

忘れちゃったら伝えられないから　戦争を知らない
戦争を知らない私達に　明日の子供達へ」

★保護者（父母）の言葉──卒業生父母代表挨拶より──
「……6年生になり、1年生を可愛がる姿を見てしみじみ大きくなったなと感じました。またアフガニスタンの子供達のこと、第五福竜丸のことを知り命の尊さと平和の大切さを感じ、将来のことを考え多くの人に伝えていきたいと真剣な眼差しで、今自分達に出きることを活動している姿に心をうたれ、今までにないあなた方の心の成長を感じずにいられませんでした。……」

　定年退職して講師で来られた先生（島田市Ｓ先生）の言葉「こんなすばらしい感動的な卒業式は初めてです……。」

⑥成果と課題
・「命の尊さ」を自分というところから視野を広げ，世界の子どもたちの命も自分と同じ命なんだ、と考えるようになった。
・地域の第五福竜丸事件を資料で調べ元乗組員の話を聞くなかで、事件の重要性を知りもっと多くの人に知ってもらいたい、自分たちで発信しようという意欲的な気持ちがでてきた。
・第五福竜丸、ユニセフ、ＪＩＣＡを学んで、命の尊さと平和の大切さを改めて感じ、未来に向かってわたしたちがやらなければならないことを考えるようになった。
・第五福竜丸の学習を深めるなかで、子どもたちが焼津の街づくりにも関心を持ち始め、どうしたらこの事件を多くの人に伝える街になるか、と真剣に考えるようになった。
・課題について意欲的に資料で調べたり人との交流をしたりして、調査活動や聞き取り活動の仕方がわかってきた。

第5章

ビキニ事件と第五福竜丸
その歴史的意味

ビキニ事件と第五福竜丸
その歴史的意味

加藤一夫

はじめに

　静岡県焼津市は、日本有数の漁業基地(特に現在はカツオなどの水揚げ高日本一がここ3年間続き全国シェアの40％を誇る)として全国に知られ、また近年、とりわけ首都圏では、静岡県志太地域の地酒ブランド「磯自慢」の町として、また駿河湾深層水開発の町(2006年7月に深層水によるタラソテラピー施設「アクアスやいづ」が開館した)としても知られている。

　もう少し範囲を広げて文化の側面からみると、この町はラフカディオ・ハーン(小泉八雲)の夏季滞在地(避暑地)としても知られており、2004年10月にはハーンの没後100年記念シンポジウムも開催された。

　ところが、この町は53年前、アメリカによるビキニ水爆実験の際に被曝した「第五福竜丸」の母港であり、日本と世界の反核・平和運動の出発となった町として、そのシンボル的な存在でもあったのだが、その記憶はしだいに薄れている。

　2004年は、その第五福竜丸被曝から50年目に当たり、様々な催しが開催された。ビキニ事件が日本と世界の反核平和運動の出発点となったという意味で、いまなおその歴史的意義を失っていないとはいえ、乗組員の半数以上が亡くなり、被災した第五福竜丸そのものは東京の夢の島にある「第五福竜丸展示館」に移され、船とそれがもたらした「忌まわしい事件」の記憶は現地の焼津では薄れつつある。この町では、その事件そのものもすでに過去の歴史の中に埋もれつつあるようにみえる。いやむしろ、歴史の痕跡を消そうとしている、と言ったほうが正確だろう。

　16年前、首都圏から焼津市に移り住んだ市民の一人としてこの事件

が気になり、2001年から2004年にかけて、20回にわたって私が所属している静岡福祉大学（当時は静岡精華短期大学）の公開市民講座で「やいづ平和学」（Ⅰ～Ⅳ）として、この事件を総合的にテーマとして取り上げてみた（内容については、本書第2章2で簡単に紹介してある）。

　これには、この事件を直接体験した乗組員、この事件を研究されてきた郷土史家、教師、市会議員、事件をこの町で体験した自治会の長老なども参加されて、47～50年前を振り返って熱心に議論した。ここでは、そこで出された問題点を整理することで、焼津という街でこの事件がどのような歴史的な意義を持つのかについて考えてみたい。

1.「やいづ平和学」の前提

　日本は平和な国である。60年間以上にわたり、他国とコトを構えたことはない。とはいえ、この状態が長く続くかどうか定かではない。内外にこれが崩れる要因も沢山あるからである。このところ、中国や韓国、それに北朝鮮といった隣国との関係があまり良くない。とりわけ、北朝鮮の不可解な行動が国内で大きな問題になっている。それに対して、過剰反応する人も多い。この辺から平和が崩れることもありうるかもしれない。

　まず、先に、この事件が提起し、現在も基本的に考えねばならない問題点について、簡単に触れておこう。常識的な「平和イデオロギー」の枠から外へ出るためである。

　東部ヨーロッパのチェコで誕生したといわれる「平和学」が、現在、欧米だけでなく日本でも法学系の大学で流行している。平和学とは、すでに亡くなった国際政治学者の長縄光男の言葉を借りると「国際政治をものいわぬ民の視点に立って」「戦争の原因を、多くの学問を応用して突き止め、平和の諸条件」を研究する学問であるが、単なる座学ではない。実際の地域のＮＰＯや反核運動と市民（地域住民）を組織する行動の学でもある。これについても平和学は、地域に視点を据えて考えると、

例えば、戦争遺跡の保存や戦時記憶の継承といった「消極的な平和学」という側面から、現実の政治問題に行動で関わる「積極的な平和学」という側面があるが、いずれにしても、その地域に住んでいる人々の目線が重要で、これを無視すると空疎な「正しい」イデオロギーをとなえるものになってしまう。

　平和学の提唱者の一人、ヒロシマで原爆による被爆者の援護を行っている岡村三夫（広島修道大学名誉教授）の活動のように、「実践の学」としての「ひろしま平和学」が提起しているような「被爆者との連帯」といった地域の状況が広島にはあるし、長崎では、隔年で市民やNPOの手による平和集会が開かれているし、先の戦争末期に沖縄で展開された悲惨な戦闘とその後のアメリカ軍の統治、さらに基地の島として、その歴史を総括する「沖縄平和学」も存在している。

　しかしながら、少なくとも、現在の焼津の地にはこのような歴史体験はなく、「平和学」など存在しない。

　とはいえ、焼津もまた日本の被曝地としてとらえる「やいづ平和学」が成り立つのではないか、と筆者は考えている。なぜならこの街で起こった事件から、日本全国そして世界の反核平和運動が拡大したからである。50年目が通り過ぎてしまった今日、この視点を忘れるべきではないというのが第一の問題である。

　ビキニ事件（第五福竜丸事件）を地域の問題として捉えてみると、事件そのものはあの時点で終わっているとはいえ（正確に言えば、政治的に決着させられたのだが）、この事件によって起こされた問題は終わってはいない。直接の被曝者もそうだが、事件によって水産業界や魚製品加工業やその流通関係者に多大な損失をもたらし、伝統的な漁民共同体破壊を引き起こした元凶として、それ自体ネガティヴに捉える機運がこの町にはある。生活者の視点でみると、この気持ちはよく分かる。

　しかしながら、53年が過ぎて歴史となった今日、むしろ、この歴史体験をポジティヴなものとして、地域の活性化に活用し、「平和水産都市焼津」として、世界へ発信することが重要ではないだろうか。これが第二の問題。被曝被災問題をアジア、太平洋諸国、ロシア、アメリカへ

と拡大し、そこでの被災者連帯のなかでこの事件を再度捉えなおす必要がある。なぜなら、最近の研究や調査のグローバル化の中でビキニ事件は、太平洋や沿岸の全ての国に影響を与えたし、与えつつあることが明らかになっているからである。

　第三の問題として、「平和イデオロギー」からの脱却がある。冷戦時代の古い政治イデオロギー体質が様々な運動のブレーキになっているように思われる。近年、ＮＧＯやＮＰＯを中心にした市民の自発性に基く運動が拡大しているが、これに関連していえば、冷戦終結後の国際関係の現実を無視して、「平和の理念」のみで現状を批判する平和運動は力がなくなっている。

　この運動は、一種の「平和ぼけ」が進み、新しい戦争状態に入っている現状と向き合っていない。従来の「平和」という政治イデオロギーでは、今現実に起こっている出来事に有効に対処しえない。政治のリアリズムと平和をどう調和させるか、がこれからの課題となろう。このことは、平和憲法の理念と現実の矛盾に示されている。この平和憲法も危機に直面している。

　ところで、ヒロシマ・ナガサキとビキニ事件の相違についてであるが、前者は戦争当事者としてアメリカと敵対関係にあり、軍事的な戦略・戦術の一環として核兵器が使用されたということである。アメリカは一貫してこの立場をとっている。例えば、1995年の広島原爆投下機エノラ・ゲイ展示をめぐるスミソニアン原爆展論争がある。アメリカでは、原爆投下に疑問を呈する人は、ごく少数でしかない。

　戦後の冷戦の位置づけをアメリカがどう評価しているかによるが、ビキニ事件は、アメリカにとっては冷戦というある意味での戦争行為の戦略の一環とされている。ところが、アメリカの傘に入っているとはいえ、日本にとっては、平時であった。この点が、ヒロシマ・ナガサキの被爆体験と異なっている。ヒロシマへの原爆投下は、アメリカにとっては大戦終結を早めた成果とされているのであるが、ビキニ事件で明らかになった太平洋マーシャル諸島の被曝問題は、この延長では理解できない。

　ビキニ事件は、当時の冷戦構造、日本のその後の政治構造（いわゆる

55年体制)のなかで、地域住民の反核・平和運動を拡大させることはできなかった。ビキニはヒロシマ・ナガサキと同等のものになっていないのである。その意味で、平和学の視点からこの事件を再検討しておく必要があるように思われる。

2. 第五福竜丸の被曝：1954年3月1日

　1954年3月1日、アメリカは北太平洋赤道海域にあるマーシャル諸島ビキニ環礁で水爆実験(ブラボー・ショット)を挙行した。爆発力は、TNT 20キロトンのヒロシマ・ナガサキ級原爆の約1000倍以上といわれる(発表は、翌日3月2日)。この水域での実験は、すでに1946年から始まっていて、1958年9月まで67回にわたっておこなわれた。ブラボー・ショットはその12回目、すべての実験でももっとも強力な重水素化リチウム型水爆であった。

　ビキニ環礁の東方約160キロの海上(アメリカが設定していた「危険区域」の30キロ外にあたる)で操業していたマグロ延縄漁船第五福竜丸(木造、140.86トン)の乗組員は、この日、日本時間の午前3時50分、突然西の空が明るく輝き、一面黄色から赤く染まり、水平線から大きな火の塊が浮かぶのを見た。約9分後に大爆発音がとどろいた。

　そして、その3〜4時間後、空全体を覆った黒い雲から白い灰のようなものが落ちてきて、しだいに雪のように甲板にふりそそぎ、足跡がつくほど積もった。灰は当然、顔、手、足、髪の毛、衣服に付着、鼻や口から体内に吸い込んでしまった。この灰こそ、後に「死の灰」とよばれる放射能を大量に含んだ降下物(フォールアウト)サンゴ礁の粉末であった。

　しばらくすると付着したところが火傷状となり、頭痛、吐き気、目の痛み、歯茎から血が出たり、髪の毛が抜けたりして、全員が急性の放射線症状となった。

　そこで第五福竜丸は、ただちに脱出を始め、焼津へと帰還を急いだ。

この過程については乗組員の見崎吉男元漁労長の多くの証言がある（本書の第1章を参照）。多くの文書と異なる部分があるが、問題は、この実験の予告が漁師たちにされていなかったこと、実験後も水産庁当局や漁協もほとんど状況を把握していなかった、ことなどが見崎証言で分かった。その前年、アメリカから実験の予告がなされたにもかかわらず、日本政府は正確な情報を現場に伝えられていなかったのである。

　3月14日に寄港後、市内の協立病院（現在の焼津市立総合病院の前身）で診断を受けた。当直の大井医師は、ヒロシマ・ナガサキの被爆者と同じ容体なので原爆症ではと疑ったという。そこで2人が急遽上京して診察を受けることになり翌朝、粉ミルク缶につめた「白い粉」をもって東京へ向かった。

　3月16日、たまたま島田市で起こった幼女殺人事件を取材していた『読売新聞』の記者が焼津で異変が起こっていると感じて、記事にして出したのが事件を知らせるきっかけとなった。

　このスクープは世界的なニュースとなり、やがて日本中がこの事件を知ることになる。

　東京では医師団が組織されて、焼津に派遣され関係者を診察し、「急性放射線症」としてヒロシマ・ナガサキの「原爆症」とは区別した。やがて乗組員全員が東京に移され、5名は東大付属病院、16名は国立東京第一病院に入院した。乗組員たちのうけた放射線量は、およそ200レントゲン、致死線量は600レントゲン、反致死線量は400とされていることからかなり危険な量であったことがわかる。

　退院は1年後であったが、乗組員のなかで比較的年齢が高かった久保山愛吉無線長が必死の治療のかいなく、この年の9月23日に死去して、日本全土に衝撃を与えた。直接の死因は、劇症肝炎。入院していた被災患者の白血球激減に大量の輸血が施された結果だった。C型肝炎ウイルスに汚染された輸血によって引き起こされたものだが、直接の原因は、放射能による被曝である。

　ところが、当時のアメリカ当局は、死因は被曝にはないと強調して、責任をのがれようとした。そして、現在まで彼の死因を「輸血による肝

第5章　ビキニ事件と第五福竜丸

●3月1日の第五福竜丸当直日誌から

03h17m 14回目投縄終了同30m機関停止漂泊ス　04h30m揚げ縄開始　揚縄初ノ位置166—50E　ピキンニ環礁の中心迄87浬、ピキンニ島迄75浬、03h30m　ピキンニ島に於て原爆実験行わる夜明前なるも非常に明るくなり煙柱あがり↗

第五福竜丸の航海と被災位置

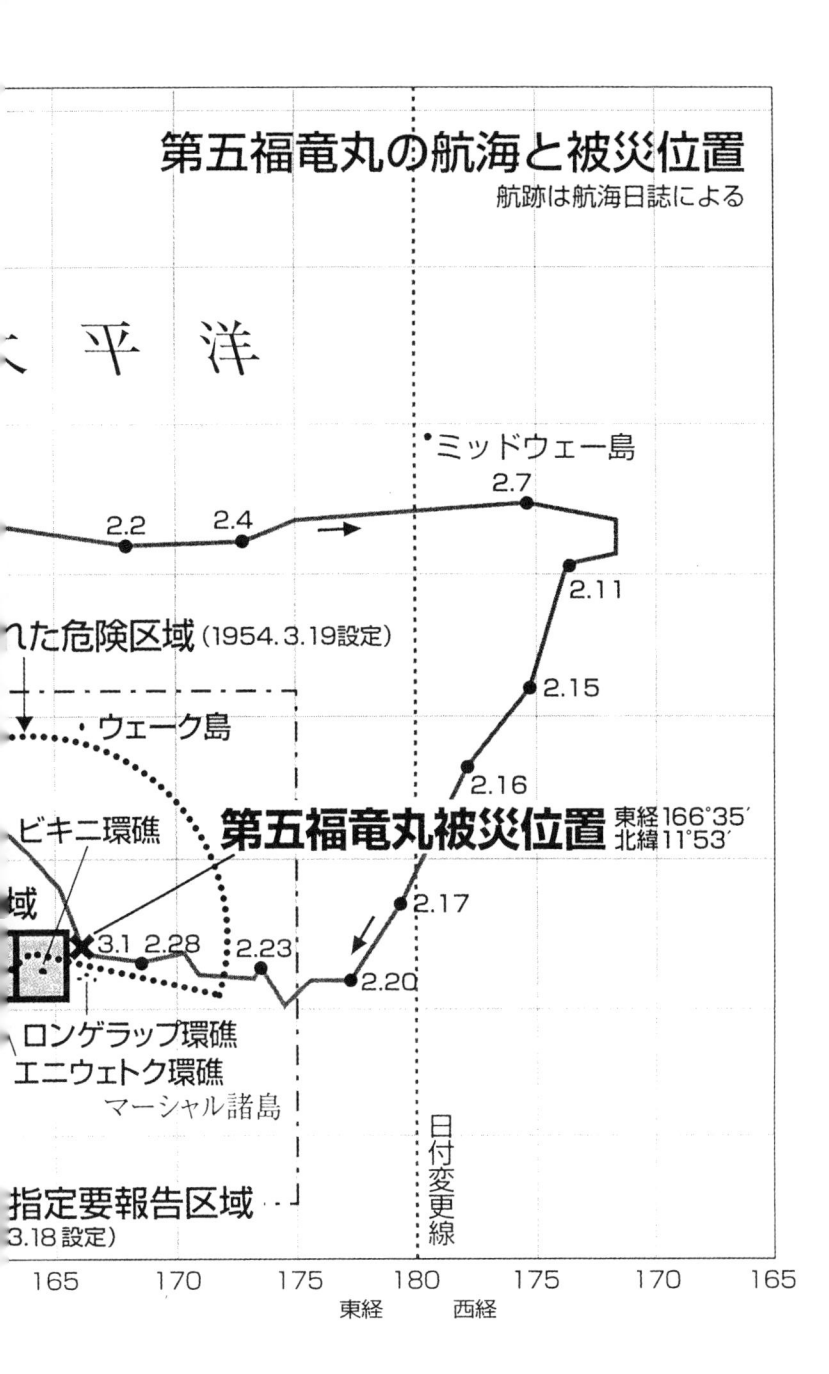

航跡は航海日誌による

太平洋

ミッドウェー島 2.7

2.2　2.4　→

2.11

れた危険区域 (1954.3.19 設定)

2.15

ウェーク島

2.16

第五福竜丸被災位置　東経166°35′
　　　　　　　　　　　　北緯11°53′

ビキニ環礁

2.17

3.1　2.28　2.23　　2.20

ロンゲラップ環礁
エニウェトク環礁
　マーシャル諸島

日付変更線

指定要報告区域
3.18 設定)

165　　170　　175　　180　　175　　170　　165
　　　　　　　　　　東経　　西経

↗2 時間後には E 80 浬の地点の本船には爆発灰多数の落下を見る 5 時間に至る。身の危険を感じ只ちに揚縄を開始しこの海域から脱出をはかる。終了後燃料の調査する厳重な警戒をもって帰路につく。（原文のまま）

炎」として、放射能によるものとはしていない。この放射線被曝について検査データと情報を日米政府が共有していたにも関わらず「機密扱い」にして患者・乗組員に知らせなかったことが、その後、判明している。アメリカ側は「人体実験」を提案、日本医師団に拒否されたという事実も同様である。

当然ながら第五福竜丸の船体と積荷などにも強い放射能が残留していて、魚の放射能汚染は、水産業界の損失だけでなく、公衆衛生上深刻な影響を与えた。実際、汚染魚の放射能検査は予想以上に迅速だったことが、例えば、東京都衛生局の「魚類の人工放射能検査報告書」（手書き印刷のパンフレット）などから分かる。3月16日早朝から衛生局が動き出して、午後1時に焼津から来たと思われる「大物魚261貫」の検査を実施、午後3時には市場敷地に深さ3メートルの穴を掘り埋めたという。

厚生省は検査基準を定めて、それをこえる放射能検出の魚の廃棄を決定した。検査は塩釜、東京、三崎、清水、焼津の指定港で実施、すべての漁船をいずれかの港に入れて検査を実施した。その結果、放射能を浴びた船として、第一三栄光丸、第五明神丸などが判明、この年の集計に寄れば、実に856隻の多数に上った。しかし、乗組員の健康管理や被曝の状態もわからないままうやむやにされてしまった。マグロ検査はこの年の末で打ち切られている。その後の調査で船の数は増えていったが、、結局はうやむやのまま終わってしまった。

この事件は、漁業の町焼津に大きな打撃を与えた。水産業関係者だけ無く、加工業者、流通にも大きな影響を与えた。

当時の流通関係者の回想には、この事件の影響について次のような回想がある。

「その後何日間も浜値が暴落し、半値くらいになってしまったと思いますが、いくら値を下げても、魚が売れず毎日損が続き、廃棄した魚の損よりも、後の損の方がずっと大きかったことを覚えています。それもそのはず、いくら安くても『食べれば死ぬ』などという噂がたったので

すから、売れるはずがなかったのです。後から入港した船も大変な目にあったわけですが、それを買った仲買人も大損したわけです。何日間くらい続いたか記憶にありませんが、とにかく魚が売れませんでした」

（服部敏男、カネモト元会長『焼津商工会議所50周年記念誌　2001』より）

3．事件の終結

　1954年は戦後日本の曲がり角といえる年であり、日米関係の転機となる年といえる。冷戦がますます激化する一方で、朝鮮戦争の余波を受けて、ようやく経済回復が、朝鮮戦争の特需などで、軌道に乗り始めた時でもあった。こうした中で、アメリカ占領政権のてこ入れで、旧日本軍を中心とする警察予備隊が編成された。これが後の自衛隊になる。この年は自衛隊発足の年でもある。

　当時は、アメリカもソ連も軍拡競争に明け暮れていた。いわゆる「抑止としての核」の開発である。すでに前年にソ連の指導者スターリンが死去しており、ソ連の「平和攻勢」も始まろうとしていた。雪解けの開始である。それでもアメリカは、北太平洋地域と本土アリゾナ州の砂漠地帯で核実験を繰り返していた。

　1954年9月23日、第五福竜丸乗員のひとり久保山愛吉無線長が「原水爆の犠牲者は私を最後にしてほしい」と述べてなくなったが、南太平洋地域では、その後も多くの実験が行われ、多くの犠牲者が出た。

　ビキニ事件に限っても、現地の島民に多くに被害者が出ている。あの日、死の灰を浴びたロンゲラップ環礁、ウトリック環礁、ロンゲリックなど太平洋の島民243人のうち、すでに2000年までに40人以上が死亡しており、被害はいまなお深刻である。アメリカ政府は、ロンゲラップ環礁島民だけには核被災を認め、総額で1.5億ドルの補償金を拠出している。実験場から東南525キロも離れているアルイック環礁でも核被災者が出ているが、アメリカ政府は被災について公式に認めず、健康調査すらなされていない。

この地域の被災状況は、その後の研究でかなり実態が明らかになってきているが、全体像はまだ見えていない。

　おそらく当時の状況から見て、被災範囲はかなり広がっているとみていいであろう。アジア、太平洋全域に広がっていると思われる。その後の調査では、韓国でも、フィリピン、インドネシアでもその影響の一部が伝えられている。当時アメリカの統治下にあった沖縄でも、2隻のマグロ漁船の被曝が報告され、その後、乗組員の多くがガンで死去している。

　ともかく、この事件は、日本とアメリカとの外交関係のなかで大きな問題となった。一つは第五福竜丸の被曝の際の位置であった。

　ビキニ事件についてアメリカは、スパイ活動をしていたとか、禁止区域内にいたとか、自身の加害性を認めようとしなかった。当時のアイゼンハワー政権は、この事件に対する日本人の感情的対応に懸念し、「共産主義者、平和主義者、中立主義者の扇動やプロパガンダ組織」によって日米間を離反させる機会になることを恐れていた。日本でナショナリズムが高まることにも警戒して、終始慎重な態度を維持しつづけた。当時のアメリカは、対ソ核戦争で優位に立つという前提での冷戦政策において、第五福竜丸の被災事件は、国家の安全保障に関わる問題として位置づけられていた。

　ビキニによる被害の補償については、漁業関係の被害として、大日本水産会が3月から6月末までの被害額24億7000万円と算定していた。補償ではなく慰謝料として提出されたところに当時の日本の主権の位置が示されている。しかし、アメリカが提示した総額は200万ドル（総額7億2000万円）でしかなかった。日本はアメリカの「加害責任」を問うことはなく、結局、この総額から第五福竜丸乗組員一人当たり200万円という見舞金を出すことで決着した。

　だが、この金による解決は地域住民に深刻な亀裂をもたらした。その背景に焼津漁業の特殊性があった。ビキニ事件の影響は、こうした特殊な歴史構造を反映せざるを得なかった。そこで、当時この事件を現地で調査した研究者の発言を引用しておこう。

「焼津の中心はカツオ・マグロ漁業であり、駿河湾を漁場とするカツオ漁業は、すでに300年前に発足していた。10名程度の乗組員によって操業された当時の手漕船は、低い技術段階の制約と釣漁法独自の漁夫にたいする特殊な熟練性の要求のもとにあって、当初から同族による家父長的な作業システムがとられ、船主株の世襲と従業員共同体株持ちという経営形態がこれに対応した。一船一家主義と呼ばれるものがこれである。その後、明治40年に漁船が動力化され、また大正・昭和期には漁船の大型化が進められて漁場も日本近海から遠く南方漁場にまで拡大されたが、家父長制を主柱とする一船一家主義は依然として根強く残存された」（近藤康男編『水爆実験と日本漁業』東京大学出版会、1958年）

ところで、この事件の被害補償に関する日米政府間交渉の経緯については、1991年に公開された外務省文書で明らかになっている。実際、アメリカ国務省は、補償の法的責任はないとして、久保山無線長の死も日本側の治療の手落ちと片付けている。すでに述べたように、アメリカ側の対応は被曝が死因ではなく、輸血によるC型肝炎だとされている。この交渉文書で明らかになったのは、補償は漁獲物、漁船、漁価の低落など水産業界の損害に対してで、被災した多くのマグロ漁船船員の治療費や慰謝料の支払いは第五福竜丸の乗組員に限定されてしまったことである。ビキニ事件は結局、全国、全世界でその被害の実態解明にいたることはなく、焼津の第五福竜丸の問題に限定されてしまった。その枠が見直されることになったのはごく最近のことである。ここでは触れないが、最近出版された焼津市の『市史』（通史編）は、被害実態と補償金額について詳細な報告を掲載している。近年、焼津へ入港した漁船のすべての名前も判明されており、総隻112とされている。

第五福竜丸の乗組員は、見崎吉男を中心に無党派・非政治的な団体「福竜会」を組織して、その後のさまざまな状況に対応してきた。さまざまな意見があるなかで被災者たちが、国に対して補償を要求してはこなかった。そのなかで、これまでも被災者の一部は、「発症は被曝治療の際

の輸血が原因」だとして、船員保険の遺族年金支給を国に申請していたが、認められるようになり、2005年10月までに支給が始まっている。乗組員23人のうち、肝臓癌や肝硬変を発症して亡くなった4人の遺族が支給対象になっている。

　船員保険法は、遺族年金の支給要件として「被保険者の職務上の理由による死亡」と定めている。国側は操業中の被曝は労災で、大量の輸血を受けたためC型肝炎に感染し発症したと因果関係を認めた。第五福竜丸の元乗組員に対しては、社会保険審査会は運動を行ってきた小塚博元甲板員に船員保険の再適用を認め、大石又七元冷凍士には療養給付が適用されている。これまでは乗組員や遺族に被爆者援護法など適用対象外とされて来た。今後、第五福竜丸の他の遺族や、それ以外の被災船関係者の救済につながる可能性もあり注目される。

　アメリカ統治下で主権を喪失し、ようやくそれが回復した直後の日本政府には、反論する力はほとんどなかったといっていい。逆に、当時の吉田政府は、アメリカの核実験を容認する態度に終始している。それから半世紀が過ぎ、イラク戦争以後の情勢が泥沼化している現在でも、この姿勢は基本的に変わってはいない。

4．事件の衝撃：反核運動の出発

　事件の知らせは全国に波及した。ビキニ事件は、大量のマグロが放射能汚染によって廃棄処分にされるなど、国民の食生活を大きな不安におとしいれた。現在もBSEや鳥インフレエンザなど食の安全を脅かす大きな出来事があいついでいるが、独立直後の当時の日本にはまだ外国から食糧を輸入する余裕もなく、選択の幅が狭く、肉よりも魚が中心であった。それに、ヒロシマやナガサキの被爆体験がまだ現実として生きていた。

　第五福竜丸の被災者だけでなく、水産業界の損失に対する補償をアメリカ側に要求するために、実施調査で証拠固めをする必要があった。こ

のため農林水産庁は科学者の協力のもとで、1954年5月から7月にかけて俊鶻丸（しゅんこつまる）によるビキニ海域での放射能調査を実施した。調査結果は、第五福竜丸関係資料でも公開されているが、結論を言えば、ビキニ海域とその付近ではおびただしい放射能汚染が見出され、また、爆発地点から1000キロ、2000キロと離れたところの海水にも生物にも放射能が検出された。当初アメリカ側がいう「強大な量の海水で薄められるからビキニ海域に放射能は検出されない」という報告はまったくの認識不足であることが明らかとなった。それだけでなく、放射能物質が生物の体内へ濃縮されるという事実が過小評価されている。

こうして死の灰汚染の実態が明らかになる一方、第五福竜丸乗組員が放射能症であること、日本が放射能でかなり汚染されつつあるという事実を認めないアメリカに対して国民の怒りが高まっていった。と同時に、ヒロシマ・ナガサキの原爆被害に対しても、戦後なお救いの手が差し伸べられていないという被爆罹災者の実態にも目が向けられることになった。

このような状況の中で、第五福竜丸被災の記事が出された2日後、各都道府県でも反核決議が次々と出されていった。もっとも早かったのは、重要な漁業基地のひとつ神奈川県三崎町（現、三崎市）で報道から2日後のことである、焼津市議会は27日に「恐怖する市民の意思を代表して」核兵器禁止決議を全議員の賛成で採択している。焼津市婦人会も4月25日に総会を開き「原子力の実験並びに兵器としての使用禁止」を決議した。

こうした雰囲気のなかで、この年の春から夏にかけて原水爆禁止の運動が日本の各地で起こり始めた。一般的に草の根からの反核平和運動は、東京・杉並から生まれたといわれている。しかし、焼津市周辺では、焼津を中心とする志太地域の中学教師たちが中心になって、この年の5月頃からからすでに署名運動を開始していたことが明らかになっている。

54年8月8日から「署名運動」が本格的に開始された。東京都杉並区の主婦グループ（杉の子会）が開始した署名運動はまたたくまに全国に拡大していった。

こうしたなかで、1955年7月にロンドンでバートランド・ラッセルとアインシュタイン、湯川英樹など11名による有名な宣言が出され、市民運動の拡大に大きな影響を与えた。その宣言は次のように結ばれている。

　「もし私たちがそれ（反核の精神）を選ぶならば、私たちの前には幸福と知識と知恵の絶えざる進歩が横たわっている。私たちは、その代わりに、私たちの争いを忘れることができないために死を選ぶのであろうか？　私たちは人間として人間に訴える。あなたがたの人間性を想起せよ、そしてその他のことは忘れよ、と。あなたがたにそれができるならば、道は新しい楽園に向かって開かれている。できないならば、あなた方の前には全般的な死の危険が横たわっている」

　こうした背景の中で、1954年8月には原水爆禁止署名運動全国協議会が結成され、55年8月までに3200万名を越える幅広い層の国民が署名した。この運動は海外へ飛び火した。
　1955年8月6日の被爆の日、第一回原水爆世界大会がヒロシマで開催された。原爆投下から10年目にあたっていた。ヒロシマ・ナガサキの被災者たちへの訴えが参加者に感銘を与えた。このときの言葉が「生きていてよかった」というものだった。この大会に焼津を代表して7人が参加したが、その中で、亡くなった久保山無線長のすず夫人が夫愛吉について語り、原水爆禁止を訴えた。
　1961年にイギリスの哲学者バートランド・ラッセルは、第五福竜丸事件の衝撃で拡大してきた反核運動を激励して「核戦争が起これば、死の灰は地球を覆うだろう。私たちは人類を消滅させるか、戦争を廃止するかの選択を迫られているのだ」と一文を寄せてきた。
　だが事態は違った道を歩むことになる。その後の運動については、詳しく触れる余裕はないが、当時の社会主義体制とソ連の核の性格をめぐって反核運動に亀裂が生じ、結局、分裂してしまうのである。
　この原水爆反対運動の分裂は、反核運動に暗い影をなげかけることに

なった。これは、地域の平和運動に深刻な亀裂をもたらすことにもなった。とりわけこの事件の町焼津に深刻な影響をあたえることになった。

普通の市民が、こうした運動に担ぎ出されることは大変なことである。ただの主婦であった久保山すず夫人にそれが集中した。さまざまな運動への参加が強制され大きな心理的負担になったことがこの町では語り継がれている。それでもすず夫人は出来るだけ参加していた。彼女の発言について、ここでは、自身は参加しなかったが、翌年の「世界母親大会」にあてたメッセージを少し長いがそのまま引用しておきたい。

世界各地から集まったおかあさん方のこの世界母親大会が盛大に行われて、世界の歴史に意義ある1頁をつけ加えられるであろうことを、私は何にもましてうれしく思います。

原子戦争を防ぎ、母と子が安心して住める世の中をつくりましょう、という世界の母親の願いは、また私に与えられた今は亡き夫久保山愛吉の死の代償としての願いでもありました。私の夫久保山愛吉は、全国民こぞっての祈願や世界各地から寄せられた同情と激励、また日本の偉大なる医師の必死の看護もむなしく、水爆放射能症のために逝ってはや10ヶ月になります。

私は3人の子供をかかえて1日として忘れることのできない悲しみにあけくれています。「水爆実験のために殺されたのです」。一体名もない漁夫である私の夫が何をしたというのでしょうか。なぜ殺されねばならなかったのでしょうか。6ヶ月の病床で苦しい息を吐きながら、久保山は原水爆を憎み「一人でも死んだらただでおかないぞ！！」といい続けながら還らぬ人となりました。「ただではおかないぞ！！」、その最後の言葉を夫の意思として、私は私のすべてをつくして生きるために強くならなければならないと思ってきました。

「お母さんよ。1人でなやみじっとガマンしていないで、同じ悩みのおかあさんたちとどんなことでも語り合いましょう」と手と手をとって日本の母親大会に出席し、私は原水爆の禁止と平和な世の中をつくりましょうと訴えました。そして私は、世界母親大会に出席するようにと全

日本の同じ悩みのお母さん方から、心からなる支援をいただきました。「私の体でできることなら」と、私は決意し、私の愛する夫も声なき力を与えてくれました。しかし、私の3人のいたいけな子供は私から一時も離れることを泣いていやがります。夫の病床6ヶ月、私は病院に子供と離れてくらしたあと、かわりはてた夫の遺骨を前にして、私にすがりついた3人の子供の姿を思い出します。「もうどこへもいかないから」と約束した私は一面また弱い人の子であることをどうすることもできません。でも、私は全日本の母親の声を和して「原水爆の禁止」と「平和な世界をつくりましょう」と声をかぎりに皆様に訴えます。

　私の現在のこの苦痛を二度と世界の母親や子供らに味わわせたくないのです。私一人でたくさんです。私一人でこの苦痛をくいとめることが、久保山愛吉の声なき願いであることを、私はかたく信じ強く意識しています。

　原爆をあびて10年目、広島では元気で働いていた人が原爆症のため9人の生命が消えていったと報道されました。「ひびの入った陶器ですよ」。6000人にのぼる広島市の原爆障害者の絶望的なことばです。私は誰よりもその気持ちがわかります。ビキニ（水爆）被災者も生命をとりとめ21人が最近退院してきましたが、半身が不自由であったり、頭痛がしたりしている人があります。再起の意思は強くても体がいうことをきいてくれないのです。

　「もう原水爆はたくさんです」。私と3人の子供らの胸のはりさける程の悲痛な叫びであることを私は皆様に訴えます。

　「世界の母親が手をつないで原子戦争を防ぎ、母と子が安心して住める世の中」の実現に、私たちのこの苦痛と叫びが少しでも役立つならば、久保山の死も無駄ではないでしょう。

　どんなに叫べども、叫べども死して帰らぬ夫ですからー

1955年6月22日
久保山すず

（『志太民教新聞』第1号、1955年7月30日より）

反原爆・平和運動の分裂は、地域の運動を引き裂いていった。背景に当時大変強かった社会党と共産党の対立があり、これは、1964年の被災10年目の3・1をめぐり、いわゆる「暁の決闘」事件が発生し、苦々しい出来事として記憶されている。要するに久保山愛吉シンボルの取り合いであった。
　これにより、草の根の運動は、冷戦時代のイデオロギーの犠牲となった。80年代に一時、両勢力は統一運動の機運を見せたが、分裂は確定的となり、冷戦が終わった現在もいまだ反核運動は分裂したままである。その傷は、焼津という保守的な住民のあいだで大きな混迷を引き起こし、やがて市民は運動に対して冷たい視線を向けることになっていく。
　こうした状況に際して、焼津市では当時の市長服部毅一（故人）が中心になって、1985年から市独自の集会を持つようになった。補償問題が一応の決着をみた6月30日から「6・30集会」といわれている。すでに20年間続けられていることに注目しよう。この集会は、すでに本書第1章でも指摘されているが、自治会単位で動員した官制の集会だが、40近い共催団体もあり、毎年市長が「誓い」を宣言して、この街が第五福竜丸の街であり、平和の町でもあることを確認している。2004年6月30日集会の（集会は、集中豪雨で、8月2日に延期されたが）「誓い」は、次の通り。

誓　い

　第五福竜丸事件を後世に語り継ぐ市民集会も本年をもって20年目を迎えました。
　全世界のすべての国々、すべての人々は、平和な住みよい世界を求めています。
　被災市民をもつ当市は、再びかかる惨禍が起こらないように念願し、核兵器の無い世界の実現に向けて、心の炎をたつことなく燃やし続けてきました。
　毎年6月30日に思いを新たにして、核兵器の恐ろしさを確認し合い、その廃絶を語り継いでいくことは、世界最初の水爆犠牲者をもつ、焼津

市民の使命と信じてやみません。
　私たち市民は、ひとしく敬けんな祈りをこめて、核兵器の無い平和な世界の実現に向かって邁進することをここに誓うものであります。

　　　　　　　　　　　　　　　　　　　平成16年6月30日
　　　　　　　　　　　　　　　　　第五福竜丸事件6・30市民集会

「核兵器の廃絶を願う焼津宣言」

　昭和29年第五福竜丸被曝以来30年が経過した今日、なお依然として核兵器の開発は続けられている。現在の国際情勢の中で核兵器が大規模な戦争発生の抑止力となっているが、核兵器の完全撤廃こそが全人類の悲願である。

　今春、ようやく米・ソ連両国が核兵器の削減を目的とした交渉につき、これが究極的に核兵器の完全撤廃をもたらすとの認識を示したことは、ビキニ被爆30年を閲した当市にとっては正に渇望の朗報であり、その推進に期待し、その成功をこいねがい、歴史民俗資料館の「第五福竜丸コーナー」新設を機に敬けんな思いをこめて将来にわたる核兵器の廃絶への決意を宣言するものである。

　　　　　　　　　　　　　昭和60年6月19日　焼津市市議会で議決

　焼津市は、2005年、戦後50年を機に、以下のような「平和都市宣言」を出している。
「平和　なんという　尊いことば
　　　　　　　重々しいことば
　　　　　　　美しいことば
　　　　そして　心地のよいことばでしょう
　平和　それはまた、全人類共通の願いでもあります。
　しかし、私達はこのことばの意味を本当に理解しているのでしょうか。
　人を傷つけ、死に至らしめるようなことがこの世にあっていいのでしょうか。

自然をこわし、木木の緑や鳥のさえずりを失ってもいいのでしょうか。

私達のまちには、戦争による犠牲者や第五福竜丸事件という、痛ましいわすれられない過去があります。

それゆえに、これらすべての犠牲者を追悼し、このような惨禍が二度と起きないように、広く世界の人々に訴えていくことが私達のつとめであり、世界の人々と相携えて努力すれば、必ず達成できるものと信じます。

子々孫々のためにも、私達一人ひとりが良心に従い、堅い決意をもって、一日も早く核兵器や戦争のない世界平和の実現のために、力強く前進することを誓い、戦後50年の記念すべき秋にあたり、ここに平和都市焼津宣言をします。

平成7年（1995年）10月20日
焼津市議会で議決

さらに焼津市議会は、核実験をした国に対して、そのつど抗議文を採択して発表している。最近では、2006年10月の北朝鮮核実験に対しても行っている。

5. 被曝罹災者と核問題

第五福竜丸事件が浮き彫りになったのは、核実験による地球汚染と被曝の現実であった。それでも核所有国は、その後、次々と核実験を行なっていった。

1945年7月の最初の核爆発実験以後、核兵器保有国が行なった実験は、1998年まで総計2,419回（内訳は、アメリカ1127回、旧ソ連969回、イギリス57回、フランス210回、中国、44回、インド6回、パキスタン6回）を数える。1967年にＮＰＴ（核兵器不拡散条約）締結以来、国連の常任理事国5カ国以外核兵器を保有できなくなり、この体制に入

った国は、国際原子力委員会（ＩＡＥＡ）の査察を受け、原子力が軍事利用されていないか、定期的なチェックを受ける義務をもっている。1995年にＮＰＴ適用が無期限延期となり、核拡散へのチェック機能が強化された。しかし、この条約自体が典型的な「不平等条約」であり、その体制も一種のザルで、例えば、これに加盟しなければ、核兵器製造の禁止も査察義務もない。典型的な例がイスラエルであろう。すでにこの国が核を所有しているにもかかわらず、アメリカも国際社会も黙認している。1998年になって、ＮＰＴに加盟していないインドとパキスタンが所有国となった。加盟している国ですら、たとえば、つい最近では、北朝鮮（朝鮮民主主義人民共和国）の核開発が発覚、さらにイラクも核疑惑があり、査察をめぐって国際社会が大揺れに揺れ、結局、2003年3月、アメリカのイラク攻撃が始まり、フセイン独裁体制を崩壊させた。しかし、その後も、核拡散は進行している。現在は、北朝鮮とイランの核問題が世界政治の焦点になっている。

　核実験は、1963年にアメリカ、イギリス、旧ソ連で部分的核実験禁止条約が締結され、これによって大気圏内と海中での核実験は禁止され、以後の実験は地下で行なわれることになった。そして93年からアメリカの主導で、核爆発を伴う実験を全面的に禁止するＣＴＢＴ(包括的核実験禁止条約)が提起されたが、所有国の間で確執が生じ、しかもインドやパキスタンはこれに反対し、当初ジュネーブの軍縮委員会で可決を計画したが失敗、結局この年の国連総会において多数決で決定された。しかし、いまもって、提案国のアメリカも中国も批准していない。

　ヒロシマ、ナガサキというアジア・太平洋戦争の末期に実際に投下されて多くの被害を瞬時に出したこととはことなり、冷戦期の被曝は、実験というそれ自体は戦争状態ではない状況で実施されている。いわば、平和な時代でも核の脅威を身近に感じるということを意味している。

　この間の、保有国の核実験によって、大きな被害が出されている。例えば旧ソ連の核実験は、約470回がカザフスタンのセミパラチンスクで行なわれ、現在、100万人以上の被災者がいるといわれている。核実験が繰り返された南太平洋諸島では現在も多くの被曝被災者が苦しんでい

ることは周知の事実である。アメリカでも多くのアトミック・ソルジャーと呼ばれる被曝者がいるという。ＣＴＢＴ以後、実験による被災者がでる可能性はなくなったが、原発事故による放射線漏れで、今後被災者が増加する可能性はある。1985年4月に旧ソ連で起きたチェルノヴィリ事故がその典型例であろう。

　すでに述べたようにＮＰＴ体制で核の拡散はある程度実現している。しかし、1991年に旧ソ連が崩壊したとき、かなりの不明核兵器が散らばったこと、核兵器の管理で多くの問題があることが明らかになっている。核は現実には拡散しているといっていい。しかも、すでに述べたように、1998年から、インド、パキスタンで事実上核兵器が所有されている。イラクでもその疑惑が指摘され、対イラク戦争というブッシュ米大統領の姿勢に世界の緊張が高まっている。先に触れたが、つい最近、北朝鮮（朝鮮民主主義人民共和国）でも核兵器開発が続行されていたことが明らかにされ、ここでも緊張が高まっている。核は現実の恐怖となっているのである。

6. 第五福竜丸の運命

　次に被曝船第五福竜丸の運命について触れておこう。これにも長く複雑な歴史がある。2007年3月で、和歌山県熊野で建造されてから60年になる。船体保存運動も紆余曲折の歴史をもっている。以下簡単にみておくことにしよう。

　事件直後、内閣の「第五福竜丸事件善後措置に関する打ち合わせ会」がもうけられて、1954年5月に学術研究のため政府が文部省予算で買い上げが決定したが（船体 28,738,500 円）、文部省は船をどこに置くかついて苦慮し、結局、焼津港に繋留されたが、その後、東京水産大学の構内に移された。

　1956年、第五福竜丸は、残存放射能の測定が終わったあと船名を「はやぶさ丸」として改められ、学生訓練用の練習船となった。この時、改

装されて外見もかなり変わった、と元乗組員は述べている。

その後、1967年3月に廃船処分となり、解体業者に払い下げられた。エンジンは取り外されて第三千代川丸の船主に売られ、その船のエンジンとなった。ところが1969年千代川丸は三重県沖で濃霧のため座礁、浜辺に乗り上げ、夜の台風で船体はバラバラになりエンジンは水中に没してしまった。

第五福竜丸の船体は、東京湾の埋立地に繫留された。そして「夢の島」に投棄された。管轄は東京都の港湾局。この船に対して、港湾局の職員組合なども、以前から保存を訴えていた。それが決定的なったきっかけが、1968年3月10日付け朝日新聞の「声」欄にのった「沈めてよいか第五福竜丸」と題する投書だった。投書者は当時26歳の武藤宏一という会社員（現在は故人）であった。この小さな文章が大きな意味をもったことで知られている。現在、展示館の入り口近くに全文が展示されているが、以下この全文を引用しよう。

「第五福竜丸。それは私たち日本人にとって忘れることのできない船。決して忘れてはいけないあかし。知らない人には、心から告げよう。忘れかけている人には、そっと思い起こさせよう。いまから14年前の3月1日、太平洋のビキニ環礁。そこで何が起きたのかを。そして沈痛な気持ちで告げよう。いまこのあかしがどこにあるかを。

東京湾にあるゴミ捨て場。人呼んで『夢の島』に、このあかしはある。それは、白一色に塗りつぶされ船名も変えられ、廃船としての運命にたえている。しかも、それは夢の島に隣接した15号埋立地にやがて沈められようとしている。だれもがこのあかしをわすれかけている間に。

第五福竜丸。もう一度、私たちはこの船の名を告げ合おう。そして忘れかけている私たちのあかしを取り戻そう。

原爆ドームを守った私たちの力でこの船を守ろう。

いま、すぐに私たちは語り合おう。このあかしを保存する方法について。平和を願う私たちの心を一つにするきっかけとして。」

この小さな文章がきっかけとなって保存運動が全国レベルで拡大、結局、船は、保存を願う地元有志に買い取られたが、ときあたかも東京都は美濃部都知事時代、1969年、都知事を中心に「被曝の証人『第五福竜丸』保存の訴え」が発表され、「第五福竜丸保存委員会」が発足した。

　委員会は東京都と精力的に交渉して、保存を求める世論の高まりのなかで1973年に「財団法人・第五福竜丸保存平和協会」その後「第五福竜丸平和協会」（会長は三宅泰雄）が東京都に設立認可され、第五福竜丸はこの財団法人の所有となった。こうして1974年10月に永久保存のための建物を東京都の費用で設立することが決定、管理運営を平和協会に業務委託することになった。1975年から建物の起工式が行なわれて、76年4月に竣工、開館は、1976年6月10日のことである。

　そして、開館からすでに30年、この間、平和教育の実習の場として、あるいは修学旅行の訪問場所として児童生徒が訪問、すでに500万人以上が訪れている。マーシャル諸島の被曝者も来館し、館内には太平洋地域の写真展などが開催されたりして、日本人来館者の目を外に向けさせるのにも寄与している。

　エンジンの回収は90年代になってからである。このエンジンにも波乱の歴史がある。前に触れたように、エンジンは第五福竜丸が練習船となった後で、1967年に廃船となり、船体が東京のゴミ捨て場であった「夢の島」に捨てられたとき、取り外され、違う貨物船に取り付けられて利用されていたが、横浜から神戸への航行中、第五福竜丸の故郷でもある和歌山県御浜沖で座礁し海底に沈んでしまった。

　その後、このエンジンを第五福竜丸とともに保存したいという市民の熱意で、1999年12月に海底から日浮き上げられ（和歌山県海南市の杉広が私財を投じた）、運搬され、途中、焼津市文化会館裏で展示されたあと、東京に運ばれ、現在、夢の島公園の第五福竜丸展示館横に展示されている。

　焼津市は、2月末、移送中にこのエンジンを迎え、文化センターでセレモニーをおこなった。この時、見崎吉男元漁労長は「はるばる長い旅を続けて東京にいくエンジン君。ご苦労様です……」（エンジン君に贈

ることば）という挨拶文を送っている（見崎吉男『千の波　万の波』（2006年）に全文がある）

　もっともこの展示館もすでに30年、建物もかなり老朽化してきている。第五福竜丸50年以後は、この建物をどうするか、といった問題も重要な課題になるかもしれない。

7．ビキニ事件の文化的インパクト

　この事件が与えた文化的影響について最後に簡単に触れておこう。

　まず絵画についていえば、1996年に日本で展示されたリトアニア生まれのアメリカ人画家ベン・シャーンの「ラッキードラゴン・シリーズ」（1960年製作）が、この事件を素材にして有名となった。彼はリトアニア生まれのユダヤ人で、幼くしてアメリカに移住し、少年時代から石版画の工房で働きながら夜間学校に通い、絵画や版画の技術を学んだ。第五福竜丸との出合いは、アメリカの雑誌『ハーパーズ』に3回（1957年2月、1958年1月・2月）にわたって掲載されたラルフ・E．ラップの「ラッキードラゴン（福竜丸）の航海」というビキニ事件に関する記事にイラストを書いたことからであったという。ベン・シャーンは1960年に来日し、焼津港を訪れて事件当時の様子を調べ、その後、「ラッキードラゴン」など11の作品を発表している。（その内の1点は福島県立美術館蔵）。2006年にアメリカの詩人・エッセイストのアーサー・ビナードは、ベン・シャーンの第五福竜丸に関するイラストや絵に言葉を添えた絵本『ここが家だ　ベン・シャーンのラッキードラゴン』（集英社）を発表している。

　画家岡本太郎もビキニ事件に関心を寄せていた。第五福竜丸を題材にした油彩画「燃える人」（1955年の作品で東京国立近代美術館所蔵）が有名である。

　また、1968～69年にメキシコで描いた壁画「明日の神話」（原画は東京南青山の岡本太郎記念館所蔵）が、没後の現在になって注目されて

いる。この作品はメキシコオリンピックに合わせて建設されたメキシコシティーの超高層ホテルのロビーに飾るため製作されたといわれている。テーマは原爆で、第五福竜丸も絵の中に描かれている（画面の右下の隅にありマグロを引っ張っている）。ホテルの建設はオリンピックに間に合わず、ホテルもオープンせず建物ごと売却されたため、長い間この壁画が行方不明なっていたが、2003年に偶然、メキシコシティー郊外で発見され、35年ぶりに陽の目をみることになった。この壁画は日本に移送されて愛媛県で修復が行われ、2006年7〜8月に東京の日本テレビで公開された。（この壁画をめぐるその後の動きについては、本書の第7章を参照）

その他、「原爆の図」でよく知られている丸木位里・俊作のシリーズに、第五福竜丸が描かれた作品がある

映画では、1958年に「第五福竜丸」（監督：新藤兼人、宇野重吉、乙羽信子、小沢栄太郎らの出演）近代映画協会が製作して上映し演劇では「漁港」（劇団民芸、菅原準演出）が1959年に公演されて話題をさらった。もっとも映画については創作ゆえに、事実とかなり乖離した部分があると、焼津の関係者は述べている。

ビキニ事件の文化的インパクトを考える場合には、実験の衝撃から誕生した東宝映画「ゴジラ」（監督：本多猪四郎、主演：志村喬、宝田明）の登場を挙げねばならないだろう。この映画は、プロデューサーの田中友幸が第五福竜丸事件の衝撃のなかで思いついた「海底二万里からきた大怪獣」の物語である。テーマは原爆の恐怖であった。かなり荒唐無稽で、非科学的でなんとかならないのかと思われる部分もあるが、紛れもなくこの映画の第1作目は、反核映画となっている。上映はこの年の12月。白黒スタンダードのこの作品に961万人が観た文字通りのヒット作品であった。

その後、27本のゴジラ映画が製作されていて、いずれもヒットしている。ゴジラは日本が生んだ愛すべきモンスターなのである。2004年はゴジラ誕生50年目の年で、28作目「ゴジラ　ファイナルウォーズ」がこの年の12月に公開された。

もっとも、この間、ゴジラのキャラクターは大きく変化し、凶暴で破壊の限りをつくし、原爆の「恐怖」のシンボルであったものが、しだいに愛すべきアイドルになってしまい、人間に味方する怪獣になり、最初の勢いが無くなっている。原点に立ち返ってもらいたいものである。ただ、28作目のゴジラは、凶暴だが、地球と人類を救う怪獣となっている。

　どういうわけか、1998年にはアメリカ映画「ゴジラ」が登場して、ニューヨークのビル街を破壊している。監督はドイツ出身のローランド・エメリッヒ。もっとも形は、トカゲかイグアナに似た「ゴジラ」ではあるが……。

　ついでに言えば、ごく最近、カナダのトロントでは演劇「ゴジラ」が大人気とか。原作は日本人の大橋康彦。すでに80年代末から日本で上演されてきたが（岸田戯曲賞が与えられている）ゴジラの世界進出である。ゴジラの映画殿堂入りも決定している。

　このゴジラがビキニ事件から生まれたことをここで再確認しておきたい。

　最後に、この事件については、発生から現在まで様々なドキュメンタリーがつくられてきた。有名なのは、1992年に放映されたNHKスペシャル「廃船」であろう。

むすびにかえて：ビキニ事件50年を超えて

　2001年9月11日、アメリカ・ニューヨークの世界貿易センタービル（WTC）に2機の旅客機が突っ込み、またワシントンの国防総省（ペンダゴン）にも1機が突っ込んだ。WTCはその直後二本とも倒壊して、死者2801人を出す大惨事となり、この同時多発テロ（アメリカでは9・11）事件は、全世界に衝撃を与えた。

　ブッシュ米大統領は、9・11の背後にイスラーム過激派オサマ・ビン・ラーディン率いるイスラーム国際テロリスト集団アル・カーイダがおり、アフガニスタンのタリバーン政権が彼をかくまっているとして、10月7

日対テロアフガン戦争を開始した。

　この戦争は、国際関係の構造を大きく変えた。アメリカは好戦的な態度をとり、その後、大量破壊兵器の隠匿を理由に（実際にはなかったのだが）対イラク戦争へと戦線を拡大した。。2002年1月にはブッシュ大統領は核兵器を使用した先制攻撃も辞さないとし、そのための核実験再開を示唆した。その後、核拡散は拡大している。北朝鮮やイランの動きにそれが表れている。

　2003年3月にイラク戦争が勃発、フセイン独裁体制はあっけなく倒壊したが、その後泥沼状態となり、現在も続いている。30数年前のベトナム戦争を想起させる。

　このような状況のなかで、日本もアメリカ軍の後方支援に立ち、2002年にインド洋に、2004年にはイラクに自衛隊が派遣されるなど、新たな状況が生まれてきている。世界は「新しい戦争の時代」に入ったといえるかもしれない。

　2004年、ビキニ事件、第五福竜丸50年は、こうした状況で迎えることになり、そして過ぎていった。理想主義的な「平和」と「反核」の論理では現実とかみ合わないまま、この年に生まれた日本最初の戦後生まれの安倍首相のもとで、日本は急速に右旋回を始めている。ここ60年以上にわたり日本の平和に寄与してきた平和憲法（第9条）も危機に立っている。（文中の敬称はすべて略した）

　この文章は、「ビキニ事件50年」以前の2002年秋に執筆されたが、状況の変化に際して修正を加えた。初出は「第五福竜丸事件50年」（静岡精華短期大学紀要第5号、2003年1月）。注・レファレンス・参考文献などはすべてカットした。

　ビキニ事件当時、焼津市がどう対応したかについては、郷土史家で焼津市史編集委員である枝村三郎の著書『平和をもたらした龍－ドキュメンタリー第五福竜丸核被災事件』（自費出版、2004年）が詳しい。

第6章

『焼津流、平和の作り方』
3.26集会講演記録

I 長崎の平和運動について

土山秀夫

1．私の被爆体験

ただいまご紹介されました土山でございます。本日は「ビキニ市民ネット焼津」の方からご招待を受けまして、焼津市でお話が出来ますことを大変嬉しく思っております。私自身の体験にそくしてお話したいと思います。

1945年8月6日、ウランを使った原子爆弾が広島に投下されました。そして8月9日プルトニウムを使った原子爆弾が長崎に投下されました。そして焼津では、1954年3月1日にビキニ環礁沖で第五福竜丸が水素爆弾の実験による災害を受けたわけでございますが、三つの共通点は、核兵器を使った災害であったこと。しかし、実際にそれに対抗して反応し、核に対する反発が一気に盛り上がったのは、ビキニ事件でございました。この事件が東京杉並での署名運動を呼び起こし、1955年の第1回広島での集会になるわけですね。

それまで、表立った反対運動がなぜ起きなかったかというと、米軍つまり占領軍のプレスコードがあります。厳しい統制で原爆に関する講演や話など一切できなかったのです。人々の気持ちのなかには鬱積してい

たけれども、口に出していうことはできなかった。長井博士の話だけは許されていました。その理由は、彼はクリスチャンだったからです。生き残った人々は何を信じて生きていけばよいのか、大変動揺しておりました。彼は、「長崎の原爆は神の摂理であった」と語っています。カソリックの方は、ある意味では「あの永井さんがいうのだから……」と鎮まったのだけれども、他の被爆者からみれば、「神の摂理とは何事か」という反発の声も残っているわけでございます。しかし、それはアメリカ占領軍からみれば好都合だったわけで、親子の情愛あふれるものではありますが、基本的な所においては問題を今でも引きずっているのです。

　そうした中、被爆者は差別を受け、自殺者が相次ぎました。しかし、それもプレスコードの制約によって報道されませんでした。10年以上経過して初めて、世に知られることになりました。貧困と差別による絶望で自殺者が多かった。とくに、女の方が非常に多かった。原爆に対する怒りと悔しさが国民の中に鬱積していたのですが、ビキニ事件によって爆発したと考えることができます。

　私の被爆体験を話しますと、当時、20歳でしたが、医学生は徴兵禁止になっていました。この戦争は負けると思いましたし、死も覚悟しておりました。8月7日に「ハハキトク」の報を聞き、すぐ上の兄と二人で母の元に行こうとしたのですが、まず汽車の切符が手に入らない。やっとの思いで手に入れた切符は、8月9日午前6時57分長崎発の列車でした。佐賀県に行っていた時、原爆を落とされたことを知りました。「長崎に爆弾が落とされた。損害は軽微」という放送を聴きました。母の病状は思いのほか回復していたのと、母は「私が下宿していた兄の一家のことが心配だから、長崎の様子を見て教えてほしい」ということでしたので、その日の夕方、長崎に戻ることにしました。

　翌朝の午前5時ごろ、長崎駅に降りてみたら、昨日あった町が消え去っておりました。それだけでなく、ボロをまとったような人々がトボトボ歩いていました。よく見るとそれはボロではなく、皮膚が垂れ下がった男性か女性かの判断もつかない人々でした。あれほどの街が一瞬にして消えてしまい、市民は幽鬼のような足取りでトボトボ歩いていたので

す。大学の病院は残っていましたが、本格的な救援隊が入るまで、医薬品は底をついていました。何もすることができません。ただ水をとって、水、水と叫ぶ人に、水の飲ませるだけしかできませんでした。その時に医学の無力というものを感じました。約2週間、現地に留まっておりました。

　こうした状況を目の当たりにして、私の心の中には痛恨極まりないという思いと、このことを医学徒として冷静に見つめていかなければならない、という二重の苦しみを抱きました。兄と姉の姿は発見しましたが、2人の子どもたちは見つけることが出来ませんでした。おそらく爆風で吹き飛ばされたのだろうと思われました。その場で荼毘に臥しました。当時は焼き場もなく、あちこちで荼毘に臥している薄紫色の煙が立ち上っており、死臭と遺体を焼く臭いが漂い、何ともいえない独特の臭いとその時の光景は、終生忘れることが出来ません。

　原爆に関する問題で、直接的な運動に関わったことはありませんでした。時間的にも余裕がなく、もっと医学を勉強したい、どちらかといえば、この問題から逃れたいという気持ちがありました。焼津の方々もあるいはそうなのかも知れません。人間はあまりにも悲惨な経験をすると、思い出に触れられたくないことから、忌避するようになるようです。ただ周りで亡くなっていく人々を見ると、自分でも何とかしなければという気持ちになりました。医学生として論文をまとめることはやっていましたので、資料を集めることぐらいなら自分にも出来ると思い、取り組み始めました。そうしたことが契機になって、政治家やいろんな所で、いろいろな人と話す機会が出来てきました。すると原爆について、いかに無関心であり、無知であるかということを知ることになります。日本の高級官僚ですらそうです。海外については推して知るべし。国連の軍縮会議とか、一般のセミナーにも引っ張り出され、海外の人と接触し、海外の外交官と話していくうちに、これは何としても日本の正確な被爆の状況を伝えなくてはならないという思いに駆られました。記録に残しておくことが大切だと思いました。そこで日本国内の人にも理解いただけるように、『世界』とか『中央公論』などに投稿いたしました。一般

の国際政治とか安全保障論とか国会の外交的な観点ではなく、原爆問題に関しては常に被爆地の視点から見つめてきました。

2．2000年11月に開かれた第1回市民集会

　1998年5月にある転機が訪れました。インドとパキスタンが相次いで核実験を行い、世界的な衝撃をもたらしました。その時、危機感を感じた日本政府と、外務大臣になられた小渕敬三さんが、核軍縮東京フォーラムというものを日本政府の肝いりで作ったわけでございます。外交官とか、世界中の核問題について詳しい人に、提言してもらうというフォーラムでございました。この時、横浜にありますNGOの草分け的な存在である「ピースデポ」の梅林宏道さんから連絡が入りまして、「政府の作ろうとしている東京フォーラムでは、民間の意思が反映されそうもない。どうですか、核問題の専門家を集めて市民レベルから提言するような団体を作りませんか？」という話がありました。私は大賛成でした。ただ、それをやるには条件がある。それは思想、信条、党派を超えて、あくまでも草の根の運動をしていくべきである、と条件を出しました。

　市民集会は、東京、広島、長崎、東京と4回やりました。その都度、報告書を出しました。そして、英文にして海外にも送りました。1999年に行われた東京フォーラムの報告書で、今回行われたNGOの「草の根の反核提言」というものは、十分に耳を傾けるに足る内容のもので大変貴重だという評価をいただきました。終わった後、解散するかという時、折角盛り上がったのだからもったいない、各地域でこれを継承していこうという話になり、いち早く手を挙げたのが私たち長崎でありました。翌年の2000年8月に「核兵器廃絶市民会議」というのを立ち上げました。ただ、NGOというのはどこもそうですが、財政的基盤が非常に貧弱なのです。海外のようにいろんな活動をしてお金を集めるわけにはいきません。とはいえお金がなければ行動が制約されます。そ

の時、長崎市長の伊藤一長さんから私に会いたいという話がございました。

伊藤さんとお会いすると、「1999年5月、ハーグで開かれた国際平和市民会議に出席した際、世界各国から集まったＮＧＯの中で、ハワード氏の話に大変感銘を受けました。そこで土山先生、力を貸してくれませんか、市や県からも財政的な支援もしたいのです」と相談を受けました。私は大変よい話だと思って、皆に話をしました。すると「財政的な支援を受けると、自分たちの呼びたい人が呼べなくなる。行政の方からも、いろいろな要望が出てくるのではないか」という話が飛び交いました。当然のことでございます。そこで私は伊藤さんとお話しました。「お金も、人も出してくれるのは大変結構なことですが、口だけ出さないでいただきたい。われわれに運営の全てを任せてくださいますか？」と交渉しました。すると、「先生にお任せすると言った以上、私たちは一切口を出しません」とのことでした。伊藤市長の英断であったと考えます。

次に、別の問題が発生しました。ある宮司が参加したいと言ってきたことです。右翼の方で会員からは「日の丸や君が代を掲げているような人がはいれば分断されてしまう。御免蒙りたい」との声もあがってきました。しかし、私は、市民というものを掲げてやる以上は、幅広く入ってもらうことが必要である。会の趣旨に賛同した人であるならば、どんな団体に所属してようと、拒まないと話しておりました。私はその夜、宮司の人とお話をしました。「もし、あなたが日の丸や君が代を背負って参加されるのであるならば、御免蒙りたい」。すると、その宮司さんは、「自分も核兵器廃絶という一点においては、皆さんと全く同じ考えを持っている。長崎に住んでいて核兵器に反対しないのはおかしい、と思っております」とのこと。

そこで私が提案したのは、「背後の問題について、団体の人が参加されても、絶対に団体の意見を聞くことはしない」ということを条件にしました。つまり、「持ち帰って団体に相談しますということは認めない。市民個人で参加した以上は、あなたはこの問題についてどう考えますか？、というやり方で参加してください」というものです。

第6章　焼津流、平和の創り方

他の委員たちを説得して、入っていただきました。彼もみごとにその時の約束を守ってくれました。その後、長崎の平和祈念像の前で24時間の黙祷を行ったことがありましたが、宗教懇話会の人々に上手にリードしていただきました。

そういう姿を見ていた一般市民の人々から、「あの団体には右から左まで入っている。しかも、本当に草の根運動を展開している」と理解されるようになってきました。原水禁、原水協の方々も個人の資格で沢山こられるようになりました。そして、お互い話しておられる内に、「いや、個人のレベルで話し合ってみれば、みんな同じですな」とまさに呉越同舟型で、人々が集まることができたことは大変うれしく思っております。これまでのように団体主催の集会ではなく、個人で参加する集会をまっていたという方も沢山いました。

そこで第1回の市民集会を2000年11月に開くことになりました。準備まで10ヶ月しかない状況でした。全国組織のNGOにも呼びかけました。東京にも4回ほど出かけて趣旨説明に伺いましたが、そこでも「私たちは、そういう趣旨で参加することを待っていました」というありがたい励ましをいただきました。考えて見ますと、従来の平和運動の姿は、団体主導型であったと思われます。ある場合は、政党であったり、宗教

団体であったり、組合であったりと思います。それはそれで、東西冷戦中は、一般の人の不安や不満を代弁して、組織的に大衆を動員して、政府と対決するという形で、大変大きな成果を挙げたことは事実だったと思います。そして凄まじいエネルギーを費やしたと思います。しかし、冷戦が終わると、一般市民の関心は急激に離れていった。戦後生まれの方々が圧倒的に占めるようになると、戦後は遠くなりにけり、と足が遠のいてしまう。そういう時に団体主導型でいきますと、一般の人々に広がっていかないわけであります。団体に所属していなければ、一般の人は非常に入りづらい気持になる。そうした団体や組織と競争するとか、対立するという位置づけではなく、そこに集まれない人々を糾合する、そのためには、草の根の支援でなければならない、と考えました。

　次に心配だったのは、果たして市民が来てくれるだろうか、ということでした。準備運営委員会を5回、運営協議会を10数回開き、事務局会議は一日おきに開催しました。あらゆる目配りをしたつもりです。実行委員会はすべてをオープンにし記者の方には見たまま、ガラス張りで議論し、そこで納得するまで激論を交わしました。無理にお願いしなくても参加してくれるだろう、というのでは不十分なのです。それで、この報道がPRになりました。当初、1000人位の参加を予想していましたが、結果として大変な数の参加があり、入りきれず別の会場も用意しなければならないほど盛況で、やってよかったと胸にこみあげるものがありました。

　全体の経費は2800万円、内、県が750万円。運動に関心が深い長崎市長伊藤一長さんの尽力で市は1000万円を出してくれました。足りない分はカンパでまかなうことになり、私自身も街頭へ出て市民の皆さんにカンパをお願いしました。国に対しても、核兵器開発の予算があるなら、ヒバクシャの補償にまわせと訴えました。

　外務省とも意見交換が行われ、提言を手渡しました。過去4年間報告書を出しています。外務省は政府対決型の運動はなじめない、ということなので、こうすればいいのではという提言に感銘したとのことでした。これならばできる、というそれで提言をする。大切な事は、いかにオー

プンにやっていくか、ということです。その後、話し合いも続けていて、現在15項目について、外務省と打ち合わせを行っております。核軍縮に関する担当者の人は真剣に勉強し、何とか核軍縮できるように頑張っていますが、核の傘下の影響など具体的な提言として訴えることが必要です。昨日も意見を交換してきましたが、ただ外務省にも限界があります。政府や外務省の上層部は対米一辺倒だからです。それが永遠に続くと思っているのです。

　もう一つは、政府に働きかけること、それには国会議員に訴えることが必要です。カナダの上院議員にダグラス・ローズという人がいます。彼は、国際的に著名なＮＧＯの活動家でもあります。彼は超党派国会議員で構成される「核軍縮ネットワーク」をつくり32カ国が参加していますが、被爆国日本は33番目に入りました。現在超党派で68名が参加しています。それでも、ときどき、日本の核武装を公言する国会議員もおります。すでに70年代に内閣調査室の調査では圧倒的多数で国益に沿わないという結論になっています、1995年の調査でも同じです。しかし、政府は、日本の核武装は国益に沿うのかその辺を曖昧にしています。そこで、私自身、日本の核武装について反対の立場を昨年「日本核武装論を廃す」という文章を『世界』（2003年8月号）に載せました。

　ともかく、国会議員を動かすことは重要です。国会議員が動けば、県会議員も、市会議員も動くからです。

　さらに、若い人の参加も重要です。若い人々が手弁当で参加してくれることです。

　その意味では、第2回大会は大成功でした。参加者は2500人を越えました。圧倒的多数の若者がボランティアで参加してくれ、海外からＮＧＯの参加者もあり、1週間もいてくれ感動しました。若い人の参加はここのところ増えております。それには「平和への考え方」が重要です。今年は6万人の人々に呼びかけおりますし、韓国にも呼びかけています。高校生1万人署名を実現し、ジュネーブの国連機関やローマ教皇にも手渡しました。

3．市民が主人公になる運動を

　今、長崎の高校生は燃えています。最初は5～6校でしたが、昨年は16校が参加し、大変頼もしいと思いました。交通費を何とかしてくださいと行政にお願いし、それで旅費の助成も少しできるようになりました。
　大学生は「ハト会議」を開きました。ハトとは8月10日に開く平和会議のことですが、全国の学生へ呼びかけています。行政が口を出さないので助かっています。信頼されまかされているのです。
　ともかく、次の世代にどう伝えていくか、が課題であると思います。あまり希望はありませんが、その人達を中心にすえなければ、次世代につながっていきません。市民と信頼で結ばれることが重要なのです。アラム・ケーラーという人は、平和運動についてコップのなかに水が入っている時、「コップに後半分しか水がない」というのではなく「まだ半分ある」という見方が重要だと述べています。私もその立場です。

　今日、私が焼津にきた目的は平和運動の原点で、火を絶やさず続けてほしいと願っているからです。市民が主人公となることを前面に打ち出して運動を継続して欲しいと考えているからでございます。焼津こそ平和の原点なのです。
　運動については、海外のNGOは、かなり早い時期から個人の資格で取り組んでおります。日本ではまだまだですが、そういう方向に進んでいると思います。その場合でも、誰かが、どこかの集団がやってくれるだろうというのではなく、自分自身が中心になり責任をもって実行することが大切だと思います。
　最後に最近のアメリカについてです。私はブッシュ政権を批判しています。特にブッシュ政権の核政策には疑問をもっております。私は古きよきアメリカを体験し、そこで生活した経験を持っております。非常に懐の深い国ですが、今のアメリカは異常です。ネオコンが中心になりキリスト教右派の人々が影響を与えています。しかし、あと4年で変わる

でしょう。そうなると私は信じています。

　冒頭で司会の方は、参加者が少ないことを残念とおっしゃっていましたが、こうした集会を組織するうえで人数も重要ですが、すべての年代の方が順々に参加していることが重要です。人数が少なくとも、こうした核や平和問題に、あらゆる世代の参加しているということが重要なのです。どうか最後まで粘り強く強靱な精神力でがんばっていただきたいと思います。

　ご静聴ありがとうございました。

［土山秀夫］1925年長崎市生まれ、1952年長崎大学医学部卒業、同大学助手、講師（1959～61年、アメリカイリノイ大学客員研究員）、助教授を経て1969年教授。1982～86年長崎大学医学部長、1988～92年長崎大学学長。この間、日本病理学会理事、ＳＨＲ協議会評議員（1973年会長）、日本組織細胞学会理事（1980年会長）、文部省学術審議会専門委員、全国医学部長病院長会議常任理事、国立大学協会理事、文部省大学設置・学校法人審議会委員などを歴任。

　現在、日本学術会議「平和問題研究連絡委員会」委員、「世界平和アピール七人委員会」委員、長崎大学名誉教授、日本病理学会名誉会員、日本内分泌外科学会名誉会員、日本組織細胞化学会功労委員、長崎平和宣言文起草委員、核兵器廃絶長崎市民会議代表、核兵器廃絶地球市民集会ナガサキ実行委員長ほか。

　医学の専門分野における業績とは別に、党派やイデオロギーに捉われない独自の視点から核兵器問題についても精力的に取り組み、被爆地の立場から発言を続けている。

Ⅱ　シンポジウム報告要旨

コーディネータ：加藤一夫

●見崎吉男さん

　こういう高いところから発言するのは苦手だが、『静岡新聞』の木村さんや新妻さんが取材にきて、昨年頃から話始めた。これまでのようなのではない市民が主役の平和運動が必要だと思う。焼津で生まれたこの会に期待している。

　もう50年が終わったので、一区切りできたなと思っている。普通の市民になれるなあとこの正月は思っていた。最近若い学生が訪ねてくることも多く、話すことが多くなった。

　数年前、魚屋の皆さんに呼ばれて話す機会があったことは大変嬉しかった。お前のために損をしたという人が以前には多かったから。かつてはそういう機会がなかったが、最近では自民党の婦人部の連中とも話ができた。ともかく皆さんには大変迷惑をかけてしまった。心配をかけて申し訳ないと思って生きてきた。福竜丸の船員は誰も悪くない。ただ残念なことは、彼らの最後の航海にしてしまったことだ。今では、どこに行っても勘弁してほしいという謝罪と、助けていただいた感謝の気持ち

でいっぱいだ。

　海が静かで平和でなければ困る。海の平和が水産業にとってもっとも重要だ。ともかく次の時代の人々のために、こういう運動を続けていってほしい。

●塚本三男さん

　事件が起こったとき、大学を卒業した時で、静岡大学の恩師塩川教授のもとで放射能の測定にあたった。当時の市民は、原爆についてまったく無知で、放射能を伝染病と同じだと思っていた人も多かった。中学の教師をしながら原爆反対の署名運動にも加わったが、当時の市民の視線は厳しかった。その背景に、無知があったと思う。

　こういう無知が生活に大打撃を与えたことから科学教育の必要性を痛感した。また事件を記録して後世に伝えるべきだと考えて、写真撮影や資料の保存に努めた。これは、スライド「死の灰」として結実した。

　放射能について調べてきたが、教師を退職後、ふとしたことから旧ソ連のカザフ共和国の実験地セミパラチンスクを訪ねる機会があり驚いた。被曝者はほとんど放置状態だった。その記録はやっと本になって出たが、市民の無知をいかになくするかが重要だというのが私の考えだ。

●秋山博子さん

　ラップの『福竜丸』を手にしたとき、帯書きの「この事件はギリシャ神話のようだ」（パール・バック）という言葉に出会った。以来、広告の仕事をしながら、まちづくりに関わる中で、いつか、焼津らしいやり方でビキニ事件を伝えるために私に出来ることがあればと考えた。

　焼津市は、日本一の水産都市、「ビキニ事件」に遭遇した第五福竜丸の母港としての平和都市、また小泉八雲が愛した感性創造都市、という三つの顔をもっている。この多様性が重要だと思う。

　焼津の荒祭りでは、猿田彦大神が神輿を先導し、昔から「お面さん」の名で親しまれてきた。猿田彦は実は多様な価値観を結ぶという属性をもっていて、こういう存在こそが、これからの「焼津流、平和の作り方」

に必要だと考えた。その方法の一つが「いのちをテーマにしたモダンアート展」だった。ビキニ事件を伝えるときに、例えば、可哀想な話をして涙を誘うというやり方は、焼津には似合わないし、やりたくない。なぜなら涙を流して完結してはいけないと思ったし、焼津の水産業はビキニ事件を乗り越えて不死鳥のようにたくましくよみがえり、黄金期を築いた現実がある。また当事者であった見崎吉男さんのその後の強靭な精神に貫かれた人生を思ってみても、それは大変失礼なことではないか、と思うからである。

●土山秀夫さん

　運動は感性と論理の両方の視点から行うことが大切だと思う。今の秋山さんの発言は感性の面からだが、論理の面で専門家の話を聞いて運動に取り入れていくことも大切だ。

　また、これからは被曝者の方も出来るだけ話すことが重要ではないかと思う。その体験を、とりわけ若い人に語り継ぐべきだ。

　コーディネータからアメリカの「アトミック・ソルジャー」の話が出たが、できれば、アメリカの核実験場の方々との連帯を結んだほうがいいのではないかと思う。

●会場から、衆議院議員議の原田さんのアピール、総合的学習で「ビキニ事件」を扱っている小学校教師で会員の飯田先生、会員で郷土史家の枝村さん、魚市ＢＡＳＨの内田さん、菜の花とゴジラについて小畑さん、ゴジラ運動の支援で「地球村」の大川さんなどから発言がありました。なお、この集会へは、静岡県の石川知事と焼津市戸本市長のメッセージが寄せられました。

（注）「第2回　核兵器廃絶―地球市民集会ナガサキ」には会員で焼津市会議員3名が参加し、2004年11月の会議で、パワーポイントを使って報告された。
　2006年11月の第3回集会には2名が参加した。

特別章 2

モダンアート展
「1954 Bikini Means いのちの黙示録」

modern art 2004

04-01

04-02

04-03

04-07

04-11

04-16

04-04

04-05

04-06

04-08

04-09

04-10

04-12

04-13

04-14

04-15

modern art 2005

05-01　05-02　05-03　05-0

05-10　05-11　05-12　05-1

05-16　05-17　05-18　05-1

05-05

05-07

05-08

05-09

05-14

05-15

05-06

05-20

05-21

modern art 2006

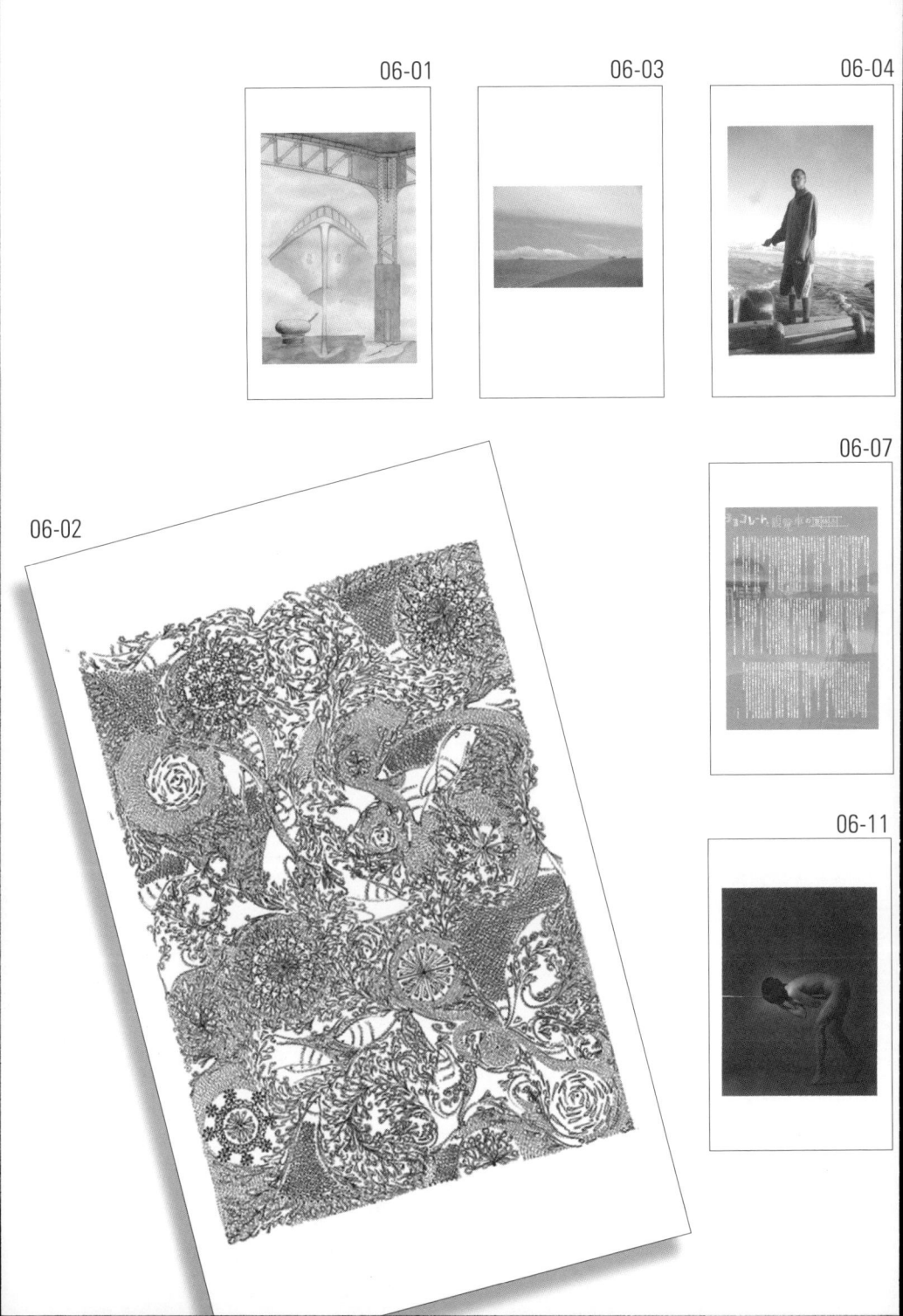

06-01

06-03

06-04

06-02

06-07

06-11

06-05

06-06

06-09

06-10

06-08

06-12

06-13

06-14

港で見るモダンアート展
「1954　Bikini Means いのちの黙示録」

秋山博子（実行委員会・作品募集担当）

　ビキニ事件から半世紀の2004年、第五福竜丸が帰港した焼津旧港をギャラリーに見立てた、モダンアート展が始まりました。ビキニ市民ネット焼津の事業の一つである、事件を後世に伝えることの一つの手法としてスタートしたプロジェクトです。以後、毎年夏、ライブイベント「魚市BASH」の開催に合わせて同会場で開催しています。作品のテーマは「いのちと平和」。ビキニ事件を歴史に刻む焼津に、アートを通していのちと平和のための思索と祈りの場を出現させようという試みです。市場に立つ周囲4mを超えるコンクリートの丸柱の一本一本に、畳一枚ほどに出力した作品を一つずつ貼ることで、それぞれの柱はメッセージを持って屹立し、見る人一人ひとりに対峙して、問いかけてくる存在へと姿を変えました。

　2004年スタートの年、設営を始めた8月28日夕方は九州四国地方をおそった大型台風16号の影響で、ここ静岡県焼津も強風と激しい雨に見舞われました。会場の焼津港は、シケになりますと駿河湾の沖合を航行中の漁船たちの希少な避難港になります。この晩もそうして身を寄せた船の数はいつもの数倍はあったかと思われます。大型船のエンジン音は漁港を震わせる地響きのようでもあり、波しぶきまじりの突風が吹き荒れました。しかしこのすさまじい天候こそ、いのちの黙示録とテーマ

した今回のモダンアート展にはふさわしかったようにも感じられたのです。ビキニ事件は1954年米国の水爆実験によるものですが、開催2日目の8月29日は、奇しくも、1949年、旧ソ連が初めて原爆実験に成功した日でした。開催の数日前に資料をあたっていてわかったことです。その偶然に背中がゾクリとしました。また、このプロジェクトを形にするにあたって、まるであらかじめ糸がつながっていたかのように、多くの意味あるめぐり会いをいただきましたのも不思議なことです。海風がわたる会場で、作品を前にして子供に話しをしているお父さんがいました。そこから始まるのだと思います。

2回目を迎えた2005年はまた新たな縁がつながり、グラフィック、写真、詩、エッセイに加えて、映像での参加もありました。また、ビキニ事件をきっかけに誕生した映画ゴジラの上映や「魚市BASH」といっそう連携出来たことも嬉しいことでした。東京から車で駆けつけてくださった来場者からは、「ここに来て、初めて、焼津・ゴジラ・福竜丸がつながった」という言葉をいただきました。

特別章2　モダンアート展「1954　Bikini Means いのちの黙示録」

　コップの水はまだ数ミリ、でも、いつか水があふれるほどになりたい。プロジェクトはこつこつとではありますが、その一滴ではあるとうれしく思いました。一方、この年の5月、焼津出身の画家・石田徹也氏が急逝されました。正月に焼津に帰省された折り、メンバーの大塚善弘さんがプロジェクトの企画説明をしたところ、出展の約束をしてくださり、ヨーロッパのアーティストにも呼びかけるからと企画書を持って帰る途中のことでした。本年の出展はご家族の了解のもと作品を選ばせていただき実現したものです。また、この年から、岡本太郎の「明日の神話」のアピールをスタートさせています。

　3回目となる2006年には、それまでの24時間限りの展示を48時間とし、展示方法も従来の円柱への掲出から、焼津ならではのトロ箱で支えたパネルに貼り出すことにしました。魚市BASHの来場者たちが作品が木立のように並ぶ、いつもと違う市場空間で思い思いにくつろいでいる様子は、解体の話が進む中で、この場所の新しい生かし方を見つけた思いでした。早朝、自転車で見に来てくださった年輩の方がいたり、漁師として焼津の船に乗っているキリバスの人たちに見ていただいたのも、嬉しいことです。ただ、同時開催のゴジラ上映会は、夜10時頃に来場者がとぎれたために終了としたところ、その後若い女性3人が連れだって来てくださり、申し訳ないことをしたと反省しています。また、この年、石田徹也さんの遺品の中から、小学生の時に書いた福竜丸についての作文が見つかり、2005年の絵画とコラージュして展示しています。

本書では、プロジェクトの開催意図書、作品の募集要項、エントリー一覧と出品してくださった皆さんのプロフィール、来場者のメッセージを紹介しています。それぞれの作品については紙面の関係上、各年ごとに見開きでコラージュのようにまとめさせていただきました。また、実行委員会はビキニ市民ネット焼津の代表幹事加藤一夫が委員長を務め、作品制作・出力・会場設営等では、同ネットメンバーおよび、焼津旧港を活用する会メンバー・魚市BASHメンバー、となか看板・フレールアド静岡・匠の各社、篠塚康人・阪下昇・伊藤康子・山口敬三・大谷かほる・原田友一・福島県立美術館・大塚妙子・大野一夫・香川健一・佐藤秀夫・清水義博・清水良一・相田昭・深沢次郎・無学点睛・村松久嗣・森ちえ・吉田勝次の各氏ほか、多数の皆さんのご協力をいただきました。

1. 開催意図書（2004）

　第五福竜丸が被曝して50年の今年、全国でさまざまな反核・平和運動が行われています。焼津市は、全国に知られた『水産都市』、小泉八雲の創作を支えた海辺空間を持つ『感性創造都市』、そして、第五福竜丸の被曝体験を未来の智恵につなげる『平和都市』という3つの顔を持っています。プロジェクト［1954 Bikini Means いのちの黙示録］は、この3つめの顔である平和都市・焼津で開催する、いのちをテーマにし

たモダンアート展です。混迷する世界情勢の中で、2004年に生きる私たちは、いのちの価値をどう捉えたら良いのか、モダンアートを通して考える時空間を、来場者と共有したいとスタートしました。ビキニ事件の記憶をきざむ焼津港の海風に吹かれながら、いのちについて、平和について、世界について、多くの皆様にゆっくりと思索の時を過ごしていただきたいと考えます。

どんな小さなまちも刻印としての数字を持つ。
911 以前にあったこと。815、そして・・、
3.1 は今から 50 年前、
東洋のみなとまち焼津に焼き付けられた数字。
水爆実験による第 5 福竜丸被曝。
この半世紀、アートは何をしてきた。
癒しのアートはもう結構。哲学は何をしている。
私たちは強靭な愛と知と美の力で
この世界をとらえなおしたい。
焼津発・港で見るモダンアート展
 「1954Bikini Means いのちの黙示録」始動。

2．作品募集の概要（2004）

　2004 年 8 月 15 日、あなたは何を見るでしょうか。何を感じ、何を思うのでしょう。ビキニ事件から半世紀がたちました。プロジェクトは世界を捉え直すモダンアートを、第五福竜丸が帰港した焼津の港に掲げたい。そして、海風に吹かれながらいのちについて、世界について、こころゆくまで思索するための空間をこの現場に出現させたいとスタートしました。展示は 8 月 28 日（土）夜 9 時から翌 29 日（日）夜 9 時まで、オールナイトで 24 時間行います。
　募集ジャンル◎絵画・写真・書・タイポグラフィー・詩・小説・俳句・

短歌・楽譜・漫画・イラスト・グラフィティなど、紙に定着させたアートなら何でも。作品の提出形態◎プリプレス可能なデジタルデータ（ＣＤ／ＭＯ／ＤＶＤ等）展示形態◎提出されたデータをロール紙を使った大型プリンター（最大幅1.2ｍ・高２ｍ）で出力し、会場内の円柱（周囲4.3ｍ・高4.1ｍ）に掲示。エントリー料◎5000円（作品の出力代・税込）作品の提出期限◎2004年8月20日（金）必着申込◎下記にお問い合わせください。エントリーシートをお送りします。

3．エントリー一覧とプロフィール（2004～2006）

2004年8月28日（土）21：00～8月29日（日）21：00
16作品・オールナイト24時間展示

香川健一「白の陰影　そのときの第五福竜丸は・・・」04-01（絵画）
＊～あらそいは何時の時代にも継承していく　何時まで続くのだろうか　こんなに、あらそいのない世の中がいいと思うのに～　死の灰が降ってきた　それが何であるか知らないときに知っていた人々がいた　これも平和のためだともいう　降りかかる　青い空　青い海　白い船にも白い影が積もる　白く美しく輝いただろうか　光と轟音のそのあとなのに　コップの中の　渦巻く小さな粒子は白の影だったろうか　異常なこの気象も宇宙の小さなゴミとして消えていく　平和をと願う　争いのない世の中をといつもそう思う　＊1941年6月、真珠湾攻撃の年「真珠の月」に生まれる。54年3月まで相良町須々木地区で「海と山の間」の原風景が焼きつく。静岡市南町へ引っ越し。地球座を皮切りに映画の鑑賞が始まる。ビキニ環礁水爆実験で第五福竜丸被曝。映画ニュースの映像で最低でも週2回は見ているはず。鮪の大きさにびっくりする。それでも戦争映画・時代劇・ローマ時代劇・西部劇をみる。60年3月静岡県立工業高等学校建築家卒業、建築の設計・監理・まちづくりの仕事が始まる。静岡市富士見台や沓谷への移り住む。1975年焼津にいすわる。「地域の建築家」が頭から離れない時期。今もってそう。出会った人をすきに、住んでいるところをすきに、いつでもどこでも、と。

鯉江良二「皿：織部」04-02（陶器）
＊陶芸家。1938年、愛知県常滑市に生まれる。62年、現代日本陶芸展入賞、92年愛知県立芸術大学教授に就任。現在は退官し、国内外各地で作品を制作・出品。戦争や現代社会の欺まん性への憤まんを込めた『ノーモアヒロシマ』『チェルノブイリ・

シリーズ』など、メッセージ性のある作品でも有名。01年織部賞受賞。コレクションは東京国立近代美術館、京都国立近代美術館、常滑市、山口県立美術館、アルゼンチン近代美術館ほか。

塚本三男「加害者は被害者を隠す」04-03（写真）
＊（作品テキストから）1949年8月29日、カザフスタンのセミパラチンスクで、旧ソ連最初の原爆実験が実施されました。米国が世界で初めて原爆製造に成功し広島・長崎に投下した5年後、また、第5福竜丸が米国の水爆実験で被曝したビキニ事件の5年前のことでした。「乾いた声の秒読みが行われた。ゼロと数えるのと同時に大地が激しく揺れ、それにつづく猛烈な衝撃波と轟音がきた。これが数秒間続き、後は全く静かになった。巨大なダストとガスのきのこ雲は7km以上の高さに上がった。それが夏の日の乾いたステップの草原上に降下し火災を起こした。実験指導者は成功を祝い抱き合いキスしあった。当然祝賀会が開かれた。夜遅くまでドンチャン騒ぎだった。しかし翌日には祝賀ムードは終わり、見たこと聞いたことは永久に忘れよと全員に命令がくだった（ボスタエフ記）」。以来、セミパラチンスクでは40年の間に467回もの核実験が行われました。1986年、カザフスタンでは学生を中心にした若者たちが旧ソ連の独裁圧制に対する大規模な抗議行動を起こしました。何千人もの若者が殺されました。この事件をきっかけに、旧ソ連内に民主化運動が起こり、体制崩壊へとつながりました。セミパラチンスクの核実験場が閉鎖され、世界最大と言われる被災実体があきらかにされたのは、ソ連邦が崩壊しカザフスタンが共和国として独立したからでした。核実験が人類に与える最大の悪は、何といっても莫大な放射線を放出し、細胞を破壊、線量の大小によっては生命を奪ったり、その子孫を不具者とし、がんの発生等、遺伝的に人類を破滅させてしまうことです。自国市民の人体実験もかねて原爆軍事演習を実施した旧ソ連では、実験場となった市や村の人たちだけでなく、実験に参加した約10万人の兵士の大部分が10年を経ずしていろいろながんになって死亡しています。　＊プロフィールは本書・第4章を参照

無学点睛「天国への道（エクアドル）・Wall of Vision」04-04（写真）
＊人間はこの地球上の全ての生物と共存していかなければなりません。人間も単に地球上の一生物にすぎないのだから。　＊フリーカメラマン。1954年生まれ。白黒写真を中心に作品を撮っています。http://tensei.bsbean.com/　tensei.m@d5.dion.ne.jp

ＳＨＩＲＯ「HOT MA ×2 46」04-05（グラフィック）
＊シロのART WORKのテーマは『MOTHER』。人はみんなお母さんから生まれてきます。そしてみんな死んでいきます。せっかく与えてもらった命だから、いつもありがとうの気持ちを忘れずに、その限りある時間を自分なりに創りあげていけたらと思うのです。……ちょうど一枚の絵みたいに。楽しい、うれしい、つらい、悲しい、どんな経験も大切なエッセンスになります。だからがんばれる。THANK YOU MAMA!　＊静岡県に生まれる。3歳の時に右耳の聴力を失う。神奈川で育

てられる。中学3年生で静岡に引っ越し。静岡県立大学短期大学部第一看護学科卒業。98年〜仲間とグラフィティを始める。99〜02年、看護師として焼津市立病院で働く。01年〜ＳＯＣデザイナー、6月〜ニューヨークに留学・グラフィックの学校に通う。04年7月焼津に帰ってくる

江代 充「初めての読本」「使い」「小さな鼓笛」04-06（詩）
＊詩人。1952年、藤枝市上伝馬に生まれる。市立藤枝第二小学校、藤枝中学校、県立藤枝東高等学校を卒業後、71年広島大学教育学部ろう課程に入学。卒業後は杉並区の小学校、都立大塚ろう学校などに勤め、現在は千葉県市川市の筑波大学附属聾学校に勤務。学生時代に、萩原朔太郎の詩集や聖書にしたしみ、78年、第1詩集『公孫樹』を上梓後、萩原朔太郎賞を受賞した『梢にて』まで6冊の詩集を出す。他の詩集に『昇天　貝殻敷』『みおのお船』『白Ｖ字　セルの小径』（藤村記念歴程新鋭賞）『黒球』がある。

藁科公介「平和な餅つき」04-07（写真）
＊奥駿河湾の漁村のお祭りでの風景です。撮影場所は伊豆大瀬崎の浜辺。漁船を杉の葉で飾りつけ、大漁旗をなびかせ若い漁師が化粧をして女性の長襦袢をまとい、各漁村から船に乗り、大勢の若者の漁師が大瀬崎神社に大漁祈願、公開安全を願うお祭りである。掛け声は「ちゃんちゃらおかしい、なおおかしい、しゃつらおかしい、ちゃらおかしい」となにか地元の方言であろう、若者が船の上で日の丸の扇子を持って踊り、大声で掛け声を上げていた。ちょうど季節からして春を呼び込む掛け声のようにも聞こえた。浜辺では魚の味噌汁、お酒、おでん、お餅が観光客に振る舞われていた。その振る舞い餅をついている風景です。皆さん、早く餅を貰いたいなといった顔をして餅つきの臼を覗き込んでいる、平和な風景である。　＊1947年、焼津市に生まれ、焼津市立西小学校卒業まで焼津で育つ。中学校からは静岡に住み、高校3年で一旦焼津に戻るが、大学入学とともに焼津を離れ、戻ったのは74年。それから現在まで焼津市の住民です。写真歴7年、焼津サンクラブに所属し「写真のいろは」から皆さんに教わり、いろんな場所の撮影会に同行し、写真を撮り続けています。写真の奥深さがようやく判りかけてきたのかなといったところです。私の写真は風景が多いです。自分でホテルを営んでいるので、焼津を訪れる、当ホテルのお客様に、焼津にもこんなに良い場所があるよと、焼津の風景を見ていただきたいために風景写真を撮って、ホテルのロビーに貼り出しています。

吉田勝次「笑顔」04-08（写真）
＊顔に刻まれた年輪の奥から幸せそうな笑顔が私に語りかけてくれました。このような人生を私も送りたい。　＊1936年生まれ、土着の焼津っ子です。写真歴は39年。小さなカメラ屋を営んでいます。特に写真の楽しさを主に、皆様のアドバイザーとして指導に専念しております。

井口日出男「アフガンの娘」04-09（写真）
＊中近東や世界各地で紛争が絶えない昨今、平和が続く日本国民として幸せを感じ

ます。彼女たちの祖国をはじめ世界各国に、平等に平和が一日でも早く訪れることを願い写しました。　＊写真をはじめて６年。このごろようやく写真がわかり始めてきました。焼津サンクラブに入会して３年、皆様と一緒に各地に出かけ、スナップ写真の魅力にとりつかれています。もちろん、仕事は一番、趣味の写真は二番です。誤解のないように！

山口智司「店先の二人」04-10（写真）
＊花魁道中の祭りの中で、店先に二人が座って花魁道中の様子を仲良く見ていた。そんな光景がほほえましく思えたので撮りました。　＊本格的に写真を撮り始めて５年ぐらい。まだまだ未熟なことが多いのですが、人物のスナップを撮ることを中心にしています。人物を撮影するには、相手とのコミュニケーションがとれないと難しいので、まずそれを大事にして撮っているのです。また、民生委員や焼津市の結婚相談員をつとめているので、人とのつながりを大切にしたいと思って生活しています。

SEELA「NO WAR!」04-11（グラフィック）
＊戦争をして誰が喜ぶのだろう・・・。　＊1980年、焼津市に生まれる。高校生の時にグラフィックアートの魅力を知る。大学時代のwebデザイナーとの出会いで道がひらかれる。現在、webデザイナーとなり上をめざす。http://seela.jp

村松久嗣（big-AKC）「ノーモア・第五福竜丸」04-12（グラフィック）
＊～アメリカが実施した核実験の影響は、第五福竜丸乗組員や魚介類にとどまらず、大気中にもおよんだ。爆心地から四千キロ離れた日本の雨水にも強い放射能反応が現れ、人々の不安はますます大きくなった。広島、長崎に続きまたもや核の被害を受けたまち、焼津～昭和29年、ビキニ環礁で被曝した焼津の漁船「第五福竜丸」をテーマにしました。世界で痛ましい出来事が起きている昨今、焼津が記憶する被曝事件を見つめ直し、平和についての感覚を今まで以上に研ぎ澄ましていく時だと思います。　＊1979年４月、焼津市に生まれる。名古屋芸術大学デザイン科卒業後、グラフィックライターとして焼津を拠点に活動を始める。（本書発刊にあたり出島作品のイラストを提供していただきました。）

山口敬三「見崎吉男氏ポートレート」04-13（写真）
＊1949年北海道北見市生まれ。武蔵野美術大学デザイン科卒業。在学中より写真家操上和美氏に師事、1974年独立。現在に至る

深沢次郎「Atsugi 2003」04-14（写真）
＊戦後、一貫しての"アメリカの犬"状態は今もあいかわらず続いたまま。安っぽいつくられたシアワセを鎧に平和ボケの生活が日々営まれている。遠い昔や、遠い場所での出来事を自分のこととして捉える、その想像力を持つことはそんなに難しいことだろうか。　＊1968年生まれ。名古屋市出身。92年　早稲田大学商学部卒業後、写真家のアシスタントになる。95年よりフリーランス。個展：04年「In the Sky」Photo Gallery International

小川国夫「『遠い百合』より、第一章＊最終章」04-15（詩）
＊1927年藤枝市に生まれる。志太中学（現、藤枝東高）、旧制静高を経て東大国文科に入学。在学中、3年間フランスに留学。単車で地中海沿岸の各地を旅した。その体験をまとめた『アポロンの島』が島尾敏雄に激賞され「内向の世代」の代表的作家と目されるに至る。86年に『逸民』で川端康成賞、94年『悲しみの港』で伊藤整文学賞を受賞。現在も生まれた場所を離れず創作活動を続ける。『遠い百合』の初出は75年・書肆山田、のちに『想う人』80年・小沢書店、『私の聖書』94年・岩波書店に、収録。

黒田征太郎「無題」04-16（グラフィック）
＊1939年大阪に生まれる。61年早川良雄デザイン事務所に勤務。69年長友啓典とK2設立。ワルシャワ国際ポスタービエンナーレ賞受賞。73年東京アートディレクターズクラブ賞受賞。74年映画『龍馬暗殺』にプロデューサーとして参加。ワルシャワポスタービエンナーレ銅賞受賞。82年K2文化の金字塔展（東京・大阪）。83年『まっかなホント』長友啓典と共著（講談社）。85年EXPO85科学万博サントリー館壁画制作。講談社出版文化賞さし絵賞受賞。『にっぽんの絵』出版（小学館）。展覧会・黒田征太郎美術館（東京・福岡）。87年N.Y近代美術館ポスターコレクション。日本グラフィック展『1987年間作家賞』受賞。89年沼津市営今沢団地壁画制作。90年コレクションから選んだ最近の日本のポスター展（N.Y近代美術館）。91年『504 Hours In San Francisco』1年間ギャラリーとしてオープン。92年3月姫路市宿泊型児童館『星の子館』壁画。5月北海道新千歳空港壁画。7月広島養護施設壁画。93年3月N.Y UNIS L・P。NHK衛星収録L・P。10月UNEP国際環境技術センター支援イベント。94年6月New York展（東京・大阪）。8月世界移植学会L・P。『野坂昭如／戦争童話集』映像化プロジェクト開始。95年2月阪神大震災チャリティーポスターライブ。9月『ジミ・ヘンドリックス没後25周年記念コンサートにL・Pで出演（シアトル）。育樹祭イベント（近江）。10月大阪人権歴史資料館壁画。96年3月『MADE IN KOBE』（三宮せいでん特設会場）阪神大震災チャリティーポスターライブ。大阪府立天王寺高校100周年記念100点ポスター制作。『二脚の椅子展・K2展』（ギンザ・グラフィック・ギャラリー）。97年KAKIBAKA東道頓堀倉庫（ギャラリー）オープン。3月Communication Circus 3.2.1 in KOBE ツーカーホン関西ビジュアルイメージ。6月8日間ライブ神戸長田区久保町（商業跡地）。98パラリンピック開会式ポスター制作。98年『二都物語』出版に関連し、全国でトークキャラバン講演会、絵話教室を開催。99年『路地裏』（梁石日氏と共著）出版。『野坂昭如／戦争童話集』映像化プロジェクト全12話完結。00年野坂昭如氏と共に『戦争童話集・沖縄編』制作開始。01年『戦争童話集・沖縄編〜ウミガメと少年〜』（講談社）。『未来へのノスタルジア〜ジュゴンの海へ〜』（小学館）出版。『ねむの木学園』子供達と壁画制作（静岡）。02年『空から堕ちた』（新風舎）出版。『戦争童話集・沖縄編〜ウミガメと少年〜』アニメーション化（全国TV朝日系列ON AIR）。9月11日『風切る翼』（講談社）出版。中電病院老化壁画（広島）。03年3月水の都ひろしまプロジェクトプレイベントL・P（広島・太田川環境護岸）。『戦争童話集・凧になったお母さん』アニメーション化（全国

TV朝日系列 ON AIR)。8月～10月『黒田征太郎の絵話展』(下関市立美術館)。9月『黒田征太郎 KAKIBAKA 描く男』(求龍堂)。04年『凧になったお母さん』ピーボディー賞受賞。その他、多数ライブペインティング (L・P)、壁画制作等、現在に至る

2005年7月30日（土）21：00～7月31日（日）21：00
21作品・オールナイト24時間展示＆上映

香川健一「声が聞こえる … 平和への反転 …」05-01（グラフィック）
＊要塞から平和が見える　平和の向こうには　バンザイクリフ　海をこえれば　日本　反転‼ ビキニ環礁から声が聞こえてくる　＊1960年（昭和37）3月、建築の設計・監理・まちづくりの仕事が始まる。75年（昭和52）12月、焼津にいすわる。地域の建築家とは。02年（平成14）3月、焼津おでん探検隊へ。焼津の人達との出会いが。出会った人をすきに　住んでいる所をすきに　愛がすべてといまだに信じている。

山口敬三「無題」05-02（写真）
＊プロフィールは2004年参照

山口有一「無題」05-03（写真）
＊1978年生まれ。ＢＲＡＩＮＳ 山口敬三写真事務所にてアシスト中

江代 充「身振りする人」「場所」「只の恋人」「母と子」05-04（詩）
＊プロフィールは2004年参照

八木健次「ラマラ議長府を警備するパレスチナ人兵士の子供」05-05（写真）「パレスチナ」05-06（写真）、「The Wall」05-21（映画）
＊混迷の続くイスラエルとパレスチナ。子どもたちの投石や自爆テロに象徴されるパレスチナ民衆の激しい抵抗と絶望。戦車や武装ヘリコプターによる自治区領内への大規模な侵攻という、イスラエルの苛烈な報復と占領。こうした暴力と憎しみの連鎖はすっかり状態化し、すでに半世紀以上の歳月がたつ。人々は戦争という日常の中で暮らし、多くの若者が平和な生活を知らずして、この世を去っていく。破壊されたラマラの議長府を取材した帰り道、一人のパレスチナ人兵士にカメラを向けた。彼はとっさに顔を隠し、横にいる息子たちにM16を持たせた。幼い少年たちにとって、手にしている銃は「日常」であり紛れもない現実だ。彼らにとってこの銃が「過去のもの」に、そして彼らの子どもたちにとっては「想像でしかないもの」になる・・・そんな日がやってくるのだろうか？　＊写真家・ドキュメンタリー映像作家。1967年静岡県生まれ。91年パリに渡り、写真を学ぶ。その後パリとニュ

ーヨークを拠点に雑誌、新聞に写真を配信する。00年10月4日、パリで行われたイスラエル・パレスチナ和平会談の取材をきっかけにパレスチナ問題に取り組む。主に現地からのレポートを共同通信、朝日新聞を通じて配信、世界（岩波書店）、ジャーナリズム研究はじめ中東情勢について寄稿する。著書に「正直な気持ちを話そう（True to the Heart)」イスラエル・パレスチナ45人のリアル・ライフ（たちばな出版）、パレスチナの分離壁をテーマにしたドキュメンタリー映画「THE WALL」監督作品がある。

王 昭「鴎／かもめ」05-07（絵画）
＊子どもたちに希望のある世界を！世界の平和と戦争のない地球を切望しております。　＊1950年、愛新覚羅・溥儀の甥として北京市に生まれる。82年日本留学、東京芸大平山郁夫教授研究室で日本画を研究。84年から国内個展やユニセフ支援チャリティー展など国際的に活動。

無学点睛「海」05-08（写真）
＊プロフィールは20004年参照

アン・ローゼンタール（Ann Rosenthal）「Beaches and Bombs 海辺と原子爆弾 - わたしの旅路」05-09（言葉）
＊（作品テキストから）それから幾年も経って、海辺と原子爆弾という子供時代から親しんできたイメージが、ようやくひとつになりました。広大な海洋は人間を越えはるかにおおきな大きなものを象徴し、原子爆弾は人間の傲慢さを示す究極的な象徴になったのです。　＊これまで20年間、エコロジカル・アーティスト、教育者、作家、コミュニティ・アートの推進者として活躍してきた。インターネットや画廊において発表した作品は、オブジェ、伝統的な表現形式、デジタル・メディアを駆使したものなど多岐にわたるが、自分の芸術的意図は「場所（place）」についての社会史的、自然史的な解釈にある。

アンナ・クーィ（Anna Couey）「3 poems after 911」05-10（詩）
＊Poetry is a space for voicing direct experience. 詩とは直接的な体験を肉声でつたえるための空間である　＊現代社会において「社会的彫刻」（social sculpture）としてのコミュニケーションがいかにあるべきかに最も関心をもっている。これまでは主として、テレコミュニケーション・アート、コミュニティ・ネットワーキング、社会的正義をもとめる情報行動（information activism）などにかかわってきた。アーティストとしての活動を行いながら、アメリカ西海岸のNPO、オールタナティブ・アート・スペース、ACEN、Arts Wireなど多くの革新的な団体、組織で働いている。

牧野友美「飛翔」05-11（絵画）
＊青い空にかもめ！シンプルな光景ですが、のどかで平和な風景が好きです。
＊静岡市生まれ。静岡精華高等学校（現、静岡大成高校）から、静岡福祉大学短期大学部介護福祉学科へ。現在2年生。就職活動中ですが、近くの福祉施設に決まり

そうです。

静岡福祉大学写真サークル「ピクチャライズ」05-11（写真）
＊メンバー／増田泰美・鈴木康代・斉藤陽子・富田有紀子・北村飛鳥・大下あやみ・石川真有・石埜久美弥（以上、福祉心理学科2年）・青蔦千紗（介護福祉学科2年）

鈴木翔子「海と遊ぼう！」05-12（絵画）
＊焼津は海の町。人々と海がもっと交流できる場所がほしいね。青い海で楽しく遊ぼう。そのためには、海は平和でなくっちゃ。　＊静岡市生まれ。静岡精華高等学校（現、静岡大成高校）から、静岡福祉大学短期大学部へ。現在2年生。介護福祉を学んでいるが、グラフィックにも興味があり、将来そちらの方向に進むかも・・・。

杉山安代「瞑想」05-13（絵画）
＊旅館三福（焼津）女将。高校時代から絵に興味を持ちはじめ、20歳で二人展、その後、二科展入選。一人で創り上げていく世界だから描き続けられる。

大野一夫「原発への歌」05-14（コラージュ）
＊原発はドイツのように廃止を決め、風力・地熱・電池・水力などの、核に頼らない自然発電に転換しなければなりません。青森の六ケ所村は、水芭蕉咲く美しい大地。この大自然を子供達の明日のために、残していくことが大切です。原発倍増を掲げてきた自民党とそれを共に推進している政党の歴史的罰は大きい。第五福竜丸一隻のみを核実験の被災船にし、原発を導入した政府。黒澤明の映画『夢』が現実化しないために一人ひとりがあきらめず活動しなければなりません。　＊1940年3月1日生まれ。茨城県取手市出身、東京商船大学機関科卒。海上美術集団会員、海員組合嘱託、囲碁五段

村松久嗣「平和への関心をうながすポスター」05-15（グラフィック）
＊大学時代に制作した作品をリデザインしてみました。きっと無関心でいると先には進めないから、前に進むために僕らはもっと学ばなきゃならないと思うんです。時は待ってはくれないから、過ちや悲しい出来事を繰り返さないために、過去のことにもっと関心をもって、いつも前を向いて未来に挑戦していく姿勢が大切だと思うんです。私は今回このモダンアート展への出展で、その思いが今までよりもさらに強くなりました。考えるきっかけを与えてくれたモダンアートのスタッフの皆さんに感謝するとともに、この作品を見て、共感を持ってくれた人がいたら、とてもうれしく思います。ここ焼津からはじまる平和をこれから仲間たちと形にしていきたい気持ちです。　＊1979年焼津市生まれ。名古屋芸術大学デザイン科卒業、魚市BASH実行委員会スタッフ

鈴木恒夫「大空に平和を」05-16（写真）
＊鰯雲と大空に日本のシンボルである富士山と共に世界平和を祈るのみです。
＊1970年（昭和45）8月静岡ワタナベ写真スクールに学び、本人の趣味として位

置づける。01年（平成13）4月、写真好きの仲間が集まり、写真倶楽部を設立した。静岡県芸術祭や写真雑誌に作品参加して研鑽を積み重ねながら、地域文化に少しでも貢献できればの精神でこれからもあり続けたい。

小畑幸治「お米農家のひとりごと」05-17（写真と詩）
＊1956年焼津市生まれ。農業。ビキニ市民ネット焼津、焼津おでん探検隊、焼津旧港の活用を考える会メンバー、ほか。

秋山博子「サルタヒコ」05-18（写真と言葉）
＊1957年焼津市生まれ。広告制作事務所「焼津印研究所」主宰

石田徹也「無題」05-19（絵画）
＊1973年焼津市生まれ。武蔵野美術大学　視覚伝達デザイン科卒。95／3．3？展グランプリ、95／毎日広告デザイン展第一部門優秀賞、日本ビジュアルアートＪＡＣＡグランプリ　97グランプリ。2005年死去。

塚本三男「旧ソ連の環境破壊」05-20（書籍）
＊プロフィールは本書第4章を参照

2006年8月25日（金）21：00～8月27日（日）21：00
15作品・オールナイト48時間展示

香川健一「平和への帰着　その時、第五福竜丸は」06-01（絵画）
＊ビキニ環礁から第五福竜丸が帰港し、平和であるようにと人々は祈る。今　焼津旧港は変貌しようとしている。　＊真珠湾攻撃の年、真珠の月に生まれ、海と山とその中間を原風景とし建築の設計監理、まちづくりに関わり「地域の建築家」を目標にしています。出会った人をすきになり、焼津がすきな、そんな私です。

きこ（Kico）「ほら、つながってるよ。」06-02（絵画）
＊夏の日差しの中、行きかう人のいない通りを歩きながら、さっき遠くに見た、かまぼこ屋根の解体現場を、ふと思い出しました。ひとびとの暮らしが変わりました。わたしの暮らしも変わりました。たいせつなもの、言葉に表せない、何かたいせつなものを、失って長い時間がたちました。便利で快適な暮らしに甘んじているわたしには、なにも言えませんが。　＊1948年静岡市生まれ

鈴木恒夫「大地を走る」06-03（写真）
＊広大な北海道の大地を走った。土と馬鈴薯ジャガイモの風を味わいながら・・・・私は日本古来の日本の味をいつまでも大切にした平和な日本であることを望んでい

ます。　＊プロフィールは 2005 年参照

大川鉄男「鳥山を追う・パラオの青年」06-04（写真）
＊パラオ諸島で、釣り客相手に案内をする青年の目は、1 キロ先の鳥山を追う。トローリング中の彼の右手は、鰹を狙うルアーのミチ糸が当たりを待っている。　＊焼津市一色在住

小畑幸治「日本サッカーの礎　平成松永三兄弟」06-05（写真）

＊平成 18 年 3 月、松永兄弟の母親が亡くなられました。97 才でした。7 月 30 日、一足早く初盆に集合した松永一族のスナップ写真です。集合写真には筆者も移ってしまいました。焼津の名前は合併しても「広島・長崎・焼津」と永遠に残ると思います。昨年のモダンアート展では、菜の花で焼津から世界の平和を主張した作品でエントリーしましたが、今回は、歴史・サッカー文化からの平和を主張したいと思います。　＊ビキニ市民ネット会員、専業悩化 32 年

石田徹也「無題」×「まっしろ船君へ」06-06（絵画＋作文）
＊プロフィールは 2005 年参照　＊構成デザイン／伊藤康子（静岡市・広告デザイナー）

「チョコレートと観覧車の夏休み No Woman, No Cry」06-07（ストーリー＋写真）
＊文／鈴木そなた、コピーライター、静岡市　＊デザイン／伊藤康子、広告デザイナー、静岡市　＊写真／吉田篤司、学生、名古屋市

持塚三樹「無題」06-08（イラスト）
＊1999 年常葉学園菊川短期大学．美術デザイン科卒、95 年二科展静岡支部展特選、96 年二科展静岡支部展支部長賞、96 ～ 98 年二科展東京展入選、99 年豊田美術展豊田市教育委員会賞（愛知県豊田美術館）、00 年浜松市版画大賞展入選、豊田美術展入選、01 年豊田美術展優秀賞、02 年プリンツ 21 グランプリ展入選、03 年プリンツ 21 グランプリ展小品部門グランプリ、八王子夢美術館美術誕生入選、04 年 THE CHOICE　入選（審査員・奈良美智氏）、イラストレーション NO135 P 104 掲載、ＦＯＩＬ Vol 6・2 作品掲載、リトルモア次世代型アーティスト発掘コンペ Next One's competition 選抜作家

原木雅史「始元 - the Garden of Eden」06-09（CG）
＊2005 年個展「流転輪廻」アートカゲヤマ画廊、TOKOHA CG ART 展入選、06 年グループ展「アーティストたちのＴシャツ展」ギャラリー未来　http://masashi.rocket3.net

秋山博子「焼津旧港 52 才」06-10（グラフィック）
＊昨年 2005 年の秋から冬のこと。旧港活用の署名活動をすすめながら、家では毎晩、

「シルトの岸辺」を読んでいました。ある架空の時代・架空の都市が滅びにいたる宿命をテーマにした小説です。魅力的な文体、一度では味わいきれずに二度読みました。なかで、「すべてのものは二度死ぬ」という言葉に出合ったとき、焼津旧港と物語の中の砦がカチリと重なりました。解体は宿命？でも、象徴としての死（二度目の死）を、受け入れるわけにはいかない。世界のために、私たちは受け入れてはいけないのだと思っています。だって、もしこのかまぼこ屋根の空間がまるはだかにされ、52年前、第5福竜丸が帰港した現場が消えてしまったら、焼津は、世界に伝えるべき、力ある言葉も、存在も現象も、今度こそ永遠に失ってしまうのですから。・・・来年も、こうして「モダンアート展・いのちの黙示録」が出来たらいいなぁ。「魚市BASH」も「かつおまぐろプロジェクト（食育）」も、海風の吹く、この現場でなければツマラナイ。ライブでも講談でも会議でも映画でも、寄席でも将棋大会でもラジオ体操でも、ゴジラコンテストでもシンポジウムでも、みんながどんどん使えば、広場として生かされる道が開けるかもしれない。「やいづkamaVOX」。VOXはラテン語で「声」を意味する。かまぼこ屋根の下、いろんな「声」が集まる場所に、なればいい。岡本太郎の「明日の神話」だって、旧港以上に似合う場所は他にない。　＊テキスト／ジュリアン・グレッグ「シルトの岸辺」発熱から　＊デザイン／伊藤康子　広告デザイナー　＊写真／秋山博子　焼津印研究所、ビキニ市民ネット焼津、焼津旧港の活用を考える会

山口敬三「無題」06-11（写真）
＊プロフィールは2004年参照

山口有一「無題」06-12（写真）
＊1978年生まれ。ＢＲＡＩＮＳ山口敬三写真事務所

村松久嗣・白鳥喬士（dollgantee）「NO WAR」06-13（グラフィック）
＊戦争はしたくない　＊村松久嗣／1979年焼津市生まれ。名古屋芸術大学デザイン科卒業　魚市BASH実行委員会スタッフ　＊SEELA／1980年焼津市生まれ。高校生の時にグラフィックアートの魅力を知る。大学時代のwebデザイナーとの出会いで道がひらかれる。現在、webデザイナ。　http://seela.jp　＊dollgantee（ドルガンティ）／村松久嗣とSEELAによるクリエイティブユニット。2006年活動開始。

杉山安代「青海と魚群」06-14（絵画）
＊プロフィールは2005年参照

静岡福祉大学写真サークルPictulize「Ｆｒｅｅ　Ｓｐａｃｅ」06-15（写真）
＊小さな四角い空間に、自由がたっぷりと詰まっています。　＊2004年6月に静岡福祉大学写真サークル「ｐｉｃｔｕｌｉｚｅ」結成。撮影旅行や作品の発表会を定期的に行い、個々の実力を高めている。

4．来場者のメッセージ（会場のノートから）

●私 35 才、二児の父であります。この焼津のイベントでこの作品と触れることができ、残暑強いこの時間がすばらしいものと感じられました。
●こうやって幸せを享受し、自分のやりたいことを実現する生き方を選択できる世の中に生きている私たち、そのことを疑わなければいけないと思いました。それだけでいい訳はないのです。私たちの充実の陰で涙を流している人はいるし、夢をつかんだ瞬間に、絶望を感じている人もいるのですね。そのことを時々こうやって提示してください。
●海風に吹かれながら、やっぱ平和ってえーなーって、焼津弁で思った・・。ステキなもの見せていただき、ありがとう。
●ぜひ続けてほしい、続けたい！良い出会いがさらにありますように。
●焼津に住んでいて今年 2005 年、初めて知りました。ぜひ続けてください。エネルギーを感じました。
●焼津・ゴジラ・福竜丸、ここに来てすべてがつながりました。
●焼津港の雰囲気とゴジラがとってもマッチしている。今にも海の中から出てきそうな臨場感、出てきたらイイナー、怖いけどイイナー！これから時々焼津体験に来ます。
●海の風を感じながら、地球のこと、生きるということ、肩肘はらずに考えられるのがいいですね。ゴジラの映画も良かったです。
●今年もやってくれました！
●ようやくモダンアート展に来ることができました。感動しました。海風を感じながらいい時間を過ごすことができました。
● 焼津で伝えられること、焼津から伝えられること、どんどん発信してください。私も伝えたいと思います。Ｙａｉｚｕ　Ｌｏｖｅ

第7章

岡本太郎「明日の神話」(壁画)を焼津市に!

1．私たちの夢、焼津の夢

　皆さんこんばんは。今日は、地元で行動している小さな市民運動「ビキニ市民ネット焼津」の代表者として、今話題になっている岡本太郎の壁画「明日の神話」をこの焼津市に誘致することについて、その前提となるお話をしたいと思います。すでに昨年からいろいろな場所で発言しておりますが、なぜ、この町にこの壁画なのか、その辺のことについて語ることにします。

　本題に入る前に、私たちのいつも語っている「夢」についてお話しましょう。

　……それはこれから10年後の2017年（平成29年）のことですが……。

　ある夏の日、家族づれの観光客がJR焼津駅を降りたとき驚愕しました。巨大な怪獣ゴジラが駅前ビル越しにこちらを睨んでいるではありませんか。駅前の商店街通りを下って海のほうへ近づくと、そのゴジラはとてつもなく大きいものであることが分かりました。後で聞くと、高さ100メートル、足の幅だけで12メートル。怪獣ゴジラの原寸だそうです。

　前方の旧港をみると、宿敵の巨大な怪獣アンギラスが波間から顔を出してゴジラを狙っいるではありませんか！

　ゴジラ像の隣には古い建物があり、これはかつて旧港市場の8号売り場として使われていたかまぼこ屋根をした建物で、現在ではさまざまなイベント会場として利用されているのです。

　ゴジラ像は実は「焼津平和記念館」なのです。その前のコンコースに大きな平たい建物があり、記念館の入り口と出口の間に巨大な壁画がおさまって人だかりを作っていました……。

　ゲートをくぐりゴジラの体内にはいると、1階には第五福竜丸のレプリカがあり（これは近藤和船研究所の近藤友一郎さんが作ったもので、まだ生きて頑張っておられるようですが……）、それ取り巻く形で第五福竜丸関係の資料が展示されていました（大部分は焼津市歴史民俗資料

館あったものです)。2階では、日曜ごとにもう90歳を超えてお元気な見崎吉男さんが「ビキニ事件の語り部」として訪れた観光客に話して聞かせていました。そして3階より上は、平和勉強会や焼津市の歴史が勉強できる施設がありました。……

　しかし、今日のお話は、このゴジラ像（平和記念館）ではありません。入り口と出口の間にある長さ30メートル、高さ5.5メートルの壁画がここでテーマになります。この壁画は、岡本太郎の「明日の神話」。ではなぜ、この壁画が焼津にあるのでしょうか。どうしてこれを焼津にもってきたのでしょうか？

2．岡本太郎の絵画について

　そこで、この壁画ついてお話しすることになります。今の話は夢ですから、これが焼津に来るのかどうか、現時点ではまったくわかりませんが……。

　皆さん、画家岡本太郎のことはご存知ですよね。1996年に亡くなっていますが、晩年、サントリーウイスキーのCMで「芸術は爆発だ！」とかいうセリフで覚えている人も多いかもしれません。あるいはロバート・ブラウン（ウイスキー）の「グラスに顔があってもいいじゃないか」のCMを知っている方もいるでしょう。

　太郎は漫画家岡本一平と作家・歌人かの子の一人息子として1911年に東京で生まれています。父と母、一平とかの子夫婦の型破りなことについては、たとえば瀬戸内寂聴（晴美）さんの小説『かの子撩乱』などで描かれています。放蕩家の父と幾人かの若い愛人たちを囲い込む「不良少女」のような母、太郎はそんな両親のもとでも素直に育ち、母思いだったようです。この辺は、なんだか昨年ベストセラーになった『東京タワー』のリリーフランキーさんに似ているような気がします。

　東京美術学校に入りますが、1930年に両親とフランスへ行き、結局、太郎はひとりで1940年まで、ナチスによってパリが占領されるまで残

第7章　岡本太郎「明日の神話」（壁画）を焼津市に！

りました。そこでかなり熱心に絵の勉強をし、多くの画家や論客たちとも交流していました。彼の芸術上の思潮は、アバンギャルドとシュールレアリズム、難しい話になるので、ここでは、時代の最前線に立つこと、リアリズムを超える思潮だと述べるにとどめておきたいと思います。また、パリ大学ソルボンヌでは民族学を学び、これも画風に影響を与えているようです。

ナチスに追われるように帰国したとき、日本は戦争の真っ只中、太郎は1942年に召集されて中国戦線へ。いろいろあったようですが、敗戦後1年ほど中国で捕虜生活をした後、無事生き延びて帰ってきます。

そして、戦後の活動が始まります。最初の著書『今日の芸術　時代を創造するものは誰か』は、まさにこの年1954年に書かれたものですが、ここにはその後の行動の片鱗が出ております。彼は、画壇に巣を食っている権威主義を激しく批判しております。そこでは原爆についての考えも述べられていますが、悲惨さという被害者意識よりも、それを越える視線を強調していて、その先を見つめているのが特徴です。この本はベストセラーになっています。太郎はその後、考古学を勉強して縄文期の文明の要素を取り入れたり、沖縄など日本の辺境文化のエネルギーについても注目しております。

さて、今日お話の壁画「明日の神話」は、1968年のメキシコオリンピックに合わせて建築を予定していたメキシコシティの超高層ホテル（オテル・デ・メヒコ）のロビーに飾るために製作された大作です。原爆がテーマになっているようにもみえます。右下にビキニ環礁で被曝した第五福竜丸がマグロを引っ張っている姿も描かれています。

ところがホテルはオリンピックに間に合わず、オープンもせず、結局、倒産して建物もディベロッパーに売却されて、壁画も行方不明になってしまいました。それから35年後の2003年9月、偶然メキシコシティの郊外の倉庫で発見され、その後、日本に移送されて修復され、昨年夏に、日本テレビで公開されました。この辺については、つい最近なくなられた養女でパートナーの岡本敏子さんが、生前発言されていましたのでご存知の方も多いと思います。

この壁画をメキシコで製作していた時、日本で彼自身は、折から予定されていた「大阪万博プロジェクト」の責任者（テーマ館プロジューサー）となっていて、彼自身も「太陽の塔」の作成をしておりました。この塔は、現在も大阪の千里市に残っていることはご存知でしょう。この作品は日本が戦後の高度成長を走りつつあるときの「人類の進歩と調和」のシンボルとして、いわば戦後日本の「陽」の部分を示しています。

　ところが、メキシコという地球の裏側で作製した壁画「明日の神話」は、いわば「陰」の部分をなすとも考えられています。同時並行で作製された作品です。ただ、陰とはいえネガティブで陰湿な画風ではありません。それは今日この会場の壁に貼ってある「明日の神話」（原画から作製した実物6分の1の写真）をよくご覧になるとわかるのですが、全体が原色で華やかで、骸骨が描かれているといっても、決して暗いものではありません。太郎は、メキシコの呪術や、中南米の先住民族の文明（マヤ、インカ、アステカ）の色彩を多用して華やかなイメージで描いております。メキシコでは、この壁画に「HIROSIMA　NAGASAKI」というプレートが貼られていたそうですが、この壁画を修復した吉村絵美留さんによれば、太郎ではなく現地の誰かがつけたようだと述べています。単なる「原爆の悲劇を描いた」ものではないのです。

3．ビキニ事件を体験した町　焼津

　では、なぜこの焼津市なのか？この「明日の神話」をなぜ焼津市に誘致しようと呼びかけるのか。いうまでもなく、この町が「第三の被曝」の町、ビキニ事件を体験した町だからです。実は、まだ若い太郎は、1955年にあの事件の衝撃を受けて第五福竜丸事件をテーマに絵を描いていて「燃える人」と名付けております。京橋の東京国立近代美術館にある油絵です。それほど大きな絵ではなく船と原子雲が描かれていて、船の形は「明日の神話」とよく似ています。

　つまりこの事件の因縁からこの壁画を誘致しようということなのです。

ただ、第五福竜丸は東京に移動し、焼津の人々がこの事件についての記憶を曖昧なままにしていては誘致の資格はありません。

この間、この事件について「ビキニ市民ネット焼津」は、いわゆる平和運動のこれまでのような捉え方、「3・1」のようなスケジュール運動ではなくて、この町の、貴重な歴史体験として、個々人の生活の立場から行動しようといろいろなことをやってきました。政治対決型の運動はやっていません。むしろ、この運動を通して、この町が戦後日本の転機となる平和運動の発祥の地であることを確認し、これを将来の町の活性化につなげて行きたいと考えています。「平和水産都市やいづ」ですね。もうあれから53年になる今日、あの災いをこれからの福に転じることができるのでは、と私どもは考えております。

その意味で、「明日の神話」はこの転換の重要な仕掛けになると考えています。

4．平和運動の原点　焼津

もう少し、この点について述べると、ビキニ事件は、アメリカと日本の政府が「封印」することで、現在も真相は分からぬままになっているのですが、平和運動は実績として現在も貴重な財産となっています。

つまり、途中で分裂やいさかいでおかしくなり、イデオロギー化しているとはいえ、この事件を直接の引き金として起こった戦後日本の「平和運動」は、実はこの町とその周辺から生まれたということです。これが「平和水産都市やいづ」のもうひとつの姿であり、歴史でもあります。

皆さんもご承知のように、東京・杉並のお母さんたちの会「杉の子会」の署名運動から日本の平和運動が発生・拡大し、それが世界へ波及したといわれています。私自身、大学院時代この近くに住んでいたので、今はあるかどうか分かりませんが杉並公会堂前にあった安井郁記念像（当時は法政大学教授）をよく見ていました。

しかし、その後の調べで、1954年の5月からこの運動は、静岡県志

太地域で起こった教育現場の先生方が行った署名活動が最初だということが分かってきました。この運動と杉並がどう結んだのか、これを今調べているところです。いずれにしても、この事件を契機に戦後の平和運動が、まさにこの焼津という町、この地域から生まれたということが重要なのです。

5．ゴジラを生んだ町　焼津

　ビキニ事件に関係してもう一つのエピソードがあります。冒頭でお話したゴジラです。実は、この有名な日本産の怪獣ゴジラも、この事件の衝撃から生まれたのです。もう亡くなっていますが、東宝映画の田中友幸プロデューサーの発言があります。手記をどこかで読んだこともあるのですが、かなり前の8月15日の終戦日に、ラジオで聴いたことが鮮明に頭に残っています。それによれば、1954年3月、インドネシアとの映画交渉が失敗して、落ち込みながら飛行機で帰国途上、眼下にひろがる青い海を見ながら次の構想を思案していたとき、たまたま機内のラジオ（当時はまだ機内テレビはなかったようです）から、ビキニで被曝した第五福竜丸と町のパニック状態の話を聞き、これだ！とひらめいたというのです。太平洋で行われた水爆実験で目を覚ました古代恐竜（ゴジラ）が、日本を襲う、という着想です。

　つまり、ゴジラはこの事件がなかったらこのとき生まれなかったといっていいと、私は勝手に思っております。そして、焼津こそが「ゴジラを生んだ町」とも勝手に思っているのです。

　この勝手な思い込みは、かなり真実で、2001年にゴジラ生誕50年を記念した映画「ゴジラ2001」ではゴジラは焼津港（小川港）から上陸し、清水に向かって進み破壊を繰り返しながら東京を目指して進んでいくという設定になっています。

　今、全国でアニメのキャラクター、たとえば、ゲゲゲの鬼太郎や妖怪で町おこしをしているところもあります。これが結構成功しているので

す。ゴジラは世界的な怪獣です。その世界的衝撃力は他のキャラクターなぞ足元に及ばないほど強力なものです。

　もっともゴジラには世代によって好き嫌いもあり、さしあたり今は岡本太郎「明日の神話」誘致運動から切り離すつもりですが、このゴジラを頭の隅に入れておいて欲しいと願っています。

6．町の「文化力」を高め、素敵な「物語」を創ろう

　焼津市に誘致するに際しての最も重要な問題は、この絵を誘致するに際して、国会議員や地方議員の働きかけだとか政治的な動きに依存するのではなく、この町がこの絵を永久に維持できるだけの文化力を高めるという問題意識から出発しなければ意味がないということです。そうでないと、たとえ誘致しても「宝の持ち腐れ」に終わってしまいます。そのため町の文化について認識する必要があります。「海辺の平和文化都市やいづ」を再構築することです。

　町の潜在的な文化力は十分にあると私は信じております。この町は歴史が育んできた水産文化・魚文化・食文化が豊かな街です。現在もそれを観光の目玉しております。しかし、これだけでは、全国どこでもやっていて差別化はできません。「さかな文化」はこれからも中心的な文化であることには変わりありませんが……。

　これに関連して「ウェルネス文化」が今注目されつつあります。「健康文化」といっていいかもしれませんが、焼津は、駿河湾深層水を開発しており、大きなタラソテラピー施設「アクアス焼津」も作りました。元気を発信する文化を現在創りつつあるのです。高齢化が急速に進んでいるなかで、「元気な高齢者」を生み出す町焼津、これがこれから重要になると思います。ここには「福祉の町焼津」も入るでしょう。私自身、福祉教育の仕事をやっていますが、焼津市の福祉は、全国からみても先に進んでおります。

　もうひとつは文化感性都市。ご承知のように、焼津市は小泉八雲（ラ

フカディオ・ハーン）の夏季滞在地（避暑地）と知られ、街中ではそれにちなんだ地名も多い。八雲生誕100年を数年前にやりましたが、今年記念館も完成しました。そういう文化都市です。

　この文化運動に関連して、水辺空間を大切にと「焼津旧港を活用する会」がいくつかのグループと一緒になって、「やいづＫａｍａＶＯＸ」トロ箱ライブを月１回やっていることはご存知ですよね。これは、旧港の旧８号売り場を産業遺産として保存して後世に残し、これを市民の広場にしようとする運動です。若者たちが頑張っているのです。もっとも水産業関係者の関心があまり高くないのは気になります

　そして、すでに述べた第五福竜丸母港としての平和都市。平和運動原点の町焼津。こうしてみると町を活性化する原動力は沢山あるように思います。

　この点で、私の「故郷」である小樽の町おこしを思い出させます。現在、小樽は13万人、昨年１年間の観光客数は750万人以上。80年代の初めまで、地味な「寒村」のような都市で、今、名所になっている運河も、くさい臭いがするからと埋め立てようという意見が市民の多数派を占めていたのです。現在1300メートルの運河が残っていますが、一部は埋め立てられてしまいました。

　それでもそこを中心に運河の町を再興して観光都市として成功しています。中心になったのは市民と一部の企業。それによって現在のようになったのです。官はほとんど介入していません。民間の力でこの町は、大観光都市に変貌したのです。小樽に出来たことを私は、焼津でも出来ると考えているのです。

　焼津市がもっとも客を集めているのが東名高速に隣接している「さかなセンター」ですよね。年間の集客約170万人ですか（かつては250万人だったそうですね）。しかし、焼津ＩＣの傍にあり、買い物をすると観光客はそのまま帰ってしまいます。それを、どのように市内にまで導くのか、ということです。「明日の神話」で観光客を町にいれることについては新たな戦略が必要になるかもしれません。

　ともかく、岡本太郎「明日の神話」は、この客を拾うという戦略も考

慮に入れて軸にたてねばならないことも確かです。

7．小さな町が誘致競争に勝つために

　さて、東京にある岡本太郎記念現代芸術振興財団によると、昨年夏に日本テレビで壁画を公開した「明日の神話」を、太郎生誕100年に当たる2011年までに恒久的に置ける場所を決めたいということです。現在、誘致候補として「ゆかりの地」の4都市の名前があがっています。正式に名乗りをあげているかどうか定かではありませんが、ホームページなどで調べると、長崎市、広島市、吹田市、それに焼津市の4都市です。原爆による被爆・被曝が関係している3都市と大阪万博会場だった吹田市です。

　このうち吹田市は、太陽の塔と対で置こうということで、行政も盛り上がっているようです。人口は35万人ですが、その背景に800万人の大阪市民がおります。

　広島市は、人口114万人、昨年の8月6日の原爆記念式典で「明日の神話」を川辺に投影、その後、「明日の神話」誘致のイベントを続け、秋葉市長も乗り気ですでに組織化を進んでいるようです。昨年中国新聞社が中心になって誘致活動を展開し、10月27日に「広島球場」で大き

なイベントがあったと聞いております。署名も20万人を目標にしているようです。

　長崎市は、人口53万人、昨年6月4日には誘致のため市民運動が盛り上がり「もってこい市民集会」が開かれました。これに2万人が参加、音楽イベントの他に「長崎アピール」を発表、フリーマーケットを開催するなどして盛り上がっているようです。ただ伊藤市長は消極的で、行政はすでに「誘致しない」ことを決定しているとか。それでも、市民運動はかなり盛り上がっていると聞いております。

　そして焼津市、人口12万、4つのうちもっとも小さい漁業町、出発も遅れている。こう比較すると誘致活動をしても、とても勝てそうにないようにみえます。そうでしょうか。

　町の大きさや声の大きさが決め手ではありません。誘致のコンセプトが問題です。

　私自身の感触では、太郎のもつ「芸術の衝撃力」という点では、焼津市は一番と感じています。広島や長崎は原爆という戦時中の悲劇が尾を引きすぎています。広島は20万人、長崎は9万人の死者。そのため、その悲惨のシンボルが沢山あるところでは、太郎の絵もその悲劇の連鎖に巻き込まれてその衝撃力は弱まってしまうように思います。

　これに対して、焼津は1人の死者（被曝当時で）、まさにまっさら、文字通り何もございません、という感じです。しかし、それゆえ衝撃力

は強い。岡本太郎の精神ですね。そこで人々の熱い思いと夢を見る力が必要なのです。この町も、水産業や加工業の不振だとか、合併をめぐる地域の感情的対立とか、ネガティブな空気が蔓延しています。それを吹っ飛ばす「夢」が必要ではないでしょうか。これが重要だと思うのです。町の大きさや署名の数ではない。誘致したいという市民一人ひとりの「夢見る力」が大切です。そのためには納得できる「物語」を作る必要があります。

　数の点では他の都市には勝てません。焼津市でも、例によって「金がない、場所がない」と市長も言ってます。しかし、この「行政」の役割については、一番最後で結構です。まず、市民がやり、民間が動き、企業が協力する、ということが大切です。ともかく、これから活動が始まります。

　これからの予定としては、2007年8月末ごろに組織を立ち上げ、夏から署名活動を本格的にやっていこうと思っております。皆さん頑張っていきましょう。よろしくお願いいたします。

　この文章は、2007年9月から開始される、岡本太郎「明日の神話」を焼津市に誘致する会の最初の講演会（焼津商工会議所女性会主催、2007年1月26日）の要約で一部修正してあります。なお、その後、東京都渋谷区が名乗りをあげ積極的な運動を行っている。JR渋谷駅の東急側コンコースに設置する方針とのこと。

（加藤一夫）

「ビキニ市民ネット焼津」活動クロニクル（2003〜2007年）
（月1回開催している定例幹事会議は除く）

2003年
2月4日　「第五福竜丸心の航跡」連載開始
3月1日　ビキニ・デーに個人参加
6月11日　大学の加藤研究室で正式に立ち上げの準備会
6月23日　「ビキニ市民ネット焼津」正式発足
6月28日　焼津市文化センター
　「ビキニ事件半世紀　第五福竜丸」語り手は見崎吉雄さん
6月30日　6・30市民集会に参加
8月20日　ウエルネス焼津
　「第五福竜丸事件を語る」　語り手は塚本三男事務局長
8月30日　「ビキニ市民ネット焼津」メンバー、焼津市長と会見
9月〜10月　公開講座「やいづ平和学」（Ⅲ）　静岡福祉情報短期大学
9月27日　焼津公民館
　「ビキニ事件の原体験」語り手は見崎吉雄さん
11月　「第2回核兵器廃絶地球市民会議ナガサキ」に参加（有志3名）
12月6日　忘年会：総括と今後の展望

2004年
1月〜3月　「私とビキニ事件」感想文、回想記、写真・絵画などの募集開始、関係者のインタビューを始める（3月末まで）
2月7日　見崎吉男さん講演「ビキニ半世紀　今、伝えたい」静岡市、江崎ホール（毎日新聞主催）
2月25日　焼津駅前「肝臓病・子育てよろず相談伊東クリニック」の伊東和樹先生にC型肝炎から肝臓癌へ至る肝臓病について聞く
　見崎さん　焼津市に「年譜パネル」修正要求　焼津市は拒否
3月1日　ビキニ・デー50年　個人参加
　「菜の花スマイル」計画始動
4月1日　静岡福祉大学始動、静岡福祉情報短期大学を静岡福祉大学短期

大学部へ

4月11日 「焼津みなとまつりフリーマーケット」開催（4号売り場）、カザフスタン罹災写真展を同時開催

4月25日　「菜の花スマイル」計画　見学会、NHK・広島の取材

6月10日　「年譜修正」問題で会として、焼津市に修正要望書を提出

6月30日　6・30集会は集中豪雨で延期

8月2日　6・30市民集会、参加者は焼津市民約1300人

8月28〜29日　港で見る24時間限りのモダンアート展「Bikini Means」（第一回）

9月〜10月　公開講座「やいづ平和学」(Ⅳ)　静岡福祉大学

2005年

3月1日　ビキニ・デー集会に個人参加

3月10日　「ビキニ市民ネット焼津」、焼津市発行の資料集『第五福竜丸』の誤った記述を発表、戸本市長に提出

3月26日　ウエルシップ焼津で講演会・シンポジウム「焼津流、平和の作り方」基調講演は元長崎大学学長土山秀夫さん、パネリストには見崎、塚本、秋山、加藤（コーディネータ）、の各氏

6月25日　第2回総会
　　ビデオ「捨てられた放射能の島−核の流民たち−」(NHK　VTR)
　　講演会「マーシャル人のくらし」
　　講師　静岡市立井川小学校教諭（当時）　岩崎幸代さん

6月25日　『「ビキニ市民ネット焼津」会報誌』創刊

7月23日　見崎さんへのロング・インタビュー「生い立ちから現在まで」
　　焼津公民館で、2時間のインタビュー。

7月30〜31日　「Bikini Means・いのちの黙示録」（第2回）、ゴジラ映画祭（第2回）

7月31日　魚市BASH　ライブ

9月4日　オータムフェストinやいづで「ゴジラブース」(この足跡は何だ！)

11月6日　焼津公民館（アトレ焼津）
　　座談会：「宮崎康枝さんを囲んで」
　　宮崎さんは会員で当時の宮崎助役（当時）の奥様で、事件当時焼津に殺

到したマスコミ関係者に対応したことで知られている。
12月　旧港保存活用活動　署名運動開始

2006年
1月29日　大場悦郎さんに聞く「ビキニ事件と平和運動の原点」
1月　旧港保存活用署名1万筆突破、静岡県・焼津市・焼津漁協に提出
3月1日　ビキニ・デー集会に個人参加
6月2日　焼津水産加工組合　総会
　　見崎さん講演会、加藤代表幹事が補足説明「ビキニ事件と第五福竜丸、その歴史的意味」
8月26〜27日　モダンアート展「Bikini Means」（第3回）
　　ゴジラ映画祭（第3回）
9月　オータムフェストinやいづで「明日の神話」（原画縮小展示）署名活動（最初の活動）
10月10日　北朝鮮（朝鮮人民民主主義共和国）の核実験発表へ対する抗議
11月12日　静岡福祉大学大学祭「静福祭」で近藤和船研究所作製の「第五福竜丸」（レプリカ）を展示
　　静岡福祉大学で岡本太郎「明日の神話」署名活動
　　地域シンポジウム開催「フォーラム焼津2006　ウェルネス焼津にて」
　　「やいづkama VOX」．トロ箱ライブvol.1（「明日の神話」署名）
11月21〜22日、長崎NGOによる第3回「核兵器廃絶　地球市民集会ナガサキ」に2名参加、集会では「北東アジア非核兵器地帯」構想採択。
12月7日　前事務局長塚本三男さん心不全で死去
　　大久保事務局長が弔辞
12月23日　忘年会：塚本さんをしのぶ会
12月24日「やいづKama VOX」トロ箱ライブvol.2（「明日の神話」署名）

2007年
1月26日　講演　加藤代表幹事「岡本太郎壁画『明日の神話』の誘致から焼津市の活性化を考える」焼津商工会議所女性会主催、於：焼津ホテル

[「ビキニ市民ネット焼津」活動クロニクル（2003〜2007年）]

1月28日　「やいづ Kama VOX」トロ箱新春餅つきライブ vol.3
　　　　焼津市議会議員選挙公示
2月17日　焼津公民館で広島被爆者関係者と見崎さんとの交流会に参加
2月9日　　焼津市会議員選挙：会員の尾石さん、大塚さん当選
2月25日　「やいづ Kama VOX」トロ箱ライブ vol.4（「明日の神話」署名）
3月1日　ビキニ・デー集会に個人参加
3月25日　「やいづ Kama VOX」トロ箱ライブ vol.5（「明日の神話」署名）
4月19日　殺害された長崎市長伊藤一長さんへ弔電
4月22日　「やいづ Kama VOX」トロ箱ライブ vol.6（「明日の神話」署名）
4月27日　「やいづ Kama VOX」トロ箱ライブ増刊号（「明日の神話」署名）
5月28日　「やいづ Kama VOX」トロ箱ライブ vol.7（「明日の神話」署名）
6月4日／4〜7　太平洋を横断してきたハワイのポリネシア伝統帆船（カヌー）ホクレア号焼津港寄港のため各団体とともに歓迎準備
6月8日　ホクレア号嵐のため焼津港へ接岸できず。航海安全祈願ライブ
6月19日　ホクレア号クルー3名焼津市訪問、アヤナイにて見崎さんと会談
6月26日　「やいづ Kama VOX」トロ箱ライブ vol.8（「明日の神話」署名）
6月30日　6.30集会、個人参加
7月22日　「やいづ Kama VOX」トロ箱ライブ vol.9（「明日の神話」署名）

関係文献目録

刊行年代順（西暦統一してある）
- 武谷三男『死の灰』岩波新書、1954年
- 谷川利雄・駒野鎌吉『われら水爆の海へ──俊鶻丸ビキニ報告』日本織物出版社、1954年
- 東京都衛生局公衆衛生部獣医衛生課『昭和29年獣医衛生課事業報告別冊（魚類の人工放射野能検査報告）』（小冊子）同課、発行年不詳（1950年？）
- S. G. ファンティ（宮城音也訳）『現代人は狂っている』毎日新聞社、1957年
- 武谷三男『原水爆実験』岩波書店、1957年
- 戸沢晴己他『第二次俊鶻丸ビキニ水爆調査の記録』新日本出版社、1957年
- ラルフ・ラップ（八木勇訳）『福竜丸』みすず書房、1958年
- 近藤康雄編『水爆実験と日本漁業』東大出版会、1958年
- 橋爪健『奪う者は誰か──第五福竜丸船員の手記から』東都書房、1958年
- ブラッドリー・佐藤亮一『帰るべき所なし』講談社、1959年
- 三宅泰雄『氏の灰と闘う科学者』岩波新書、1972年
- 山田勇子（文）・金沢祐光（絵）『おーい　まっしろぶね』童心社、1973年
- 第五福竜丸事件編集委員会編『第五福竜丸事件』焼津市、1976年
- 三宅泰雄・他監修／第五福竜丸平和協会編集『ビキニ水爆被災資料』東大出版会、1976年
- 広田重道『第五福竜丸──その真相と現在』白石書店、1977年
- 静岡県歴史教育者協議会編・飯塚利弘『私たちの平和教育』民衆社、1977年
- 島田興生『ビキニ』ＪＰＵ出版、1977年
- 檜山義夫編『放射線影響の研究』東大出版会、1978年
- 広田重道『第五福竜丸保存運動史』白石書店、1981年
- 第五福竜丸平和協会編『船を見つめた瞳』同時代社、1981年
- いぬいとみこ（文）・津田櫓冬（絵）『とびうおのぼうやはびょうきです』（絵本）金の星社、1982年
- 豊崎博光『核よ驕るなかれ』講談社、1982年

- 『沈めてよいか第五福竜丸―武藤宏一遺稿追悼集』追悼文集編集委員会、1983年
- 森哲郎（文・絵）『第五福竜丸』記録出版工房、1984年
- 長谷川潮『死の海をゆく―第五福竜丸物語』文研出版、1984年
- 徳田純宏『熊野からの手紙―熊野でつくられた第五福竜丸の記録』編集工房ノア、1984年
- 三宅泰雄『かえれビキニへ』水曜社、1984年
- 河井隆介・斗ケ沢秀俊、他『水爆実験との遭遇―ビキニ事件と第五福竜丸』三一書房、1985年
- 第五福竜丸平和協会編『第五福竜丸―母と子でみる』草土文化、1985年
- 春名哲男『ヒバクシャ・イン・USA』岩波書店、1985年
- 豊崎博光『グッドバイロンゲラップ―放射能におおわれた島』築地書館、1986年
- 松井康博『原爆裁判―核兵器廃絶と被爆者援護の法理』未来社、1986年
- 鈴木光治／スーザン村田編著・庄子信監修『第五福竜丸― The Lucky Dragon』三友社出版、1986年
- 『蒼』第5号（現代の状況と展望）、ローカル通信舎、1987年
- 幡多高校生ゼミナール／高知県ビキニ水爆実験被災調査団編『ビキニの海は忘れない―核実験被災船を追う高校生たち』平和文化、1988年
- 第五福竜丸平和協会編『ＴＨＥ ＬＵＣＫＹ ＤＲＡＧＯＮ』（英文パンフレット）同協会、1989年
- 桐生広人『南の島のヒバクシャ』リベルタ出版、1990年
- Ｓ．ファース（河合　伸訳）『核の海』岩波書店、1990年
- 『外交記録文書　第五福竜丸その他ビキニ原爆被災事件関係一件（Ｃ'4.2.1.5）』（マイクロフィルム　リールＮo．Ｃ-0002）外務省文書課・外交資料館、1991年公開
- 前田哲男『新編　棄民の群島』筑摩書房、1991年
- 大石又七『死の灰を背負って―私の人生を変えた第五福竜丸』新潮社、1991年
- 中国新聞「ヒバクシャ」取材班編『世界のヒバクシャ』講談社、1991年
- 飯塚利弘『死の灰を越えて―久保山すずさんの道』かもがわ出版、1993年
- 「ひかりのばら」編集委員会（安斎郁郎監修）『ひかりのばらは―第五福

竜丸ものがたり』かもがわ出版、1994年
・島田興生『還らざる楽園―ビキニ被災40年、核に蝕まれて』小学館、1994年
・豊崎博光・平和博物館を創る会編『蝕まれる星・地球』平和のアトリエ、1995年
・豊崎博光（写真・文）『アトミック・エイジ』築地書館、1995年
・『被曝50年国際シンポジウム 報告集』被爆50年国際シンポジウム日本準備委員会、1996年
・梅田哲也『核兵器と国際政治』日本国際問題研究所、1996年
・『ビキニ事件三浦の記録』三浦市、1996年
・飯塚利弘『パシフィック・オーシャン 焼津の中学生・市民が拓く平和への道』かもがわ出版、1996年
・マーティン・ハーウイット（山岡清二監訳）『拒絶された原爆展―歴史の中の「エノラ・ゲイ」』みすず書房、1997年
・河井智康『漁船「第五福竜丸」―それは世界を動かした』同時代社、1997年
・平和博物館を創る会・日本原水爆被害者団体協議会編『核の20世紀』平和のアトリエ、1997年
・ビキニ水爆実験被災事件静岡県調査委員会『研究交流会報告集』、第1回（1997年）、第2回（1998年）、第3回（1999年）、第4回（2000年）、第5回（2001年）、第6回（2002年）、第7回（2003年）
・静岡県平和委員会編『静岡県平和委員会35年の歩み』同会、1998年
・紀平英作『歴史としての核時代』（世界史ブックレット50）山川出版社、1998年
・見崎吉男『第五福竜丸と私』枝村三郎自費出版、1999年
・第五福竜丸平和協会編『第五福竜丸ものがたり―この船の名を告げ合おう』（パンフレット）第五福竜丸平和協会、2000年
・飯塚利弘『久保山愛吉物語』かもがわ出版、2001年
・杉末席『はばたけ紀伊半島から―第五福竜丸エンジン引き揚げ』海南タイムズ社、2001年
・川崎昭一郎監修・大石又吉『第五福竜丸とともに―被曝者から21世紀の君たちへ』新科学出版、2001年

関係文献目録

- 小塚博さんを支援する会編『ビキニ事件水爆被ばく者小塚博さんの闘いの記録』同会、2001 年
- 高田純『世界の放射線被爆地調査』講談社、2002 年
- 大石又七『ビキニ事件の真実——いのちの岐路で』みすず書房、2003 年
- 豊崎博光『ビキニ水爆被災 50 年——マーシャル諸島と日本』（原水禁パンフレット）2004 年
- 枝村三郎『平和をもたらした竜——ドキュメンタリー第五福竜丸核被災事件』自費出版、2004 年
- 安斎郁郎・竹峰誠一郎『ヒバクの島マーシャルの証言——いま、ビキニ水爆被災事件を学ぶ』かもがわ出版、2004 年
- 黒古一夫・清水博義編『原爆写真　ノーモア　ヒロシマ・ナガサキ』日本図書センター、2004 年
- 黒石一夫監修・文献
- 『第五福竜丸　2004 年、平和の願い』（パンフレット・資料解説）焼津市歴史民俗資料館）、2004 年
- 『写真でたどる第五福竜丸』（ビキニ水爆実験被災 50 周年記念）第五福竜丸平和協会、2004 年
- 豊崎博光・安田和也『水爆ブラボー　3 月 1 日ビキニ環礁・第五福竜丸』草の根出版会、2004 年
- 『第五福竜丸　心の航跡』静岡新聞社、2004 年
- 高知県ビキニ水爆実験被災調査団編『もうひとつのビキニ事件　1000 隻をこえる被災船を追う』平和文化、2004 年
- 川崎昭一郎『第五福竜丸——ビキニ事件を現代に問う』岩波ブックレット、2004 年
- 武政博『船ゆうれいのぶんじい——わしは水爆実験の火の玉を見た』（童話）、青い地球社、2004 年
- 白井雅子編『第五福竜丸を最も愛したジャーナリスト——白井千　の遺した仕事』光陽出版社、2004 年
- 豊崎博光『マーシャル諸島　核の世紀』（上・下）日本図書センター、2005 年
- 岩垂弘『「核」に立ち向かった人びと』日本図書センター、2005 年
- 『検証　ビキニ死の灰：第五福竜丸事件から 50 年』（新聞記事ファイル、

2003年12月～2004年3月）共同通信社、2004年
- グローバルヒバクシャ研究会編著（前田哲男監修）『隠されたヒバクシャ：裁きなきビキニ水爆被災』凱風社、2005年
- 第五福竜丸平和協会編『わたしとビキニ事件』（手話集）同協会、2005年
- 見崎吉男『千の波　万の波―元第五福竜丸漁労長　見崎吉男のことば』新妻博子・中村謙介、2006年
- 『都立第五福竜丸展示館　30年のあゆみ　1976.6～2006.6』（開館30周年記念誌）財団法人第五福竜丸平和協会、2006年
- ベン・シャーン（絵）・アーサー・ビナード（構成・文）『ここが家だ　ベン・シャーンの第五福竜丸』集英社、2006年
- 川崎昭一郎（監修）・第五福竜丸平和協会編『フィールドワーク第五福竜丸展示館：第五福竜丸と展示館を知る手引き』平和文化、2007年
- 大石又七『これだけは伝えておきたいビキニ事件の表と裏第五福竜丸乗組員が語る』かもがわ出版、2007年

- 『核兵器廃絶―地球市民集会ナガサキ（2000年11月17日～20日）』（報告書）核兵器廃絶地球市民実行委員会、2001年
- 谷中敦『発言　疼く「静岡の心」－ビキニ水爆実験「死の灰」被災50周年にあたって』（小冊子）自費出版、2004年
- 谷中敦編・著『原水爆禁止運動統一問題資料＝静岡　その2―：ビキニ被災50周年からヒロシマ・ナガサキ60周年へ』（小冊子）自費出版、2004年
- 『第2回　核兵器廃絶―地球市民集会ナガサキ（2003年11月22日～24日）』（報告書）核兵器廃絶地球市民実行委員会、2004年
- 吉田文彦・朝日新聞特別取材班『核を追う―テロと闇市場にゆれる世界』朝日新聞、2005年
- 谷中敦編・著『原水爆禁止運動統一問題資料＝静岡　その2－ビキニ被災50周年からヒロシマ・ナガサキ60周年へ』（小冊子）自費出版、2005年
- 谷中敦編・著『発言　疼く「静岡の心」に続けて―ビキニ被災50周年からヒロシマ・ナガサキ60周年へ、原水爆禁止運動統一問題総括のために』（小冊子）自費出版、2005年

関係文献目録

- 黒崎輝『核兵器と日米関係―アメリカの核不拡散』有志舎、2006年
- 大芝亮・藤原帰一・山田哲也『平和政策』有斐閣、2006年

- 『焼津市漁業誌』焼津漁業協同組合、1964年
- 『わたしたちの街にも戦争があった―15年戦争と志太・榛原』志太・榛原の戦争を記録する会、1982年
- 鈴木兼平(画・文)・神野善治(編集解説)『焼津市漁業絵図』近藤和船研究所、1997年
- 『第二次世界大戦における焼津の徴用船について―戦争という荒波に消えた漁船』(1～2)静岡精華短期大学第5回櫻華祭実行委員会、1997年
- 『焼津市民俗調査報告書、第1集、花沢』焼津市、2002年
- 『焼津市民俗調査報告書、第2集、浜当目』焼津市、2003年
- 宮崎作次『寿而康』(合綴)大同、1999年
- 『やきつべ　明治・大正・手話の焼津情景』(焼津市制50周年記念写真集)焼津市、2000年
- 『焼津商工会議所50周年記念誌』同会議所、2001年
- 『焼津市史　資料編　5(漁業)』焼津市、2004年
- 『民俗調査報告書、第3集、浜通りの民俗』焼津市、2004年
- 『第4次　焼津市総合計画』(2004～13)焼津市、2004年
- 焼津の浜言葉を遺す会『遺したい焼津の方言と浜言葉　伝えたい焼津の伝説と風物詩』同会、2005年
- 『焼津市地域福祉計画　地域が育てる福祉の輪』焼津市、2006年
- チャールズ・クローバ(脇山真木訳)『飽食の海　世界からSUSHIが消える日』岩波書店、2006年
- 『藤枝・焼津・志太今昔写真帖　藤枝市・焼津市・大井川町・岡部町』郷土出版社、2007年
- 『海員』(特集「第五福竜丸」被災から50年)第56巻第4号、2004年4月、全日本海員組合本部
- 『ぐるぐるマップ　焼津版』(海辺の迷路都市やいづ)2001年10月、静岡新聞社
- 『ぐるぐるマップ』(号外　焼津)2006年5月　静岡新聞社
- 小泉八雲(村松眞一訳)『霊の日本』恒文社、1965年

- 北山宏昭『小泉八雲と焼津』小泉八雲顕彰会、1968年
- 小林文雄・小林千鶴子『八雲の焼津』無量庵、2004年

- 『ゴジラの時代』(「ゴジラの時代」展パンフレット) 六耀社、2002年
- ピーター・ミュソップ(小野耕世訳)『ゴジラとは何か』講談社、1998年
- 品田冬樹『ずっと怪獣が好きだった―造型師が語るゴジラの50年』岩波書店、2005年
- ウイリアム・M・ツツイ(神山京子訳)『ゴジラとアメリカの半世紀』中央公論社、2005年

岡本太郎『今日の芸術　時代を創造するものは誰か』光文社、1954年
- 岡本敏子(聞き手；篠藤ゆり)『岡本太郎　岡本敏子が語るはじめての太郎伝記』アートン、2006年
- 吉村絵美留『岡本太郎「明日の神話」修復960日間の記録』青春出版社、2006年

あとがきに寄せて

　この本は、「ビキニ事件」を中心にすえて静岡県焼津市とその周辺に住んでいる人々によって 2003 年につくられた市民団体「ビキニ市民ネット焼津」が行ってきたおよそ 4 年半の活動記録です。
　この事件についての関係者や市民の発言（2004 〜 2006 年）、この間の活動記録、それに 2005 年 3 月の平和講演会・シンポジウムの記録（要約）、2004 年、2005 年、2006 年に焼津旧港で開かれた「モダンアート展」（1954 Bikini Means. いのちの黙示録）の記録などを集めたものです。
　いわゆる日程としての平和運動「ビキニ事件」だけに焦点を当てないで、これを中心にして、前後の活動をまとめたのには、これまでの運動と一定の距離をとりたいという会の意向があります。
　3・1 ビキニ事件に端を発した平和運動は、これまでは世界的な平和運動の一環として大きな影響力をもってきました。今も続いてはいますが、現在では大きな政治的な力を持たなくなっています。その理由が何かは、いろいろ考えられます。今の平和運動ではだめだという思潮が強まってそういう論調が蔓延していること、いわゆる「平和ぼけ」の時代状況があることもありますが、運動自体のもつ保守性や活動パターンが同じなこと、若い世代の注意を引きつける思想的なインパクトがなくなってきていること、生活次元よりも政治イデオロギーがとかく前面に出ること、などにその理由があるように思います。そのため、若者の間では威勢のいい保守的な政治への傾斜が強まっています。「ビキニ市民ネット焼津」は個人原理で集まったいろいろな考えの人々の集団なので、これらの点にかなりこだわって行動してきました。
　本書の第 2 章「市民の発言」のなかに、当時の中学 1 年生（監修者のひとりである私と同じ世代）の文章を入れておきましたが、今読み返すと当時の事件の様子や街の表情が子どもの目と焼津の「浜言葉」で率直に描き出されていて、じつに奇妙なリアリティをもって迫ってきます。

その点で、最初にも触れたように、静岡県焼津市の表情と生活の様子が少しは鮮明になったのでは、と思っています。

ここで監修者の個人的な見解を述べておきます。

伝えるための言葉を持てなかったまち、焼津　　　　秋山博子

　半世紀もたってしまった。でも、半世紀たったから出来ることもある。「ビキニ市民ネット焼津」は、事件後半世紀を迎える2004年を活動の焦点にすえ、もう1年たりとも先に延ばすことは許されないという危機感をもって、まさに今でなければならない時期にスタートしたのではないかと思っています。

　本書第2章でも多くの証言者が語っていますように、焼津市にとってビキニ事件は大変複雑で微妙、デリケートな事件でした。私が生まれたのは事件の3年後になりますが、焼津市民でもありますのに、私自身、ほとんど意識することもなく、6・30のセレモニーに対して格別な思いを抱くことはありませんでした。

　しかし、この事件を刻んだふるさとに暮らし、ここ数年まちづくりの活動を続けている中で、無意識のうちに、次の世代に伝え残していくために、いつか何か始めなければならないと思い始めていたのでしょう。ちょうど6年前、隣町の静岡市にある古本屋でラップ博士の『福竜丸』（1959年刊行）を見つけたとき、帯に書かれた「この少数の人びとの物語は、ギリシャ悲劇にも似た大きな力をもっている」というパール・バックの言葉が目に飛び込んできました。その時、私のなかで、この事件との向き合い方の一つの形が見えたようで、ほっとしたような気もしたのです。

　ギリシャ悲劇、それなら私にもアプローチできる、という感覚。何かを始めなければいけないことの、その扉がスーと開いてしまったような感じでした。シナリオコンテストやオリジナルのオペラや音楽を作るのはどうか、詩やアートはどうだろう……。

こうして2004年の夏、「1954 Bikini Means. いのちの黙示録」というモダンアート展の開催に至ったのでした。半世紀もたってしまった。しかし、半世紀たったからできることがある。20代の若いアーティストたちも団塊の世代の先輩たちもそれぞれに捉えた「いのち」を撮り・描き・詩作してくれました。福竜丸が帰港した魚市場の大きな円柱に、一つひとつの作品が貼り出された瞬間、そこにいのちや平和について思索する場が生まれた、と感じました。

　まったく、この事件は、どう捉えたらよいのか見当がつかないけれど、焼津に生まれた者として軽く通り過ぎてはいけないことであるのは確かなことと、意識の高い市民は思っているのではないでしょうか。当初、触れ始めてしまったら、何か大きなもの（こと）が横たわっている予感があったのですが、まったくその通りであると、活動を通して実感しています。

　「ビキニ市民ネット焼津」代表幹事の加藤一夫先生は、「やいづ平和学」という市民講座を開いていらっしゃいますが、平和学とは、人間学、国際関係学、経済学、心理学、宗教学……、あらゆるものを内包するパンドラの箱あるいはブラックボックスのようであると思わずにはいられません。これをほどいて読み解いて、21世紀が9・11という悲劇でスタートしたようではない、まったく別の平和な未来が作られるためには、まだどれほどの知恵や勇気や犠牲が必要なのだろうかと、このあとがきを書きながら気が重くなってしまいました。

　水俣は石牟礼道子さんという素晴らしい語り部を得ているけれど、焼津では関係者が言葉を持つことを許されなかった、というのが正しいだろうと思います。この「ビキニ市民ネット焼津」の活動は、ちゃんと言葉になっているでしょうか。最後に、活動を通して出合った、広河隆一さんと見崎吉男さんの言葉を記しておきたいと思います。

「加害者は被害者を隠す」（広河隆一）
「本当の平和運動は日本ではまだ生まれていない」（見崎吉男）

あとがきに寄せて

ビキニ事件50年を超えて　　　　　　　　　　　　加藤一夫

　ビキニ事件といえば、53年前には「第五福竜丸事件」として日本全国を震撼させたことはよく知られています。この事件を私は、北海道で聞いています。中学1年生でした。不思議なくらいに記憶が鮮明なのは、昔ヤンシュウとして北の鰊漁場を渡り歩いた父の影響ではないかと思います。この年は、私にはあまり好きでなかった近衛兵くずれで右翼の叔父が「自衛隊」発足を祝っていたことも記憶にあります。そう、2004年は自衛隊発足50年でもあるのです。

　1994年4月、50歳になり、32年に及ぶ首都圏での暮らしに区切りをつけて焼津にやって来た時、当初想像していた町とは違うのには驚きました。第五福竜丸の母港だからなんらかの面影があり、それを記憶している人もいるだろうと考えていました。しかし、その痕跡はまったくといっていいほどありませんでした。市役所関係者も何も教えてくれませんでした。むしろ、意識的に避けている雰囲気がありました。

　この年から、3・1ビキニデーのデモと集会に参加しました。しかし、この運動の役割は終わったなと実感しました。私の世代は、いわゆる団塊世代の少し前を歩いていて、60年安保闘争やその10年後の全共闘運動を経験しています。その経験から、市民の冷たい視線やしぐさが問題なのではなく、50年過ぎても久保山愛吉さんをシンボルとする運動自体に保守的なマンネリを感じたのです。実は、その背景にかつて高揚した平和運動の転換時に、その主導権争いがあり、また冷戦時代の特殊な状況があったことも無視できません。

　焼津市が行っている6・30集会にも1996年から毎年参加してきました。この集会は、本書でも触れていますが、1965年に当時の市長（故服部毅一）の努力で、補償問題が解決した日である6月30日にしたもので、これまでの平和運動と一線を画するために設定されたものです。とやかく言われながらも、20年以上も続いていますし、毎年、1000人以上の市民や生徒がこの官制の「平和集会」に自治会で動員されて参加してい

て一定の意味があるとは思いますが、これも曲がり角にきています。

　この町にはもうシンボルとなる「第五福竜丸」は存在しません。部分的に修復された船は、現在、本書の冒頭で述べたように、東京の「夢の島」公園にある「第五福竜丸展示館」の中で保存され、平和運動・平和教育で重要な位置を占めています。これを運営している「財団法人平和協会」から機関紙も発行されています。しかし、地元の焼津市ではどうなのか。大部分の市民にとってはどこかで聞いた船の名前なのかもしれません。

　しかし、状況は少しずつ変化しているようにも思います。少しずつ口を開く人も増えてきましたし、あの事件を焼津市の歴史のなかに位置づけようというもっと積極的な市民も出てきています。背景に、アメリカの戦争政策や北朝鮮（朝鮮民主主義人民共和国）の脅威の存在があるように思います。新しい可能性と展望も開き始めているのです。

　この本の大部分は2004年の「ビキニ事件50年」末には原稿の大部分が出来ていました。種々の事情で刊行が遅れ、そのため、状況にそぐわない部分が増えてきました。そこで、一部を削除したり修正したりしました。

　この間、「ビキニ市民ネット焼津」の前事務局長の塚本三男さんが2006年12月に急逝されました。塚本さんが、活動の中心になっていただけに、生前に刊行できなかったことは大変残念に思っています。本書を塚本さんに捧げます。

　最後に、かなりややこしい本書を刊行してくれた社会評論社の編集スタッフに感謝します。

　本書刊行に際し、焼津市、焼津市商工会議所、同女性会、焼津市観光協会、静岡福祉大学、その他、焼津のアーティストたちや、関係ＮＰＯのご協力を得ました。

ビキニ市民ネット焼津の主な会員／前列左から、岡田きよみ・秋山博子・長谷川末子・村松佳苗・遺影／塚本三男・大久保敏光・加藤一夫、後列左から、小畑幸治・尾石昭夫・大塚善弘・飯田彰

加藤一夫
　北海道生まれ、焼津市在住。現在、静岡福祉大学学長。60年代末からさまざまなボランティア活動やNGOに依拠した社会運動に参加。焼津市の、地域包括支援センター運営協議会、地域福祉計画策定協議会、次世代育成行動計画策定協議会、バス交通問題協議会などの各種委員会委員長を務める。「ビキニ市民ネット焼津」代表幹事。

秋山博子
　焼津市生まれ、市内在住。広告企画制作「焼津印研究所」主宰。企業や行政などの広告・情報誌の企画・編集・取材・制作等に携わる。95年頃から、静岡市のまちづくりグループ「静岡ヒューマンカレッジ倶楽部」メンバーとして、地域活動に取り組み、現在は焼津を拠点に、「ビキニ市民ネット焼津」会員をはじめ、焼津おでん探検隊・焼津旧港の活用を考える会に所属。

焼津流 平和の作り方
「ビキニ事件50年」をこえて

2007年9月10日　初版第1刷発行

編著者　―――ビキニ市民ネット焼津
監　修　―――加藤一夫・秋山博子
発行人　―――松田健二
発行所　―――株式会社社会評論社
　　　　　　東京都文京区本郷 2-3-10
　　　　　☎ 03(3814)3861　FAX 03(3818)2808
　　　　　　http://www.shahyo.com

印　刷　―――技秀堂
製　本　―――東和製本

Printed in Japan

原子爆弾は語り続ける
ヒロシマ六〇年

●織井青吾

　　　　　四六判★ 2300 円＋税／ISBN978-4-7845-1448-1

新幹線で乗り合わせたひとりの女性は、今なお癒しえぬ心の傷をひっそりと語りはじめる。
わたしをたちまち六〇年前の焦土と化したヒロシマに連れもどした。原爆が投下された時、日本はどんな国であったか。戦時下、広島の人びとはどんな暮らしをしていたのか。
14歳で被爆した著者が、家族、友人、教師など生を共にした人びとの「遠い記憶」をたどり、ヒロシマ、そして日本の今を問いかける。　（2005・3）

インドネシア残留元日本兵を訪ねて

●長洋弘

　　　　　四六判★ 2400 円＋税／ISBN978-4-7845-1330-7

敗戦のその日から彼らは、もう一つの戦争を赤熱のインドネシアで戦わねばならなかった。
望郷を胸に秘めた戦後60年、なぜ彼らは帰らなかったのか。
インドネシア独立軍のゲリラ部隊に参加した元日本兵を現地取材するヒューマン・ドキュメンタリー。
写真多数収録。いま〈戦争〉を問う好著。　（2007・8）

靖国の闇にようこそ

靖国神社・遊就館　非公式ガイドブック

● 辻子実

A5判★1800円＋税／ISBN978-4-7845-1448-1

「大東亜戦争」は「正義」であり、天皇のために殺された人たちを神として祀るカルト団体＝靖国神社。アジアからの批判の声は無視したのに、アメリカの圧力で展示内容をこっそり変えた戦争博物館＝遊就館。建物や碑、展示室の一つ一つをガイド。図版満載。この本を片手に靖国に行こう！（2007・6）

壱　靖國神社外苑篇

靖国神社への行きかた／九段下／靖国神社になるまで／高燈籠／花崗石大燈籠／狛犬／靖國神社社号標／さざれ石／獅子石／大鳥居（第一鳥居）／日の丸掲揚塔／常陸丸殉難記念碑／田中支隊忠魂碑／慰霊の泉・戦跡の石／大村益次郎銅像／花崗石狛犬・石鳥居／靖国の時計塔／石燈籠・花崗石燈籠／外苑休憩所／

弐　靖國神社苑篇

「下乗」の高札／大燈籠／例大祭告示の高札／青銅大鳥居（第二鳥居）／大手水舎／神門／白鳩鳩舎／青銅大燈籠／社務所・斎館／能楽堂／中門鳥居／拝殿／本殿／霊璽簿奉安殿／参集所／「日の丸」掲揚台／元宮／鎮霊社／北関大捷碑／旧招魂斎庭跡／南門手水盤／南門狛犬／築地塀／憲兵隊の碑／軍人勅諭の碑／相撲場／招魂斎庭／靖国会館／母の像／パル博士顕彰碑／戦没馬慰霊像・鳩魂塔・軍犬慰霊像／特攻勇士之像／

参　遊就館篇

遊就館／ロビー／二階ロビー　彫刻・負傷兵の敬礼／映像ホール／武人のこころ【展示室1】／日本の武の歴史【展示室2】／明治維新【展示室3】／西南戦争【展示室4】／靖国神社の創祀【展示室5】／特別陳列室／日清戦争【展示室6】／日露戦争パノラマ館【展示室7】／日露戦争から満州事変【展示室8】／御羽車【展示室9】／支那事変【展示室10】／一階　日米開戦【展示室11】／真珠湾九軍神【展示室12】／特攻【展示室13】／合祀された子どもたち【展示室14】／私兵特攻【展示室15】／真岡電話交換手「九人の乙女」【展示室15】／戦後の各国独立地図【展示室15】／重慶夜間爆撃【画廊】／卓庚鉉【展示室16】／遺影【展示室16～19】／千人針【展示室17】／花嫁人形【展示室18】／ロケット特攻機・沖縄への特攻【大展示室】／南海神社社号碑【展示室20】／企画展示室／

肆　靖國周邊篇

旧近衛師団司令部庁舎／北白川宮能久親王銅像／千鳥ヶ淵戦没者墓苑／宮内庁長官公邸／高射砲台座跡／近衛歩兵連隊記念碑／弥生慰霊堂／品川弥二郎像・人山巖像／九段会館／しょうけい館／

【米国公文書】ゾルゲ事件資料集

● 白井久也編著

A5判★7800円＋税／ISBN978-4-7845-0560-9

「狂気の赤狩り」といわれた米国下院非米活動調査委員会公聴会における、ゾルゲ事件を摘発した吉村光貞検事とＧＨＱ諜報部門のウィロビー少将の全証言および、検察庁・警察庁から押収した資料を分析したＧＨＱの報告書を収録。国際スパイ戦争の謎を解明する米国公文書の翻訳と解説。（2007・5）

本邦初訳となる米国公文書を収めた「ゾルゲ事件」研究必須図書

第一部　米国の赤狩り施風とゾルゲ事件
―米国下院非米活動調査委員会公聴会の全記録
- Ⅰ　米国下院非米活動調査委員会の構成
- Ⅱ　吉河光貞検事の証言
- Ⅲ　チャールズ・A・ウイロビーの証言
- 解題　歴史資料として価値の高い古河検事証言　　白井久也
- ［証言の分析］ウイロビー証言の意義とその限界　　来栖宗孝
- ［証言の分析］吉河光貞検事報告と事件関係者の報告　　渡部富哉

第二部　「ゾルゲ事件」報告書
―連合国軍最高司令官総司令部（GHQ）民間諜報局（CIS）編
- Ⅰ　探知、逮捕、裁判　　Ⅱ　リヒアルト・ゾルゲ
- Ⅲ　ブランコ・ド・ブケリチ　　Ⅳ　宮城与徳
- Ⅴ　尾崎秀実とその政治的見解
- Ⅵ　マクス・クラウゼンとアンナ・クラウゼン
- Ⅶ　脇役を務めた人々　　Ⅷ　ゾルゲが使った暗号
- Ⅸ　ゾルゲの狙い　　Ⅹ　教訓と結論

［解題］　米国の国益擁護と対ソ戦略の形成に利用された「報告書」　来栖宗孝